纪检监察专业方向系列教材

西安文理学院精品教材培育项目

职务犯罪心理学

主编◎魏娟辉　副主编◎贾　锐

中国政法大学出版社

2016·北京

图书在版编目（CIP）数据

职务犯罪心理学/魏娟辉主编. —北京：中国政法大学出版社，2016.8（2022.3 重印）
ISBN 978-7-5620-6948-5

Ⅰ.①职… Ⅱ.①魏… Ⅲ.①职务犯罪－犯罪心理学Ⅳ.①D914.393②D917.2

中国版本图书馆 CIP 数据核字(2016)第 188685 号

出 版 者	中国政法大学出版社
地　　址	北京市海淀区西土城路 25 号
邮寄地址	北京 100088 信箱 8034 分箱　邮编 100088
网　　址	http://www.cuplpress.com (网络实名：中国政法大学出版社)
电　　话	010-58908285(总编室) 58908433（编辑部）58908334(邮购部)
承　　印	北京虎彩文化传播有限公司
开　　本	720mm×960mm　1/16
印　　张	19.25
字　　数	320 千字
版　　次	2016 年 8 月第 1 版
印　　次	2022 年 3 月第 2 次印刷
定　　价	58.00 元

前 言

职务犯罪现象早已存在于人类社会之中，如何解决这一问题，不仅历来为世界各国当局所重视，而且也为以研究社会问题为己任的学者所关注，以期形成自己的学科体系。职务犯罪心理学是犯罪心理学的一个分支学科，它从心理学的角度研究国家公职人员形成犯罪心理和发生犯罪行为的原因、过程和规律，为纪检监察、检察、公安、司法机关揭露和惩治职务犯罪以及预防、矫治职务犯罪提供心理科学的依据和方法，具有重要的理论意义和现实意义。

纪检监察专业作为一门新开设的专业，旨在培养学生掌握马克思主义基本原理、法学、政治学、经济学、党建理论、纪检工作理论等多学科的基本知识，初步形成与基层纪检监察工作相适应的基本素养和职业技能，最终培养出能够在党政机关和企事业单位从事纪检监察工作的复合型、应用型人才。该专业方向的学生在此前已经掌握了《党章》《行政监察法》《纪检监察案件检查实务》等纪检业务课程，并且学习了《职务犯罪概论》，掌握了职务犯罪的相关法律理论与知识，在此基础上学习《职务犯罪心理学》，有利于学生掌握一定的心理学知识，为预防腐败、预防职务犯罪，积极开展纪检监察以及检察工作提供心理学依据。

本教材从职务犯罪心理总论、原因论、类型论、侦查论、对策论五个方面对职务犯罪心理学做了较为全面的阐述。为了不增加学生学习的负担，教材简明扼要、言之有物，突出实践技能的培养，摒弃同类教材专业特色不突出和实践指导性欠缺的缺点。本教材本着"地方性、应用型、开放式"的人才培养目标，突出学生对实务案例分析的需要，教学内容注重与实际工作相结合，增强学生解决实际问题的能力。

　　本教材既是纪检监察专业在校大学生的学习教材，也希望能为一线的纪检监察干部提供职务犯罪心理学的相关理论知识，帮助他们提高自己的理论水平、增强实际工作的能力。

魏娟辉

2016 年 8 月

CONTENTS

目 录

第一章
职务犯罪心理学概述

第一节　犯罪心理学概述

一、犯罪心理学的相关概念

（一）犯罪心理学

犯罪现象早已存在于人类社会之中，至今仍然是普遍存在于世界各国的严重的国际性社会问题之一。如何解决这一问题，不仅历来为各国当局所重视，而且为以研究社会问题为己任的众多学者所关注，从而使犯罪科学形成庞大的学科体系。犯罪心理学是犯罪科学的一个分支学科，它从心理学的角度研究犯罪人形成犯罪心理和发生犯罪行为的原因、过程和规律，剖析不同类型犯罪人的心理特点和行为特征，阐明犯罪心理学在刑事司法实践以及预防犯罪、矫治犯罪工作中的实际运用，其目的在于为司法机关揭露和惩治犯罪以及预防犯罪、矫治犯罪提供心理学依据和方法。作为一门独立的学科，犯罪心理学有其特定的学科性质、理论体系、研究对象和研究方法。

犯罪心理学的定义历来有广义和狭义之说。[1]狭义的犯罪心理学，是指

---

〔1〕 有关犯罪心理学广义和狭义之说的资料，可参考：①罗大华译编："关于犯罪心理学对象问题的几种观点"，载罗大华、何为民等编：《犯罪心理学教学参考资料》（上），群众出版社1987年版，第16～18页。②罗大华："中国法制心理科学研究的回顾与展望"，载罗大华主编：《中国法制心理科学研究十年》，中国政法大学出版社1994年版，第45～49页。该文介绍了我国犯罪心理学者对犯罪心理学的不同看法。

运用心理学的基本原理研究犯罪主体的心理和行为的一门学科；广义的犯罪心理学，是指运用心理学的基本原理，研究犯罪主体的心理和行为以及犯罪对策中的心理学问题的一门学科。广义的犯罪心理学的研究对象除包括狭义的犯罪心理学的研究对象之外，还包括犯罪对策中的心理学问题，如预防犯罪、惩治犯罪以及教育、改造罪犯的心理学问题、证人心理、侦查心理、审讯心理、审判心理以及犯罪的心理预测和测试，等等。简单地说，广义的犯罪心理学既研究犯罪人的心理和行为，又研究与犯罪做斗争的对策心理，后者我们一般也称为司法心理学的研究对象。

本书根据社会实践需要，博采众长，取广义犯罪心理学的定义，主张犯罪心理学是研究影响和支配犯罪人实施犯罪行为的心理结构形成、发展和变化规律以及犯罪对策的心理学依据的一门学科。

（二）犯罪

1. 犯罪的定义

犯罪是犯罪心理学的基本概念，犯罪心理学中的犯罪人、犯罪心理、犯罪行为等概念都必然以犯罪概念为基础，对犯罪概念的认识决定了学科的严肃性及其理论与现实意义。

《中华人民共和国刑法》第 13 条规定，一切危害国家主权、领土完整和安全，分裂国家、颠覆人民民主专政的政权和推翻社会主义制度，破坏社会秩序和经济秩序，侵犯国有财产或者劳动群众集体所有的财产，侵犯公民私人所有的财产，侵犯公民的人身权利、民主权利和其他权利，以及其他危害社会的行为，依照法律应当受刑罚处罚的，都是犯罪，但是情节显著轻微危害不大的，不认为是犯罪。这一犯罪概念是对各种犯罪现象的理论概括，它不仅揭示了犯罪的法律特征，而且阐明了犯罪的社会政治内容，从而为区分罪与非罪的界限提供了原则标准。

犯罪的界定主要有狭义和广义之分。

狭义的犯罪是指刑法学中定义的犯罪，即犯罪是危害社会的、触犯刑法的、应受刑罚处罚的行为，[1]在定罪量刑中将受到法律的制裁和惩处。如果一个人被判有罪，通常有其行为的动机并且没有任何辩解的理由，因此犯罪行为是一种触犯刑法的目的性行为。

---

〔1〕 罗大华等编：《犯罪心理学》，群众出版社 1991 年版，第 1 页。

要探讨法定的犯罪行为，在操作层面上，这一定义所指向的研究对象是已被发觉、逮捕和定罪的罪犯。基本上，探讨犯罪心理的研究者所研究的对象只是那些到达法律程序最后阶段的个人，即关押在矫正机构的犯人。目前，国内外犯罪心理学的研究对象也主要锁定这一群体，通过在监狱或劳教所等监管机构开展调查和实证研究，以推断罪犯的犯罪动因，描述他们的心理与行为特征，并对其进行心理矫治与预测等。这样的研究实际上是一种横断研究，也是一种静态的研究，有优点也有局限。主要的优点是这样的研究容易操作，研究对象也很典型；而主要的缺点是这类研究缺乏动态的分析，对犯罪预防和预测的启示也有限。而且如果我们只研究被判刑的罪犯，我们会漏掉许多实际上已违法或者有潜在犯罪倾向的一些研究对象。

此外，被关进监狱的囚犯也不能完全代表"真正"的犯罪人群。随着刑事科学技术的发展，最近有越来越多的、可利用的脱氧核糖核酸（DNA）证据来证明：入狱的人未必是真正的罪犯。由此导致的结果是，如果我们只讨论法律所判定的罪犯，就会忽略相当一部分实际上已经违法犯罪的人群。

因此，广义的犯罪是从心理学的角度所界定的犯罪。本书将采用三种取向来界定犯罪。第一种取向是从刑法学的角度来界定犯罪，即触犯刑法的行为，也就是狭义的犯罪。第二种取向是使用精神病学的诊断标准来定义犯罪，如使用《心理障碍诊断与统计手册》来对犯罪人进行界定。这种取向考查犯罪与被诊断为反社会人格障碍、品行障碍以及精神病态等疾病的关系。第三种取向是探讨犯罪问题的心理学取向，是研究儿童和成人破坏性和攻击性行为的发展和维持，这个界定除了法定的犯罪行为以外，还包括从事了反社会行为但没有被司法机关所侦破的群体、具有反社会行为倾向有可能走向犯罪道路的危险分子，以及不具有刑事责任能力的精神病罪犯等。

2. 犯罪的基本特征

犯罪有三个基本特征：社会危害性、刑事违法性和应受刑罚惩罚性。

（1）社会危害性。

社会危害性是犯罪的最基本特征。所谓社会危害性，是指行为对刑法所保护的法益造成或可能造成这样或那样的危害。行为没有社会危害性，就不是犯罪；社会危害性也只有达到相当的程度，才有可能构成犯罪。

（2）刑事违法性。

刑事违法性，是指行为的社会危害性超出了一般的程度，已触犯了刑法，由刑法规定禁止实施，它是犯罪行为的社会危害性在法律上的具体体现。刑事违法性是犯罪不可缺少的法律特征，确认某个行为构成犯罪，除具有社会危害性外，还要求刑法对该行为作出明确的规定，才能认定是犯罪。刑事违法性表现为两种情况：一是直接违反刑法规范；二是违反其他法律规范情节严重进而违反了刑法规范。故单纯违反其他法律而没有违反刑法的行为，不具有刑事违法性。

（3）应受刑罚惩罚性。

任何违法行为，都要承担相应的法律后果，民事违法行为要承担相应的民事责任，行政违法行为要受行政处罚。违反刑法的犯罪行为，则要承担由刑罚来处罚的后果。

总之，社会危害性、刑事违法性和应受刑罚惩罚性是犯罪缺一不可的基本特征。其中，严重的社会危害性是本质特征；刑事违法性是犯罪的法律特征；应受刑罚惩罚性反映了犯罪与刑罚的关系，揭示了犯罪的法律后果。严重的社会危害性决定刑事违法性和应受刑罚惩罚性，而刑事违法性和应受刑罚惩罚性则反过来说明和体现严重的社会危害性。

3. 职务犯罪的社会危害性

严重的社会危害性是犯罪的首要基本特征，也是其本质特征，职务犯罪自然也不例外，其也具有严重的社会危害性。但职务犯罪由于其犯罪主体的特殊性——具有一定职务、掌握一定权力而表现出其比一般犯罪更为严重、社会危害性更大的显著特征。具体表现为：

（1）危害多数人的生命财产安全。

职务意味着责任，意味着管理，其对象涉及人数多，涉及面宽，如果职务行为人严重不负责任，不履行或不正确履行职责，或滥用职权，就会损害多数人生命财产的安全。如有关主管领导或工程管理人员严重不负责任，不按有关规定履行职责，或徇私舞弊、贪污受贿，就会造成工程质量低劣，豆腐渣工程等问题的发生，从而导致工程不能用，甚至倒塌造成人员伤亡等人民群众生命财产严重受损情况的发生，重庆的彩虹桥垮塌事件等一系列类似事件便是明证。

（2）造成公共财产的大量流失。

贪污、挪用等职务犯罪严重违反国家的财经纪律及有关法律法规，往往造成公共财产的大量流失，损害国家和人民的利益。因为贪污、挪用行为人往往掌握一定职权，掌握着数额较大的公共财产管理权、使用权等，如果他们私心严重，利欲熏心，就会不择手段违法违纪，侵吞、动用公款，就会造成大量公共财产的流失，就会造成比盗窃、抢劫、诈骗等犯罪行为更为严重的公共财产损失。

（3）腐蚀国家的肌体，危害国家的长治久安。

贪污贿赂、渎职侵权等职务犯罪，不仅严重腐蚀国家肌体和人们的灵魂，败坏党风和社会风气，降低国家和政府的声誉，严重破坏社会主义精神文明建设，而且直接危害国家机关的正常活动，削弱国家的职能。同时，职务犯罪还必然阻碍社会主义民主政治建设的步伐，干扰党和国家的方针、政策、法律、法令的贯彻和实施，破坏社会主义法制的统一和尊严，破坏社会主义市场经济建设，危害国家的长治久安。

刘铁男贪腐案始末

新华网石家庄 12 月 10 日电（记者罗沙 齐雷杰）河北省廊坊市中级人民法院 10 日对国家发展和改革委员会原副主任刘铁男受贿案作出一审宣判，对刘铁男以受贿罪判处无期徒刑，剥夺政治权利终身，并处没收个人全部财产。

廊坊市中级人民法院经公开审理查明：2002 年至 2012 年，被告人刘铁男在担任国家发展计划委员会产业发展司司长、国家发展和改革委员会工业司司长、副主任期间，利用职务上的便利，为南山集团有限公司、宁波中金石化有限公司、广州汽车集团有限公司、浙江恒逸集团有限公司等单位及个人谋取利益，直接或通过其子刘德成收受上述公司或个人给予的财物共计人民币 3558 万余元。案发后赃款、赃物已全部追缴。

廊坊市中级人民法院认为，被告人刘铁男身为国家工作人员，利用职务上的便利，为他人谋取利益，直接或通过其子刘德成非法收受他人财物，其行为已构成受贿罪。公诉机关指控刘铁男犯受贿罪的事实清楚，证据确实充分，指控罪名成立。刘铁男所犯受贿罪行，侵害了国家工作人员职务的廉洁性，应依法惩处。根据刘铁男受贿的数额及情节，鉴于其归案后主动坦白交代了有关部门尚不掌握的大部分受贿事实，认罪、悔罪、赃款、赃物已全部追缴，廊坊市中级人民法院遂依法作出上述判决。

（案例来源："新华网"，2014 年 12 月 10 日）

（三）犯罪人

对犯罪人的认识来自于对犯罪概念的理解，二者具有一致性。

没有法律也就无所谓犯罪；没有客观的行为，也就不存在犯罪事实；没有法院对具体行为的定罪量刑，也就不会有所谓的犯罪人。由此，我们可以明确，在法律意义上，任何对犯罪人的定义，都来自于法律事实，即某人因其行为被法律认定为犯罪的过程和结果。而犯罪人就可以被描述为因实施了具有违法性、危害性、依照刑法应受处罚行为并被法院判定为有罪的人。

上述对犯罪人的理解，是严格按照刑法中犯罪概念和刑事诉讼程序进行的解读，可以称之为法律或刑事法律意义上的犯罪人。从这一概念出发，犯罪人就是犯了罪的人，犯罪人的特征就表现为一种可观察的法律身份。

由于犯罪人具有共同的法律身份，属于被法院认定为有罪或可能（或应当）认定为有罪以及行为具有危害性但行为人不符合犯罪主体要件的个体，我们可根据这一人群所共同具有的该项特征将他们归属为同一类型。正如中国人、汉族人、教师、学生，他们之间可能没有任何人际交往、甚至互不相识，但属于具备某种共同特征的假设群体。犯罪心理学研究的基本目的，并不在于单纯解释犯罪个体的行为与心理，而是依据心理学已经形成的理论，通过演绎对犯罪人群体进行概率性解释；或者依据对众多犯罪个案的研究，形成具有通则解释特点的理论观点，进而对犯罪人群与其他参照群体进行归纳与类比，从中得到具有预测价值的结论。

（四）犯罪心理

犯罪人的犯罪心理是犯罪心理学首要的研究对象，如果说犯罪人在法律上的特征表现为犯罪的法律身份，那么在犯罪心理学中就表现为具有犯罪心理并在其支配下实施了犯罪行为。犯罪心理学研究的目的正在于对犯罪心理的产生、发展、作用过程、变化和结构、机制进行描述和解释，从中得到预测与控制犯罪心理的各种方法。

1. 犯罪心理

犯罪心理也有狭义与广义之分。狭义的犯罪心理是指犯罪前的心理，是影响和支配犯罪人实施犯罪行为的各种心理因素的总称。这些心理因素包括认知、情感、意志、气质、性格、兴趣、需要、动机、理想、信念、世界观、价值观以及心理状态等主观范畴。广义的犯罪心理是指犯罪前、犯罪过程中以及犯罪之后的各种心理活动与成分，这些动态的心理活动和静态的心理结构成分都应该成为犯罪心理学的研究内容。

本书赞同广义的犯罪心理的界定。事实上，在犯罪心理的研究实践中，要考察犯罪人犯罪之前的心理活动是有难度的，多数研究只能是在监管系统中来回溯和推断影响犯罪人实施犯罪的心理动因。当然，我们更是没有办法直接考查犯罪过程中的心理活动。而在监管系统中对犯罪人的心理状态、心理成分做调查和实验研究是切实可行的，我们可以在此基础上进行再犯预测及罪犯心理矫治。

某一具体的个人是否存在犯罪心理，一般要从其所支配的行为是否构成犯罪的结果中去认识，也就是说如果某人没有实施被法律认定为犯罪的行为，我们就不能主观地揣测其具有犯罪心理。在此，行为和心理可以视为一个有机的整体而被我们所认识，不能将二者彻底地割裂开来。当我们使用犯罪心理的概念时，表明已经具有能够证明犯罪心理存在的犯罪行为。同样，当我们使用犯罪行为的概念时，必须是指具有犯罪心理支配的犯罪行为。

2. 辩证唯物主义关于犯罪心理的基本观点

犯罪心理学的理论流派，从不同角度探讨了犯罪心理与犯罪行为产生的原因，试图揭示犯罪心理与犯罪行为发生的基本规律，这些理论研究是有一定的参考价值和指导意义的。但是，应当看到把犯罪心理与犯罪行为产生的原因单纯地归结为某种主观心理因素，或者是主客观因素的简单、机械组合，不能从本质上全面揭示犯罪心理及其犯罪行为的形成机制。事实上，犯罪心理的产生以及犯罪行为的实施要受多种因素的影响，其中既有客观方面的原因，又有主观方面的原因。而且它们之间本身存在着错综复杂的内在联系。要理顺这些关系，弄清犯罪心理及犯罪行为产生的实质，就必须运用辩证唯物主义的观点进行分析和研究。只有在辩证唯物主义的指导下，才能真正解决这个问题。根据辩证唯物主义的观点，主要应从如下四个方面来分析犯罪心理产生的原因。

（1）犯罪心理是社会生活中产生的心理矛盾及其运动发展的结果。

唯物辩证法认为，任何事物的运动、变化和发展，主要是由事物的内部矛盾引起的，同时也受着外部矛盾的制约和影响。内部矛盾即内因，外部矛盾即外因。内因与外因之间的相互作用、相互斗争、相互转化构成了整个事物的发展过程。犯罪心理的产生也是外部环境与主体心理活动之间相互作用的结果。犯罪心理发展的矛盾可以归纳为：新的需求与主体原有心理状态之间的矛盾。在社会生活中，主体不断出现各种需求。在这些需求中，有的是合法的，有的是不合法的，有的是正当的，有的是不正当的，各种新的需求与主体已有的心理发展水平或心理状态之间产生矛盾和斗争，并使主体内部心理结构发生变化。其中，主体需求结构中的不合法、不正当的内容，往往会引起心理结构劣变，形成不良心理品质，并最终导致犯罪心理的产生，这就是主体内化的过程。此后，在新的心理结构基础上，主体又以所形成的不良心理品质或犯罪心理内容反作用于周围的客观现实，即实施各种犯罪行为，这就是一个外化的过程。总之，犯罪心理就是这样在社会实践活动中，通过内化和外化过程的不断更替，以及主客观因素的相互斗争、相互转化逐渐形成，并向恶性方向发展的。

（2）犯罪心理是主体对客观现实的能动反映。

辩证唯物主义认为，意识具有主观能动性，即人的意识不是消极被动的，它不仅依赖于客观世界，而且对客观世界也具有能动的反作用。犯罪心理也是人类意识的一种表现，也具有积极能动性的特点。这主要表现为犯罪人的心理选择性。所谓心理选择性，主要是指主体在与客观现实的相互作用过程中，总是利用社会化所形成的心理图式，即主体已有的心理状态来解释客观现实，激发欲求，并据此制定行为计划，做出行为反应。一般说来，心理选择性多指向正当的需求和符合道德、法律的行为。犯罪者的心理选择性则与此截然相反，他们往往是对不正当的欲求和不合法或不合乎道德规范的行为作出心理选择。这种心理选择性是以主体已有的不良心理品质为基础，并且积极主动地作用于主体的行为机制，导致犯罪行为。从这一点可以看出，犯罪心理对于客观环境具有能动的反作用，是对客观现实的能动反映。

（3）犯罪心理的发展是从量变到质变的过程。

唯物辩证法认为，事物的发展总是呈现出量变和质变两种基本状态，表现为由量变到质变，再由质变到量变，量变和质变互相推移、互相转化的无限过程。犯罪心理的发展同样遵循着从量变到质变的运动发展规律。事实证明，大多数犯罪者并非骤然变坏，而是在与外界不良因素的相互作用、相互斗争和相互转化过程中，由小到大，逐渐在思想品德和个性品质方面发生质变，最终才导致犯罪心理的形成。

巴甫洛夫的高级神经活动学说也认为，人类在与环境的相互作用过程中会不断地建立起新的暂时神经联系，新旧暂时神经联系系统交织在一起，就产生了暂时神经联系的累积作用。这不仅是暂时神经联系在量上的变化，而且也意味着在质方面所发生的变化。因为累积起来的新旧暂时神经联系彼此相互影响而形成了新的质变，也就是说，新的信息被纳入到了主体原有的心理结构之中，成为其中一个组成部分。当这些新信息的输入量积累到一定程度后，就使主体的整个心理结构发生质变。由此可见，犯罪心理的产生必然经历了一个在个性、品德方面逐渐劣变的过程，即使是那些看起来比较偶然的犯罪行为，其犯罪心理的产生也要经历这样一个过程。

（4）犯罪心理在犯罪活动中不断得到强化而趋于巩固和发展。

人的行为具有意识性特点，既可以作用于环境，改造客观世界，并使之发生变化，与此同时，环境的变化即行为结果又反过来对人的行为产生强化影响。因此，当有意识地对人的行为进行肯定强化时，可以促进这种行为重复出现；对人的行为进行否定强化时，可以修正或阻止这种行为的重复出现。根据这一原理，采用不同的强化方式和手段，可以达到激励人类行为的目的。后来，学者们将这个原理引入犯罪心理学研究中，认为犯罪行为是犯罪心理的外化。犯罪心理形成之后，就将付诸实际行动，产生犯罪活动，以满足犯罪需要，如果犯罪行为得逞，犯罪需要得到满足，对犯罪心理就起到积极强化作用。主体就是通过犯罪行为所带来的成功性体验和非分欲求满足的愉悦感，使其犯罪心理更加巩固，并且得到进一步发展的。

（五）犯罪行为

从刑法的角度分析，犯罪行为，是指犯罪人在一定的犯罪心理的支配下所实施的具有刑事违法性、社会危害性，依据法律应受刑罚处罚的各种行为的总称，包括刑法上所规定的故意犯罪行为和过失犯罪行为两大类。在刑法学中，犯罪行为是一种法律事实，并不单纯指犯罪构成中的客观方面，能否构成犯罪行为还要考察行为人的罪过、刑事责任能力等其他因素。

从心理学的角度分析，犯罪行为可以视为犯罪人在犯罪心理支配下，导致了犯罪后果的各种动作和言语，也就是客观的行为反应过程，而犯罪心理学更注重研究在具体情境中犯罪人会选择该种反应方式的原因。

（六）犯罪心理与犯罪行为的整体性关系

犯罪心理学研究中所说的犯罪，实际包括了犯罪心理和犯罪行为两部分内容，二者虽然存在区别，但就犯罪而言是不可分割的整体。

1. 犯罪心理与犯罪行为的区别

（1）犯罪心理具有内隐性特征，犯罪行为则具有外显性特征。犯罪心理是犯罪人大脑的活动，在没有以言语和动作的形式表现出来即没有发生犯罪行为之前，是看不见、摸不着的。而犯罪行为则总是犯罪心理以作为或不作为的形式表现出来的外部活动。

（2）犯罪心理具有相对的独立性，而犯罪行为则具有依存性。在犯罪人犯罪行为发生前，犯罪心理就已独立存在；犯罪行为结束后，犯罪心理也不一定立即结束，它可以继续独立存在于犯罪人的头脑之中。犯罪行为总是依犯罪心理的存在而发生。

（3）犯罪心理形成在先，犯罪行为发生在后。犯罪心理总是在犯罪行为发生前就已形成，犯罪行为总是在犯罪心理形成之后才可能发生。

2. 犯罪心理与犯罪行为的联系

（1）犯罪行为总是在一定的犯罪心理的影响和支配下发生的，没有犯罪心理就没有犯罪行为。

（2）要剖析犯罪心理，必须先了解犯罪行为。只有犯罪人的犯罪行为发生之后，才能从行为表现入手，对影响和支配犯罪人实施犯罪行为的心理作归因分析。没有犯罪心理的外部表现——犯罪行为，就无从了解犯罪人的犯罪心理。

（3）犯罪行为的性质往往由犯罪心理状况而定。如刑法中故意犯罪和过失犯罪的区分即是如此。

3. 犯罪心理与犯罪行为的关系

犯罪心理与犯罪行为的关系错综复杂，可以从两者的一致性和非一致性两方面来分析。犯罪心理与犯罪行为的一致性是指，有什么样的犯罪心理，就会发生什么样的犯罪行为，具体表现为：①在某种犯罪心理支配下实施某种犯罪行为，如在贪利性动机支配下，实施受贿犯罪行为；②在某种犯罪心理支配下实施多种犯罪行为，如在贪利性动机支配下，实施盗窃、抢劫、诈骗、贩毒、贪污、受贿等犯罪行为；③在多种犯罪心理支配下实施某种犯罪行为，如贪利、嫉妒、好奇、报复、权力欲等心理都可能导致受贿行为；④在多种犯罪心理支配下实施多种犯罪行为，如在贪利、性欲等动机的支配下，实施抢劫、强奸、杀人等犯罪行为。一般情况下，犯罪心理与犯罪行为是相一致的，但在主客观因素影响下，也存在着两者不一致的情况，具体表现为：

①犯罪动机和犯罪行为的结果不一致,刑法学中的间接故意犯罪即属这种情况。如果犯罪人在报复动机支配下,趁黑夜潜入仇人卧室欲杀仇人,因事实上的认识错误而误杀仇人之妻。②犯罪人本无犯罪动机,只是在别人胁迫下不得不实施了犯罪行为。

4. 犯罪早期症状与行为因素

早期症状:①个性心理品质的变化:个性心理倾向性是决定一个人态度和活动的倾向性、选择性、积极性的诱因系统。若不良的个性心理品质越来越突出则行为倾向极端利己的变化。②精神压抑症:指犯罪个体犯罪前经受较长时期精神上压制的病态心理,其症状表现为个体心理较长时间的焦躁、烦恼、嫉妒和不满。③胜利恐惧症:指拥有权力者害怕权力丧失的紧张、恐惧的心理状态。其症状表现为紧张、害怕、担心。④骄横跋扈症:指掌权后骄傲自大、得意忘形、飞扬跋扈的心理状态。其症状表现为自满、骄傲、跋扈。⑤奢侈症:犯罪主体对权、财、色的过度嗜好产生的病态心理。其心理症状表现是权力者对权、财、色的无度追求,嫌少不怕多,贪得无厌的心理状态。

行为因素:指犯罪人原有的不良行为特点。不良行为是在不良的心理支配下发生的,不良行为如果得逞,会反作用于不良心理,使不良心理得到强化和发展,这被称为反馈原理。恶性发展的趋势之一就是形成犯罪心理。下列不良行为与犯罪心理的形成有关:①错误的活动,指参加不符合社会要求、为社会所禁止的活动。如奢靡之风,花天酒地,违反纪律,扰乱公共秩序等。这些活动对行为人的心理产生各种不良影响,减弱他对不良诱因的抵抗力,增强不良的心理因素,进而诱发犯罪心理。②不良的行为方式及其结果。不良的行为方式很多,如欺骗、赌博、仗势欺人和报复等。如果通过不良的行为方式满足了行为人的需要,其就会在心理上肯定这种行为方式,今后用以再次满足需要。因此,这种错误经验是形成犯罪心理的基础之一。③有害的行为习惯。行为习惯是由于行为重复而巩固下来的。如沉湎酒色、独断专行、贪婪好利等,如果多次重复又得不到制止,就会成为难以克制的"自动化"了的恶习,成为一种需要而不断起作用。在其他不良因素或特定情境的作用下,不良行为习惯就很容易起到触发犯罪心理的作用。④模仿和学习不良模式。客观现实中的各种不良模式,往往成为缺乏识别能力的人特别是意志不坚定的人模仿和学习的对象。这种模仿和学习,不仅给心理结构增添了消极成分，而且直接影响行为的方向。对已有不良社会心理缺陷的人，甚至可以直接诱发犯罪心理并付诸行动。

职务犯罪心理与职务犯罪行为的关系也有上述的特点、联系和区别，但另一方面，出于职务犯罪自身的一些特点，它又有一些独特的规律。职务犯罪可以分为故意类犯罪和过失类犯罪，故意类犯罪当中的贪污贿赂类犯罪都属于贪利性犯罪，也就是在贪利性动机支配下实施贪污、受贿、挪用公款等各种犯罪；职务犯罪中的过失类犯罪则是规定在刑法渎职类犯罪当中，因此其动机也是多种多样。但总的来说职务犯罪行为的实施是受职务犯罪心理支配的，并且这种心理起着主导性的作用，指导犯罪行为，为犯罪行为规定着方向；而职务犯罪心理往往会在一定的条件下发展成为职务犯罪行为，二者具有相互支撑的作用。

（七）犯罪动机

1. 动机与犯罪动机

所谓动机，是指推动人进行某项活动以达到某种目的的内心起因，是行为的内部动力。它是人活动的推动者，体现着所需要的客观事物对人的活动的激励作用。动机不断激起行为，而且使行为保持一定的方向，具有目的性，可见，动机对人类行为的重要性。动机可由当前具体事物或事物的表象、概念、信念、理想而引起，并常以愿望、兴趣、理想等形式表现出来。

所谓犯罪动机，是指激起犯罪人实施犯罪行为以达到犯罪目的的内心冲动或者内心起因。因法律制度的不同，人们对犯罪动机的认识也有差异。在大陆法系（以法国和德国法律为代表），犯罪动机是主观罪过的构成要素，不同性质的犯罪动机反映了主观罪过的不同程度。在英美法系（以英国和美国法律为代表），往往将行为人的犯罪动机看成是一种特殊的故意，通过对犯罪动机的分析，陪审团可以更好地分析行为人的犯罪意图，犯罪动机成为影响陪审团作出裁定的重要因素，有时甚至影响是否定罪。

行为人某种犯罪目的的确定，绝不是无缘无故的，而是始终以一定的犯罪动机作指引的，如直接故意杀人是以非法剥夺他人生命为犯罪目的，而促使行为人确定这种犯罪目的的犯罪动机，可以是贪财、奸情、仇恨、报复或极端的嫉妒心等。因此，弄清犯罪动机，有助于了解犯罪人为何追求某种犯罪目的，不同的犯罪动机，不仅直接反映出行为人的主观恶性程度，而且也表明了犯罪行为的社会危害性的差异。就犯罪心理的形成和发展变化而言，犯罪动机也起着非常重要的作用。因此,研究犯罪动机对全面了解犯罪心理具有重要意义。

2. 犯罪动机的主要特点

(1)主观性。犯罪动机是犯罪人的主观心理活动,是犯罪人主观能动性的一种表现,是支配犯罪人实施犯罪行为的一种特有心理现象。

(2)相对性。犯罪动机是与外显的犯罪行为相对应的概念。犯罪动机引发犯罪行为,没有犯罪行为就没有犯罪动机,常常是在犯罪行为实施后,通过分析得出犯罪动机。在某种动机支配下实施的行为未构成犯罪,无论这种动机多么卑劣,都不能称为犯罪动机。

(3)反社会性。主要体现在两个方面:一是在犯罪动机驱使下实施的犯罪行为都是危害社会的,因而,犯罪动机具有明显的反社会性;二是大部分犯罪动机的内容都是狭隘的个人利益的反映,是个人的需要和欲望的表现。

(4)直接性。从犯罪行为的产生动力来看,犯罪动机是引起犯罪行为的直接内部动力,与犯罪人的需要等心理成分相比,犯罪人的犯罪动机更加接近犯罪行为。

(5)意识性。犯罪人对犯罪动机的意识水平比较复杂,一般而言,大多数犯罪动机都是被犯罪人明确意识到的,犯罪人知道他为什么要实施犯罪行为,并且在犯罪行为之前往往经历了一定的动机斗争或动机冲突。但是,有少数犯罪动机是个人不清楚或不很清楚的,特别是一些冲动性犯罪,犯罪人对其犯罪动机可能认识不清,不知道自己为什么要实施犯罪行为。

(6)动态性。犯罪动机是一个动态的概念,反映的是一种动态心理过程。因为,一方面,犯罪动机是动机冲突和动机斗争的结果;另一方面,犯罪动机形成后,在各种因素的影响下会发生转化或变化。

二、犯罪心理学的研究对象

毛泽东同志指出:"对于某一现象的领域所特有的某一矛盾的研究,就构成了某一门学科的对象。"可见学科的确立是以其特殊的研究对象的存在为前提的。犯罪心理学作为一门学科,有其特定的研究对象,即与犯罪心理有关的现象,包括犯罪心理的特征、犯罪心理形成的机制、犯罪心理形成的原因及犯罪对策心理等。

（一）犯罪心理的特征

犯罪心理是指影响和支配犯罪人实施犯罪行为的各种心理因素的总和。这些心理因素包括认识、情感、意志、能力、气质、性格、兴趣、需要、动机、理想、信念、世界观、价值观以及心理状态等。就其本质特征来说，它是一种与社会行为规范和道德风俗相悖逆的一种心理。犯罪心理所包含的内容和范围，是从产生犯罪动机开始，到着手预谋和具体实施犯罪这一过程的心理活动。犯罪心理具有以下基本特征：

1. 犯罪心理的目的意识性

犯罪心理是一种有目的、有意识的心理活动，是支配犯罪行为产生的各种心理现象的总和。这个特征表明了犯罪心理的实质，它不是无意识、无目的的心理活动，也不是某些简单的意念、欲求或一时冲动的想法。即使存在某些邪念或处于朦胧状态的犯罪意图，也不能成为犯罪心理。只有当邪念、不良欲求、犯罪意图等已推动人实施犯罪行为时，才能称为犯罪心理。

2. 犯罪心理的主客观性

犯罪心理既是主观的，又是客观的。就其产生的对象而言，是个体的心理活动，是主观的；就其形成过程和结果来看，一定要与客观的犯罪行为发生联系，否则，就不能看做是犯罪心理。例如，嫉妒、愤怒、仇恨等不良心理现象，就不是犯罪心理。

3. 犯罪心理的可转化性

犯罪心理的形成是一个由量变到质变的逐渐积累、转化的过程。其转化有两种可能：一是向良性方向转化，通过人的自觉性或其他因素对犯罪意图进行控制、约束，不让它推动人实施犯罪行为；二是向恶性方向转化，形成比较稳定的犯罪心理，推动人实施犯罪行为。犯罪心理向恶性转化的过程，实质上就是犯罪心理发生发展的过程。

（二）犯罪心理形成的机制

犯罪行为的形成机制可以从不同视角进行探讨。从社会学角度分析，犯罪行为既是一种社会现象，又是一种法律现象，犯罪生成是社会事实与法律规定的整合。从犯罪学角度考察，犯罪生成是各种主要致罪因素互相作用和转化的必然结果。从犯罪心理学角度看，犯罪行为的产生必然要受到各种相关心理因素（如需要、动机、兴趣、爱好、价值观、态度、自我意识等）的影响，以特定的心理活动（如认识活动、情绪情感活动、意志活动、注意活动等）和心理特征（如性格特征、气质特征、能力特征等）为基础。支配和影响犯罪主体实施犯罪行为的心理活动和有关心理因素被称为犯罪心理。犯罪心理是犯罪行为形成的前提，也是行为人承担刑事责任的主观依据；而犯罪心理的生成又总有一定的规律和机制。"机制"一词在语义学上有三层含义，一是指机器的构造和工作原理，如计算机的机制；二是指某些自然现象的物理、化学规律，如优选法中优化对象的机制；三是泛指一个工作系统的组织或部分之间相互作用的过程和方式，如市场机制。在这里"机制"是综合其基本意思，将犯罪心理的形成和发展视为一个由各种心理因素和特征共同参与的工作系统。所以犯罪心理的机制应表述为：犯罪心理的形成机制，即是指在犯罪心理的形成和发展变化过程中，各种心理因素和特征相互作用的过程、方式和原理。

（三）影响犯罪心理形成的因素

犯罪心理形成的原因是多种因素构成的，既有主体外因素，也有主体内因素。犯罪心理的形成是由于各个因素之间相互结合、相互作用的结果，从而产生了一种新特性。

1. 影响犯罪心理形成的主体外因素

（1）自然环境因素。如某些地域、季节、时间、自然灾害等因素，有可能为一定的犯罪行为提供便利条件，在一定程度上起到强化主体侥幸心理的作用。

（2）社会环境因素。如宏观社会环境因素、微观社会环境因素和特定的情境因素。不良的社会环境因素在个体犯罪心理形成中起重要作用。宏观社会环境因素是指社会的政治、经济、文化、社会意识中的缺陷，不良的社会风气等。微观社会环境因素是指家庭、学校、居住环境、工作场所、职业条件中的消极因素和有利于实施犯罪行为的因素。特定的情境因素是指被害人、现场的条件和气氛、犯罪机遇等因素。

2. 影响犯罪心理形成的主体内因素

（1）生理因素，是指个体某些解剖心理特点，如性别、年龄、内分泌、神经类型以及其他一些影响正常生理、心理活动的疾患等。生理因素不会直接萌生犯罪心理，它只是影响犯罪心理形成的相关因素。

（2）心理因素，是指个体在社会化过程中形成的不良心理品质。如不良的个性倾向性，不良的性格品质以及不成熟的自我意识等。这些消极的心理因素容易导致个体对客观现实做出消极的反映。

（3）行为活动因素，是指个体某些不良的行为活动，如不健康的活动内容，不良的行为习惯和学习模仿不良的行为模式等。这些不良的行为反作用于心理，使不良的心理得到强化。

在影响犯罪心理形成的主体因素中，心理因素、行为活动因素起主导作用。上述主体因素与主体外客观因素相互联系、相互作用、相互转化，构成个体犯罪心理形成的原因。总之，产生犯罪心理的原因是多方面的因素构成的。我们不仅要注意主体外部因素与内部因素的相互关系和作用，同时还要具体分析某犯罪人的犯罪原因中影响犯罪心理的主要因素，以及各因素之间的构成和影响。这样才能客观科学地掌握和了解犯罪心理产生的原因。

（四）犯罪对策心理

犯罪对策是指预防、揭露、惩罚犯罪和矫治犯罪的各种策略、方法和手段的总称。犯罪心理学要为制定和运用犯罪对策的人员提供心理科学的原理和方法，以增强犯罪对策的有效性。

犯罪心理分析技术即是依据心理学原理，通过对犯罪现场犯罪行为心理痕迹的发现和收集，通过对罪犯心理活动以及影响、制约和决定其心理活动因素的研究分析，通过对其个性心理特征的描述刻画及其个性形成有关条件、因素的分析，并利用变态心理学、精神病学、犯罪统计学等学科的研究成果，从而为分析案情、刻画罪犯、发现案件线索提供帮助的心理学技术与方法，亦称心理分析侦查法、犯罪人特征描述、犯罪心理画像技术、心理线索侦查法、现场心理分析法等。犯罪心理测试技术，俗称"测谎"，但其与所谓的"测谎"有着根本的区别。其是依据普通心理学、实验心理学、犯罪心理学三大学科基础，以及神经心理学、生物电子学、计算机应用、侦查学、物证技术学等学科知识，在正确分析案情和嫌疑人心理活动的基础上，运用综合法编制测试题，通过专用心理测试仪和计算机软件操作系统，实时同步记录被测人对主试言语问题的多项心理生物反映变化，进而评判心理痕迹对应相关度，从而帮助甄别判断嫌疑人与案件关系的犯罪心理鉴定技术。犯罪心理分析技术及犯罪心理测试技术是侦查工作的两种新兴技术与方法，对疑难案件的侦破具有重要的作用。同时，二者之间有着密切的关系，侦查实践中，其相互支持、相得益彰。侦查中同时运用两种技术和方法，并使其相互支持、参照和借鉴，对增强彼此的科学有效性和提高侦查工作的准确性，有着重要而显著的作用。

三、犯罪心理学的学科地位和性质

（一）犯罪心理学的学科性质

1. 犯罪心理学是犯罪学与心理学的交叉学科

犯罪心理学在形成和发展过程中，受到了大量的其他学科的影响，但是对它影响最大的学科是心理学和犯罪学。它既是心理学科体系的一个分支学科，又是犯罪学科体系的一个分支学科，是这两门学科之间的交叉学科。在心理学科体系中，犯罪心理学是应用心理学领域——法律心理学的一个分支学科；在犯罪学科体系中，广义犯罪心理既涉及犯罪原因学领域，又涉及刑事司法学领域，还涉及犯罪防治学领域。但是，犯罪心理学并不是犯罪学科的部分领域与心理学科的部分领域的简单拼凑，而是采用了大量的心理学研究方法，并利用了心理学的研究成果，研究犯罪学科的基本对象——犯罪人。所以说，这门学科的主体内容是心理学与犯罪学的彼此结合、渗透和交叉。

2. 犯罪心理学是一门偏重于社会科学的综合性学科

犯罪心理学的理论学说和研究方法，既涉及自然科学，又涉及社会科学。因为犯罪是阶级社会中的一种社会现象，是一定社会历史条件下阶级矛盾和社会其他各种矛盾的综合反映。人作为社会的人，他之所以犯罪，社会因素往往起着主要作用。犯罪人的犯罪心理是客观现实的反映，其犯罪行为总是危害社会的行为，因此，把犯罪人作为基本研究对象的犯罪心理学必然具有明显的社会科学的性质。同时，也必须看到，犯罪人具有生物属性的一面，无论是犯罪心理的形成还是犯罪行为的发生，都离不开一定的生理机制的作用。因此，研究犯罪人实施犯罪行为的心理形成、发展和变化规律的犯罪心理学，又不能不具有一定的自然科学的性质。因而，犯罪心理学融合了多门社会科学和自然科学的学科内涵，但更偏重于社会科学。

3. 犯罪心理学是一门兼有理论性和实践性特点的学科

在犯罪学科体系中，犯罪心理学与犯罪人类学、犯罪生物学、犯罪精神病理学共同组成犯罪学科中的犯罪原因学。它从心理学的角度研究犯罪原因，为预防犯罪、揭露和惩治犯罪以及矫正犯罪提供理论依据。因而，犯罪心理学在犯罪学科中处于理论学科的地位。但是，犯罪心理学又是一门具有很强实践性和应用性的学科，研究犯罪心理学主要是为了解决实践中产生的与犯罪行为有关的问题。在心理学科体系中，它处于应用心理学的地位，它应用心理学科的理论和方法研究犯罪心理形成和犯罪行为发生的特殊规律，为人类揭露与遏制犯罪提供了思想武器。

4. 犯罪心理学是一门或然性学科

许多科学研究的结论只具有相对性，它只告诉人们在某种特定条件下其或然性有多大，绝对准确的预测是难以做到的。影响犯罪人犯罪心理形成和犯罪行为发生的因素很多，相互作用和变化的机制极其复杂，因此，它得出的各种结论并不完全适用于任何犯罪人和任何犯罪情景。它只能告诉人们"可能会"怎么样，而不是"必定会"怎么样。使用根据犯罪心理学研究结果提出的干预方案并不能保证绝对有效，因此，犯罪心理学的研究结论具有或然性的特点。但是，这绝不是说犯罪心理学的研究成果不准确，或者无价值，它揭示的犯罪规律，提供的犯罪概率，是有助于犯罪预防和犯罪控制的。进一步提高研究结论的可靠性，降低研究结论的或然性，是摆在犯罪心理学研究者面前的极具挑战性的任务。

5. 犯罪心理学是一门发展的学科

学科的发展一般要经历潜学科、发展学科和发达学科三个阶段。发展学科即新兴的、还在成长的、还很不成熟的学科。犯罪心理学作为一门独立学科迄今还不到百年的历史，是一门十分年轻的发展学科。

（二）犯罪心理学与其他学科的关系

1. 犯罪心理学与犯罪学

犯罪学是一种知识体系，即关于犯罪现象、犯罪原因和犯罪预防的系统性的知识，由一系列特有的基本范畴所组成的内在联系紧密的知识整体。犯罪学是从宏观的角度透视犯罪这一社会现象，综合研究犯罪的原因，并提出犯罪预防的对策。总的来说，犯罪学是对犯罪现象的宏观把握，是研究犯罪现象的综合性学科。犯罪心理学主要研究的是实施犯罪行为的主体——犯罪人心理的形成、变化的规律，因此，它与从不同角度研究犯罪现象的犯罪人类学、犯罪社会学处于同一学科层次，同属于犯罪学的一个组成部分。现代犯罪学十分重视对犯罪成因论中的个体因素的探讨，犯罪心理学的研究不仅可为其提供丰富的资料，而且还可提供不同于其他研究的手段和方法，使我们对犯罪现象的探讨更有深度，提出的预防犯罪对策更有针对性。

2. 犯罪心理学与刑法学

犯罪心理学和刑法学都要研究犯罪问题。刑法学是研究犯罪及其刑事责任的学科，其中包括犯罪及其构成要件、犯罪形态、刑事责任、刑罚及其种类、刑罚的具体适用以及各种具体犯罪的定罪量刑问题。犯罪心理学所研究的犯罪，以刑法中有关犯罪的规定作为依据之一，从这种意义上说，犯罪心理学研究的内容，在一定程度上受到刑法学的制约；反之，犯罪心理学对犯罪人犯罪心理的形成、发展和变化规律的研究成果，又为刑法学研究犯罪提供了理论基础，丰富和完善了刑法学的学科研究。

3. 犯罪心理学与普通心理学

普通心理学与犯罪心理学的关系是理论与实践的关系。普通心理学是研究人的心理活动规律的学科，是心理学中的基础理论学科。犯罪心理学是一门应用学科，它要应用普通心理学的基本理论和方法研究特殊的群体——犯罪人的心理活动的规律和特点，从而来解决具体问题。普通心理学中关于人的心理实质、各种心理活动的基本规律、人的心理的发生、发展、变化规律以及心理学研究的各种方法等都要在犯罪心理学的研究中得到应用；反之，犯罪心理学的研究成果又可以丰富和发展普通心理学的理论。

4. 犯罪心理学与社会心理学

社会心理学是系统研究社会心理与社会行为的学科。犯罪行为是一种反社会行为，犯罪心理是一种特殊的反社会心理现象，因此，犯罪心理学可以看成是社会心理学的一个分支。社会心理学研究中揭示的社会心理和社会行为的基本规律，为犯罪心理学提供了理论依据和方法，社会心理学中关于人的社会化、群体心理、领导心理、从众心理、人际交往心理等理论都要在犯罪心理学中得到具体应用；同样，犯罪心理学的研究成果也可以丰富和发展社会心理学的内容和理论。

5. 犯罪心理学与教育心理学

为了提高对罪犯教育矫正的质量和效果，需要应用教育心理学的基本理论，遵循教育心理的基本原则。不仅如此，对公民的法制教育、普法宣传也要应用教育心理学的基本理论和方法。因此，犯罪心理学要借用教育心理学的研究成果来丰富和发展自己的内容。

（三）犯罪心理学研究的方法论

研究任何问题，都需要理论的思维，需要哲学的指导，即方法论。方法论是一种关于总的、普遍的方法的学问或理论。人们在研究问题的过程中，往往要运用一定的立场、观点与方法，对所研究的问题，所收集的材料进行分析与概括。如果没有理论的思维，没有哲学的指导，那么这种研究就是一种盲目的注定失败的研究。

犯罪心理学研究的方法论是从哲学的高度为人们认识犯罪人的心理现象提供的一个总的、普遍的方法，是人们关于犯罪心理根本属性的基本假定。犯罪心理学研究一刻也离不开哲学的指导，以何种哲学理论为指导，这是方法论中的主要问题。这个问题不解决，犯罪心理学的研究就会迷失方向。例如，把犯罪心理的原因归结为纯粹的自然生物性原因，还是归结为社会文化的原因，就代表着两种截然不同的哲学观点。可以这样说，哲学方法论从一开始就影响着研究者如何提出问题、怎样解释、描述犯罪心理现象。西方的一些犯罪心理学研究没有解决以何种哲学观点为指导的问题，尽管提出了种种理论假设，在具体研究方法、操作技术方面搞得非常繁琐，但仍然难于建立起犯罪心理学研究的科学的指导性理论。因此，我们的犯罪心理学研究只能以马克思主义哲学为方法论，在研究方向上和研究过程中以辩证唯物主义和历史唯物主义的观点作为指导性理论。

辩证唯物主义和历史唯物主义是关于自然、社会和思维发展普遍规律的科学，其内容深刻而宏大。作为犯罪心理学研究的方法论，这里主要介绍直接相关的几个理论观点。

一是心理、意识的客观性理论。人类的心理、意识，既不是头脑主观自生的，也不是"独立自在"的绝对精神。马克思主义哲学告诉我们：人的心理、意识是自然界和社会发展的产物。人脑虽然是心理、意识的器官，但不是心理、意识的源泉。现代科学的发展已经揭示出：心理、意识的产生既是一个能量消耗过程，又是一个信息处理过程。如果没有外界信息的输入，就不会有心理、意识的产生，所以心理、意识不过是客观存在的主观映像，是"移入人的头脑并在人的头脑中改造过的物质而已"。不管心理、意识的主观色彩多么浓厚，但归根到底是对客观对象的反映。马克思主义哲学关于心理、意识的客观性理论，深刻揭示出心理、意识产生的根源及其本质，为我们研究犯罪心理的产生，揭示犯罪心理的本质提供了坚实的理论基础和科学的方法论指导。犯罪心理作为人的一种心理，既不是先天遗传的，也不是主观自生的，同样也是客观存在的一种主观映像。坚持这个理论原则，既与犯罪心理研究中的否认心理、意识内容的客观性的唯心主义划清了界限，也与犯罪心理研究中抹杀心理、意识形式主体性的庸俗唯物主义划清了界限。

二是心理、意识的主体性理论。心理、意识总是从人的需要和利益出发，总是打上主体的烙印。人的心理、意识活动是充满激情与理想的活动，凡是与主体需要有关的事件、关系，首先得到心理、意识的注意，并在这一基础上得到选择与深化。人类的主体需要仿佛是心理活动的导向器、过滤器和优化器，使心理活动沿着特定的方向发展。心理、意识的主体性理论告诉我们：对同一对象、同一过程，不同的主体会有不同的反映，会产生不同的意识。不但存在反映速度的快慢，数量的多少，程度深浅的区别，甚至存在质的区别。这就是为什么进行社会实践活动的人们，有的人会形成与大多数人相反的犯罪心理的原因。这种区别恰好反映了心理、意识的主体性区别。心理、意识主体性的差别，是由于个人的先天素质及后天社会实践的差别造成的。

三是心理、意识的社会性理论。人具有自然属性的一面，人的肉体组织与生理上的某些需求，同其他动物有着相似点。但是人一开始就不是纯粹的自然生物，而是社会的生物，具有社会的属性。人的自然属性经过改造包含在人的社会属性之内。人的心理、意识虽然离不开人的生理机制，但是人的心理是知、情、意三者的统一，是一种理性化的心理，同动物心理相比具有全新的特征。理解这一区别的关键就是心理、意识的社会性。心理、意识从来就是社会人的心理与意识，离开人的社会性，离开人的社会实践，离开人的物质生活条件，就不能对人的心理、意识做出科学的解释。先天的生理条件，可以影响人的心理发生速度的快慢、数量的多少和程度的深浅，但它不会决定人的心理内容。人们对于事物的不同态度，主要取决于人的后天实践经验、社会环境、社会阶层的差异。因此，应该主要从人的社会属性方面对犯罪心理做出科学的解释与说明。

四是心理、意识的变化性理论。物质是发展变化的，作为物质主观反映的心理、意识，也是发展变化的。运动与发展是宇宙不可抗拒的规律，心理、意识也不能逃脱这一规律。因此，犯罪心理也不是静止的，不可变化的。一个人的犯罪心理既可以在一定条件下从无到有，由弱到强，也可以在一定条件下减少、弱化和消退。只有牢固树立起发展变化的观点，才能科学认识犯罪心理的规律，也才能进行犯罪心理的超前预测，以及对犯罪人犯罪心理的矫正和预防。

第二节 职务犯罪心理学概述

职务犯罪这一社会现象早已有之，自人类社会出现以后，随着阶级、国家的出现，在政治经济制度不完善的情况下，很多人会利用自己手中的职权谋取私利。与此同时，在每一个社会发展的历史阶段，人们都在探索着怎样去更好地认识、惩罚并预防这种犯罪现象，以保证政令畅通，人民安居乐业。在现代社会则更是如此。纵观各国法律，可以看出，人们在享受物质文明的同时，无不在丰富自己的法制文明和制度文明。关于惩治职务犯罪的、相当完善的法律俯拾即是。另外，人们也试图从各个角度来剖析职务犯罪，比如，从心理学角度，按照心理发展规律去揭示职务犯罪形成的心理原因。但是，这种专门性的研究只局限于在研究普通犯罪心理学的时候，作为其副产品来分析，未能深入，不够全面。这种缺乏专门性的研究现状不利于人们正确、全面地去认识、揭露、打击和防范此类犯罪。随着腐败现象的日益蔓延，它同时也受到了国际社会的关注，联合国制定了反腐败公约。我国也已加入《联合国反腐败公约》。所以，与国际社会一道打击职务犯罪的任务艰巨，为了更好地完成这项任务，则需要动用各方面的力量去研究职务犯罪。因此，我们尝试以心理学为突破口，以普通犯罪心理学为基础，来探索职务犯罪自身特有的规律，以便为司法机关揭露和惩治职务犯罪以及预防、矫治职务犯罪提供心理科学依据和方法。

职务犯罪从宏观方面看是一种社会现象，从微观方面看又是一种个体心理现象。它是在行为主体思想意识的支配下，在一系列心理活动的影响下发生的。研究犯罪主体的心理实质和心理活动规律，分析其犯罪心理与行为的关系，正确认识影响和决定国家机关工作人员犯罪心理的各种因素，对于预防、揭露和惩治职务犯罪具有重要的理论意义和现实意义。

一、职务犯罪心理学的研究对象与研究任务

（一）职务犯罪心理学的概念

职务犯罪主要是指掌握一定管理、支配公共财产、人事关系等多种实权的国家公务人员滥用职权、谋取私利、侵犯公共利益的高层次、高智商犯罪，其本质特征是以权谋私、权钱交易。职务犯罪主要有贪污罪、受贿罪、挪用

公款罪、玩忽职守罪、徇私舞弊罪、泄露国家秘密罪等几种形态。权力与金钱的交换已成为当前职务犯罪与腐败行为的最突出表现。职务是产生腐败的重要条件，腐败则是某些职务犯罪的诱因与结果。因此，研究职务犯罪必须与研究惩治腐败相联系，研究惩治腐败必须与研究职务犯罪相结合。当今世界各国都不同程度地被职务犯罪现象所困扰，它给人类社会带来的危害是不可估量的。它造成经济资源的巨大浪费，影响社会的稳定；损害政府威信，毒化社会风气，是一种极具破坏性的违背职业道德、违犯国家法律行为。因此，坚定不移地开展反对职务犯罪的斗争，已成为世界各国所面临的共同任务。惩治职务犯罪现象、规范公务员行为，需要进行政治的、经济的、法律的和心理的等多种学科的理论研究和综合治理，而职务犯罪心理学则是多种方法中的一种，它是运用心理学和犯罪心理学的基本原理，研究职务犯罪心理原因、特点、心理过程、犯罪行为变化规律以及针对职务犯罪问题进行可行而必要的心理预测和心理预防的一门应用性极强的学科。

对职务犯罪心理的研究不应局限于对职务犯罪主体的心理和行为进行研究，也就是说不仅限于对其犯罪心理的形成规律以及犯罪行为在怎样的心理支配下实施，也应研究怎样预防职务犯罪，同时也要关注职务犯罪在发现并进入司法程序过程中的心理规律，也就是贯穿了从职务犯罪心理的产生、发现、揭露、打击、预防到矫治的这样一个全过程的研究。

（二）职务犯罪心理形成的要素及发展、变化的规律

职务犯罪心理并非一朝形成，它总是在行为人的日常生活、工作过程中通过内在因素的固化，逐渐形成一个较为稳固的犯罪心理模式，并在受到外界因素刺激的情况下发展成为职务犯罪行为。当然，职务犯罪心理的形成较为容易，有的人虽然有这种心理，但可能终生不会有职务犯罪行为，其原因可能有内在因素，如其职务犯罪心理在形成后受到某种良性因素的制约，比如道德的制约，而没有外化为犯罪行为，也可能是外在因素，如单位规章制度健全、没有漏洞可钻，而无法实施犯罪。职务犯罪心理的形成既有内在的，即主体因素，又有外在的，即主体外因素。

主体因素，根据犯罪心理学的研究成果，包括三个部分：一是生理因素，包括年龄、性别、神经类型、异常生物学因素；二是心理因素，包括不良的个性倾向性、性格结构缺陷、自我控制系统缺陷、个性异常；三是行为因素，包括错误的活动内容、不良的行为方式和结果、模仿和学习不良模式。

主体外因素包括三大部分：社会环境因素、自然环境因素、情境因素。在社会环境因素中又包括两大部分：大社会环境和小社会环境因素。大社会环境因素有政治环境、经济环境、文化环境和精神环境；小社会环境有家庭环境、学校环境、工作环境、居住环境、人际环境和职业环境。自然环境因素包括地域、季节、时间等。情境因素有侵害对象、现场其他人、现场条件和气氛以及机遇。

职务犯罪心理的形成也具有其中的一些规律：

第一，从生理因素来看，由于职务犯罪主体条件是特殊主体，也就是不仅要达到一定年龄具有刑事责任能力，而且必须是有一定身份之人，没有这种特殊身份是不可能单独构成职务犯罪的。从年龄上看，往往是具有一定社会经验，年龄偏大的人，30 岁至 60 岁。从性别上看，男女都有可能性，而且女性职务犯罪有其自身特有的规律。

第二，从心理因素来看，职务犯罪人常见的表现为一种不良的个性倾向，自我认知和自我控制系统存在缺陷。有的可能在早年家境贫寒，受人歧视，为出人头地而奋发读书，走上仕途，手中据有大权后，就会产生一种炫耀之心，补偿之心，从而大肆追求权力，同时无休止地敛财，最终走上犯罪道路。

第三，从行为因素来看，职务犯罪人之所以走上犯罪道路，从一定程度上说是模仿的结果。犯罪学研究表明，任何一个群体都有一定的文化存在，正是这种文化使这个群体的成员有一种归宿感、认同感，也正是这种文化才使这个群体得以长期存续下去。这种文化可以分为两种，一种是主流文化，一种是亚文化。犯罪文化即是一种亚文化。在职务犯罪人之间也存在着一种亚文化，这种文化是衡量这个群体中每一个人是否成功，是否值得他人尊敬的一个标志。比如，权力是否足够大，职位是否足够高，房子是否足够大，是否有情妇等。所有这些在成为一种价值标准后，就成为这个群体追求、模仿的对象，这不仅是价值观的错位，而且也是走上险途的一个危险信号。

第四，从社会环境因素来看，社会环境包括大社会环境和小社会环境。大社会环境包括社会的整个体制、制度是否完备，整个社会的价值观如何。曾有人声称：腐败已经成为人们的一种生活方式。这话虽有点言过其实，但也道出了一定的道理。在腐败成为这个社会的人们的一种生活方式后，它对于职务犯罪的形成将会起到推波助澜的作用。就小社会环境来说，比如家庭，官员的家庭成员素质、世界观、价值观如何，对于官员会有极大的影响。现实中有相当一部分案件就是因为有了"贪内助""贪公子",而把官员拖下水。

总之,我们希望通过揭示职务犯罪心理的形成及其外化为犯罪行为的客观规律来进一步地深刻认识职务犯罪的心理轨迹。

(三)职务犯罪心理学的研究对象

首先,职务犯罪是一种普遍存在的客观现象,从古代到现代,从国内到国外,都不同程度地存在着国家公职人员违法犯罪这一客观事实。自从人类社会进入阶级社会开始,就有领导职务犯罪的规定。早在我国夏朝,就有"贪以败官为墨"的规定,这表明在奴隶社会就已有了惩治贪官和违反政令行为的法律规范。在商代,法律明确规定有"巫风罪""淫风罪""乱风罪",惩治官吏沉溺歌舞酒色、不认真履行职责而荒废政务的行为。在封建社会,随着官僚机构重重叠叠,封建统治者也越发感觉到吏治的重要。隋唐时期,官吏犯罪达数十种,诸如官吏犯赃失职、徇私枉法、泄密等,均可见于《唐律》之中。[1]清代,政府官员犯罪不仅种类繁多,而且处罚也较以往严厉,《大清律例》有二分之一以上专门规定或涉及职务犯罪及处罚原则。中华人民共和国成立以后,曾多次颁布惩治职务犯罪法律。毛泽东同志曾指出:"必须严重地注意干部被资产阶级腐蚀发生严重贪污行为这一事实。注意发现、揭露和惩处,并须当作一场大斗争来处理。"进入20世纪90年代以后,国家公务人员的犯罪活动也一刻没有停止过,1995年审结的经济犯罪案中,县处级以上干部2150人,其中地厅级干部128人。在近几年查处的大案要案中,既有国务院原国资委主任、党组副书记蒋洁敏,也有全国政协原副主席苏荣,中央军委原副主席徐才厚等,这既证明我党惩治职务犯罪的巨大决心,也说明职务犯罪形势严峻。在国外,日本在1989年后有四位首相因牵涉腐败问题而下台,韩国有两位前总统和数名部长因犯受贿罪而被捕,在意大利已有3名前总统、5名政党领袖、400多名议员和高级官员因经济丑闻受到司法审讯或拘留。这一切均说明,职务犯罪是一种不容回避的事实。

其次,职务犯罪是一种特殊阶层、特殊群体的特殊行为。由于犯罪主体地位和身份的特殊性,造成犯罪行为、犯罪结果、犯罪心理的特殊性。一是职务犯罪行为具有较强的隐蔽性。职务犯罪大都属于智力犯罪,其犯罪的不

---

[1] 李普涛:"领导干部职务犯罪心理学浅议",载《郑州大学学报(哲学社会科学版)》1997年第6期。

法表现不像暴力犯罪那样明显，容易加以伪装而不易被人察觉，特别是他们贪污受贿往往是一对一单线交易，只有"天知、地知、当事人知"，别人很难发现，加上某些犯罪分子"手眼通天"，仰仗宗派、裙带关系，受到"关系网""保护伞"的庇护，使罪犯难以被揭发和追究。二是职务犯罪结果危害的严重性。一些腐败分子不仅把巨额金钱据为己有，结国家造成直接经济损失，而且因此造成的间接损失更是不可估量。根据中纪委统计，从十八大到2015年六月份，全国纪检监察机关在查处腐败案件的同时，已经有效挽回经济损失387亿元，这个数字还在不断地更新。三是领导干部犯罪心理的复杂性。领导干部的犯罪行为既可能是由于财迷心窍、色迷心窍，由贪欲和权力的失控所引起；也可能是由于犯罪主体的意志薄弱，经不起不正之风的诱惑所导致；还可能是个人特权思想严重，自恃身份特殊、心存侥幸而使然；或者各种原因兼而有之。由于犯罪主体未被发现之前，始终是以国家公职人员的身份出现的，所以他们表面上讲为公，暗地里在谋私。他们既有不贪的一面，也有贪的一面；既有奉献的一面，也有索取的一面，是以不贪的假象来掩盖其贪的本质的。这种犯罪主体的双重人格和两面性，让人难辨真伪。因此，认真分析和研究他们从不贪到小贪，从小贪到大贪，从大贪到最后变质为人民的罪人的心理变化过程是十分必要的，建立职务犯罪心理学科势在必行。

综上所述，职务犯罪心理学的研究对象应该包括下列一些内容：职务犯罪的动机与特征、原因分析、犯罪者的生理因素、个性心理因素、社会心理因素、犯罪的心理过程与规律、不同类型职务犯罪的心理特点以及职务犯罪的心理预测和心理预防等方面的内容。

（四）职务犯罪心理学的研究任务

任何一门学科，都有它的研究任务。职务犯罪心理学研究的基本任务，就是运用心理学和犯罪心理学的基本理论与方法，探索国家公职人员违法犯罪心理形成和发展变化的规律，研究产生职务犯罪行为的原因和过程，为打击、预防和改造职务犯罪提供科学的理论对策，为提高国家公职人员素质、纯洁公务员队伍、维护政府形象提供理论指导。从具体操作上来讲，职务犯罪心理学的研究担负着理论和实践两方面的任务，具有理论和实践双重意义的目的。

1. 理论方面的任务

（1）建立自身的理论体系。

职务犯罪心理学在我国的研究尚属起步阶段，它本身的理论基础和学科体系正在形成中，面临着提高自身理论水平，建立具有中国特色的、具有坚实理论基础的职务犯罪心理学的紧迫任务，这就要求我们在研究过程中，不断吸收心理学、犯罪心理学等相关学科理论，借鉴前人和国外学者对职务犯罪心理学研究的成果，结合我国的具体情况，探讨职务犯罪心理形成、发展、变化的规律，以丰富和发展提高我国职务犯罪心理学的理论研究水平，逐步建立自己的学科体系，使之成为一门既有独立理论，又有实践价值的新学科。

（2）吸收相邻学科的研究成果，推动自身学科的发展。

随着职务犯罪心理学研究的不断深入、发展，必须汲取相邻学科的研究成果，以丰富自身的研究内容，推动其不断发展。

首先，职务犯罪心理学作为一门应用心理学科，它必须运用普通心理学的原理和方法，汲取、吸收普通心理学研究成果，来分析职务犯罪心理与行为；否则，职务犯罪心理学就会成为无本之木、无源之水。在教育改造罪犯的研究中，需要借鉴普通心理学、教育心理学的原则和方法，提高教育改造的质量与效果。同样，职务犯罪心理学的研究，在某些方面，可以丰富和完善普通心理学内容，推动普通心理学向更加全面和现实的方向发展。

其次，职务犯罪心理，由于其主体的特殊性，这种行为人自身的成长经历、其所处的社会地位都不同于普通刑事犯罪人。另外，普通刑事犯罪一般都是从案到人的一种侦查模式，所以，技术手段是很重要的破案基础。而职务犯罪则一般是从人到案的一种侦查模式，对于犯罪嫌疑人的讯问则显得极其关键，侦查人员讯问时掌握一定的心理学知识，同时了解犯罪嫌疑人的心理规律对于侦破案件至关重要。所以，职务犯罪心理的专题研究，将会使犯罪心理学的内容更加丰富，对于其发展将会起到一定的积极作用。

再次，职务犯罪心理学要研究犯罪心理，需要以一定的法律法规为准绳。职务犯罪心理学要借助犯罪学和刑法学的研究成果，以对职务犯罪作出确切的界定，增强其针对性；从另一方面来说，职务犯罪心理学的研究也可以为犯罪学、刑法学和犯罪心理学的不断改进提供理论依据，推动犯罪学和刑法学更加客观地为现实生活服务。

最后，职务犯罪心理学以职务犯罪这一严重危害社会的现象作为自己的研究、探讨对象，需要研究社会生活环境中的各种现象，如社会风气、社会价值观、社会文化、社会生产力发展状况等对犯罪心理形成和发展的影响，它还要探讨家庭对职务犯罪心理形成和发展的影响，以及政治制度、伦理、道德、风俗、习惯等对职务犯罪心理形成和发展的影响；与此同时，其研究成果将为社会学、伦理学、教育学的研究提出新问题，促进各个学科的共同发展。

2. 实践方面的任务

作为一种应用心理学科，职务犯罪心理的研究，其追求的终极价值也就是为实践服务，具体来说，就是为积极预防、控制和减少职务犯罪，保证政治体制改革的顺利进行，使国家机构得以正常运转，使公众对政府信赖，建设一个廉洁高效的政治机构而起到相应的作用。具体表现在：

（1）为检察机关侦查职务犯罪提供心理分析手段，为顺利侦破此类案件提供一些方法指导。

这种犯罪的侦查从某种程度上来说是侦查人员和犯罪嫌疑人之间的一次心理交锋，侦查人员要利用自己的心理优势去战胜自己的对象，从而在供述上有所突破，获得有价值的信息和材料，为破获案件提供有益的帮助。这就要求侦查人员要懂得一定的心理学知识，了解人的心理发展规律及特点。尤其是犯罪嫌疑人处于自由受到限制时的心理状态，包括证人的心理特点等，都需要用心理学的知识去判断和分析，从中找出有价值的信息和线索。

因此，研究职务犯罪人的心理规律及其特点，对于提高侦查人员的业务水平及工作效果将会起到很好的作用。另外，也会为公诉部门提起公诉起到一定的指导作用。提起公诉，在某种程度上说，是侦查工作的总结和检验，前期侦查工作的质量好坏直接关系到起诉工作是否能够顺利进行。在提起公诉阶段，根据我国刑事诉讼法的规定，检察人员还要讯问犯罪嫌疑人，进一步核实证据材料，为公诉作最后的准备，因此，在公诉阶段，检察人员还要再一次与被告人进行交锋，这又是一次心理之战。由此可见，在这个环节，还需要具备一定的心理学知识。

（2）为纪检监察部门在办理案件时提供理论与实践指导。

根据有关规定，在我国涉及党员的违法乱纪问题，在很多情况下，是由纪检监察部门先行介入，对这些人的违纪问题进行调查。如果属于违反党纪的，则由党的部门予以处分；如果属于违反政纪的，由有关部门予以政纪处分；如果涉嫌犯罪的，则移交司法机关做进一步调查。可见纪检监察部门在查处案件时也要与涉案的有关人员进行接触，其工作性质类似于检察机关的侦查人员，所以，这些部门的工作人员了解并掌握一定的心理学知识也是极其必要的。

（3）为法院在审理此类案件时准确掌握被告人的心理变化规律，正确对待被告人在庭审中的各种表现及顺利审理案件提供指导作用。

职务犯罪中，在法院开庭审理时，会出现被告人翻供的现象，那么，在庭审时，被告人为什么要翻供，其动机是什么，案件本身是否确实存在问题，所有这些都需要借助于被告人的心理特点去分析。因此，作为审理案件的法官也有必要了解一些职务犯罪心理方面的知识。

（4）为执行机关在执行过程中使此类罪犯顺利得以改造，回归社会提供心理方法指导。

我们知道，对犯罪人处以刑罚，其目的不是为了惩罚而惩罚，不是为了报复，而是使其在劳动中得到改造，最终使其回归社会，重新做一个守法律己的公民。犯罪人被判刑后，要进入劳改场所接受劳动改造，在这个过程中，他们要接受执行机关工作人员的管理，由此带来的一个问题就是怎么样管理这些服刑罪犯，使其达到改造的目的，除了促使他们参加劳动外，了解并掌握他们为什么犯罪，犯的什么罪，对于所犯之罪是否有悔过之意，以及在改造过程中心理有什么变化，这些都需要借助心理学的知识加以解决。

（5）为党政机关的领导者、管理者在实际工作当中及早发现问题提供帮助。

现代犯罪心理学的研究成果已经证实，犯罪人的心理是有预测可能性的，通过对犯罪的预测和预防研究，可以调动社会各方面的力量，提高整个社会的防范意识，减少和控制犯罪的概率，为社会治安综合治理提供理论依据。我们在研究职务犯罪过程中，也将运用这一成果实现对职务犯罪的心理预测，从中找出这种特殊主体犯罪的心理规律，力求使对职务犯罪心理的预测成为可能，从而使我们在日常工作中，发现某些国家公职人员有这些心理迹象的时候，立即采取相应的措施进行防范，将犯罪心理消除在萌芽状态，不至于越陷越深，不能自拔。

二、职务犯罪心理学的学科性质与地位

（一）职务犯罪心理学的学科性质

职务犯罪心理学是一门新兴学科，其学科性质和地位与心理学、法学密切相关，对这一问题，应根据职务犯罪心理学的概念、研究对象和任务，从

以下几方面来进行理解。

1. 职务犯罪心理学是一门交叉学科

职务犯罪心理学是介于法学和心理学之间而偏重于心理学的一门交叉学科，它绝对不是法学学科的部分领域与心理学学科部分领域的简单拼凑，而是偏重于心理学学科，应用心理学的理论方法，研究法学学科的一部分——职务犯罪。从严格意义上说，职务犯罪心理学首先是心理科学的应用学科。这一学科有自己特定的研究领域和研究对象、研究原则和研究方法。因此，它可以从心理科学中分离出来而成为一门独立的学科。职务犯罪心理学紧密联系刑事司法工作，为刑事司法实践服务。因此，职务犯罪心理学又是刑事司法工作的辅助学科。它通过对职务犯罪问题中有关心理现象及其规律性的研究，帮助解决在司法活动中出现的各种问题，以更好地完成司法工作任务。

2. 职务犯罪心理学是以社会科学为主的综合性学科

从职务犯罪心理学的研究对象看，它主要研究职务犯罪人员的心理现象发生、发展和变化的规律，研究如何提高刑事司法活动的效能，而这些内容又属于人的社会活动的一部分，其所依赖的理论知识及研究结果带有明显的社会性。因此，职务犯罪心理学属于社会科学。但同时，我们还必须看到，在职务犯罪心理学的研究领域中，虽然社会性因素往往起着主要的作用，但由于职务犯罪心理学研究的对象主要是人的心理活动，而人又具有生物属性的一面，无论是犯罪的心理基础和犯罪心理结构、心理活动都离不开一定的生理、心理机制的作用。因此，研究职务犯罪过程中相关人员的心理现象等内容的职务犯罪心理学，又不能不具有一定的自然科学的性质。因而，职务犯罪心理学是社会科学和自然科学相结合而又以社会科学为主的综合性学科。研究职务犯罪心理学，要综合运用政治学、哲学、法学、经济学、教育学、社会学、伦理学、犯罪学、统计学、普通心理学、社会心理学等多学科的理论知识，才能对有关的复杂心理活动进行深入有效的研究。

3. 职务犯罪心理学是一门既重视理论研究又强调实践的学科

职务犯罪心理学既是应用学科，又是理论学科，它的研究目的虽然是直接服务于国家公职人员实践，但它必须以一定的理论为指导，为惩罚犯罪、预防犯罪提供心理科学的理论依据。从这一意义上说，职务犯罪心理学处于理论学科的地位。但是，它也非常强调实践性，"实践出真知"，离开了实践活动，理论研究就成了"无源之水，无本之木"。以服务于实践为宗旨的职务犯罪心理学，只有以实践为基础，才能具有充分的活力，从职务犯罪心理学的研究对象和内容上，可以充分看到这一点。在研究方法上更是体现了职务犯罪心理学的实践性。通过掌握第一手资料，以保证研究结果的真实可靠性和指导实践作用的有效性。在实践的基础上，它还要注重理论与实际相结合。在职务犯罪心理学的研究中，既注意基本理论研究，又注意实际应用研究，明确理论研究的最终目的在于实际应用，在实际应用中使理论得到进一步充实和发展。

（二）职务犯罪心理学同其他相关学科的关系

职务犯罪心理学是在犯罪心理学的基础上发展起来的一门应用心理学科，它与普通心理学、犯罪心理学、社会心理学、领导心理学等都有着极为密切的关系。

普通心理学是研究人的心理活动的最一般形式和规律的科学，它是心理学的基础理论和核心。虽然普通心理学和职务犯罪心理学都研究人的行为和心理，但前者主要是研究社会个体的一般行为和普遍心理，而后者则是以普通心理学为指引，研究国家公职人员这一特殊主体的特殊行为和特殊心理。所以，普通心理学是职务犯罪心理学的理论基础，职务犯罪心理学是对普通心理学原理的具体运用和发展。

犯罪心理学是运用心理学的基本原理研究所有犯罪活动的一般心理特点和规律的科学，属于心理学的子学科。而犯罪心理学根据不同的犯罪主体和内容，还可以分为刑事犯罪心理学、经济犯罪心理学、青少年犯罪心理学、职务犯罪心理学等众多子学科。可见，职务犯罪心理学是犯罪心理学这一子科学的子学科。二者同普通心理学的关系具有远近、深浅之分。一方面，犯罪心理学的一般原理和规律对于职务犯罪心理学具有更直接、更具体的指导作用；另一方面，通过职务犯罪心理学的研究，可以直接丰富和充实犯罪心理学的理论和内容，从而间接丰富普通心理学的理论和思想。

社会心理学是研究个人及群体在相互交往过程中出现的各种社会心理现象和规律的科学。它侧重研究社会文化、道德、信仰、风俗、习惯、舆论等社会意识对个体心理的影响。社会愈发展，社会结构愈复杂，社会的问题就愈多，通过社会心理学的研究才能深入了解这些问题是如何发生的，从而找出心理学方面的解决办法。由于职务犯罪也是在已形成的观念、意识等社会心理因素的影响下产生和发展起来的，是一种严重的社会问题，因而借助社会心理学的有关理论和方法，有助于弄清公务员职务犯罪的社会心理根源，从而找出综合整治的对策。

领导心理学是研究领导者的心理品质、心理过程及其心理活动规律的科学。它侧重于从正面研究领导者所必备的心理品质和在领导过程中所表现的决策心理、用人心理等，虽然它也研究领导者的病态心理，但这些心理因素并不触及法律问题，是通过领导者的自身修养可以调节和改变的。而职务犯罪心理学是从反面来研究领导实施犯罪行为的心理变化规律，研究合格公务员蜕变为社会的罪人的心理变化过程的科学。虽然二者都研究领导者的行为和心理，但方法不同、目的不同、角度不同。领导心理学的理论和方法对职务犯罪心理学具有正面的导引作用，而开展职务犯罪心理学的研究又可以从反面为领导心理学提供借鉴和参考。

（三）职务犯罪心理学研究的意义

预防和惩治职务犯罪是一个系统工程，需要有教育、监督、惩处等多方面的对策和措施。但是，立足心理学的角度研究职务犯罪却是当前反腐倡廉和预防职务犯罪对策思考和顶层设计的一个薄弱环节，理应并且已经引起职能部门和专家学者的高度重视和深入思考。职务犯罪心理研究，就是坚持从个体心理结构出发，以对国家公职人员权力的心理控制为重点，通过心理教育和疏导、心理预测和控制、心理警戒和威慑等心理防治手段，对行为个体心理施以一定的影响和干预，防止各种不良心理因子的生成与结合，抑制职务犯罪心理结构的萌生、滋长、成熟与外化，从而实现从源头减少腐败现象、预防职务犯罪的目的。

在新的历史条件下，高度重视廉政心理建设，筑牢职务犯罪心理防线，既有针对性又合乎规律性，对切实有效地预防和矫治职务犯罪具有重要意义。[1]

1. 从以人为本的科学理念看，筑牢职务犯罪心理的防线具有客观必然性

科学发展观的核心是以人为本，就是坚持人民群众是历史创造者的唯物史观基本原理，坚持全心全意为人民服务的党的根本宗旨，把依靠人作为发展的根本前提，把提高人作为发展的根本途径，把尊重人作为发展的根本准则，把为了人作为发展的根本目的，始终把实现好、维护好、发展好最广大人民的根本利益作为党和国家一切工作的出发点和落脚点，做到发展为了人

---

〔1〕 周玉清、李学良、赵隔华：《公务员腐败心理警示与防范》，经济科学出版社 2012 年版，第 3~7 页。

民、发展依靠人民、发展成果由人民共享。预防职务犯罪，本质上也是做人的工作，必须遵循以人为本的科学理念。我国古代思想家几乎一致地认为：人的根本在于心。"心正而后身修，身修而后齐家，齐家而后国治，国治而后天下平。"心为身之主，人之本，人的一切行为都是源于内心的支配和主宰。

职务犯罪最根本的原因或者说犯罪初始的动机，还是来源于内心，是心理形成想腐败的动因后外化于行动的。没有职务犯罪心理，就不会有职务犯罪行为。因此，筑牢职务犯罪的心理防线，正是坚持以人为本的科学理念，以人为中心，以心为根本。只有紧紧抓住人的心理，在清心之本上下功夫，正人先正心，"心动"指导"行动"，防止和消除职务犯罪心理的萌生、发展和外化，才能从根本上预防职务犯罪行为。离开了人的内心，思考和设计预防职务犯罪，不仅是舍本逐末，治标而不治本，而且违背了"以人为本"科学理念的客观要求。

2. 从心理脆弱的一般特点来看，筑牢职务犯罪心理防线具有现实必要性

在职务犯罪预防工作的实践中，在很多腐败分子职务犯罪的忏悔录中，我们可以很深刻地体会到，人的心理其实很脆弱，经不起太多的诱惑和刺激，有时候偶然的一件事、一顿饭、甚至一句话，就可能导致一个人心理的动摇甚至崩溃。

打破贪官心理防线的三句话

由中国心理学会法律分会等单位主办的职务犯罪心理防治研究成果发布会，前不久在南京召开。研究者发现，让官员失去防备的区区三句话是"小意思，不会有事儿的。""某某领导收的钱更多，这点儿钱不算什么。""我并不需要你做什么违法或者超越职权的事，只是请你多照顾一下。"可别小看这简单的三句话，其实威力很大，它有意无意地击中了人人都会存在的侥幸心理，包括官员。

"小意思，不会有事的。"言下之意，这点小意思根本无足挂齿，就好比吃顿饭喝次茶，谁又能说什么？

"某某领导收的钱更多，这点儿钱不算什么。"这句话进一步迷惑了受贿者——还有比"我"更厉害的？那就无所谓了！

"我并不需要你做什么违法或者超越职权的事，只是请你多照顾一下。"这可能是压垮官员防线的最后一根稻草——既然又不违法还不超越权限，举

手之劳何不成人之美？

既退一步，必退第二步；退了第二步，离彻底退步也就不远了。不是说官员没有心理防线，但在一而再，再而三退让的情况下，防线必破。

（资料来源：《共产党员》，2012年7月上）

这三句话仿佛有神奇的魔力，让官员们脆弱的心理防线一步步沦陷。因此，筑牢职务犯罪的心理防线，强化心理机能，克服心理脆弱性，减少因外界不良刺激而引发的心理冲动，提高抵御职务犯罪风险的心理素质和能力，练就"任尔东西南北风""我自岿然不动"的意志品质，对于我们每个掌握公共权力的公职人员来说，既是非常现实的，又是十分必要的。

3. 从犯罪心理恶化的现实来看，筑牢职务犯罪心理防线具有很强的针对性

职务犯罪心理不仅具有严重的危害性、腐蚀性，而且具有很强的教唆性、传染性，极易在经济、政治、社会、生活领域扩散和传播，腐蚀和毒化人们的灵魂，污染和败坏社会的风气。十八大以来，党中央加大了对腐败案件的查处力度，但仍然有不收手、顶风作案的，职务犯罪的立案查处比例仍在上升，职务犯罪心理依然在膨胀，主要表现是：在腐败程度上，越来越贪心，贪财而无厌，动辄几百万、上千万，甚至上亿；贪色不嫌多，养情妇，包二奶，从几个到十几、几十个；在贪腐范围上，越来越广泛，贪财、贪权、贪色、贪名、贪乐等，到了无所不贪、无限度扩张的程度。在职务犯罪手段上，越来越恶劣，隐蔽狡诈，欺骗伪装，极个别的心无畏惧，公开或半公开地进行腐败犯罪等，如若任凭这种趋势恶化发展，腐败现象将会蔓延滋长，贻害无穷。

从公职人员职务犯罪过程看，尽管他们的个体特点有差异，人生经历不相同，身份地位有高低，手中权力有大小，但腐败心理及其演变过程却非常相似，且十分突出。他们从累积不良心理因子的突破，到内在腐败心理结构的演变，再到外在腐败行为的转化，大都经历了"萌芽期、滋长期和成熟期"这样三个心理阶段，始终贯穿了"攀比失衡——寻求补偿——侥幸再捞"心理结构强化机制的生成、运行和融合。

因此，筑牢职务犯罪的心理防线，就是针对职务犯罪心理的形成规律和恶化趋势，通过心理预防、心理矫治和心理管理等措施，从"三个心理阶段"

入手，防止不良心理因子的积累和突破，弱化攀比、失衡和补偿的心理冲动，消除自强、投机和侥幸心理支撑，阻止心理结构强化机制的生成、运行和融合。只有这样，才能对职务犯罪心理结构的形成与外化起到"釜底抽薪"的作用，才能更加有效地预防和减少职务犯罪的滋生和蔓延。

4. 从源头预防的反贪策略来看，筑牢职务犯罪心理防线具有极端重要性

改革开放以来，尤其是十八大以来，我党对腐败犯罪的严重危害性的认识越来越清醒，对反贪斗争规律性的把握越来越深刻，预防和惩治职务犯罪的方针原则和制度措施也越来越严密而具体，但是，反贪反渎工作依然任重道远，立案审查率依然呈上升趋势。其原因是多方面的，也是错综复杂的，但反腐败的顶层设计，仍然更偏重于思想防线和制度防线的层面，没有前移到心理防线，立足于心理源头，占领心理前沿阵地，不能不说是一种疏漏。

审视当前预防职务犯罪的思想防线和制度防线，基本属于"发而止之"和"行而责之"的事后处理层面，也就是说加大惩处的力度，使人"不敢腐"，从惩治的功能和作用来说，尽管具有事前的震慑性和警示性，仍未脱离事后的被动性和既成性，是心理防线缺失、思想防线失守、制度防线失控，才会不得不动用惩戒的手段。特别是当职务犯罪心理演变到一定阶段，职务犯罪心理结构从根本上完全支配和掌控了犯罪个体，思想防线和制度防线也就难以并且不可能从根本上完全支配和掌控了犯罪个体，也难以发挥固有的功能和作用。正因如此，心理防线才凸显了特殊的重要性、必要性、紧迫性。由于心理防线既具有事前积极主动的疏导和堵截相结合的防范性，事中积极主动的干预和冲撞相结合的抵御性，以及事后积极主动的调控和抗击相结合的矫治性，因而能够发挥"先其未然"的预防功能和作用。因此，筑牢职务犯罪心理防线，是防患于未然的源头，是反腐败的首要环节，因而也是构建惩治和预防职务犯罪体系的重要内容，"心理阵地才是反腐败的第一前沿阵地，心理防治才是反腐败的第一前沿最有力、最直接的行动，心理管理才是反腐败的第一前沿主要手段，心理防线才是反腐败思想防线和制度防线的第一前沿防线和保证。"[1]

---

〔1〕 陶济："构筑反腐败的心理防线"，载《中共浙江省委党校学报》2006 年第 2 期。

三、职务犯罪心理学的研究原则与方法

（一）职务犯罪心理学的研究原则

辩证唯物论和历史唯物论是职务犯罪心理学的一般方法论基础，科学心理学关于人的心理是人脑的机能，是人脑对于客观现实的能动反映，以及人的心理在实践活动中产生和发展的原理，是职务犯罪心理学的专门方法论基础。由此，我们认为，职务犯罪心理学所必须遵循的几项原则包括：

1. 主客观统一原则

主客观统一原则，即是说在分析犯罪人犯罪心理时，既要看到犯罪心理是客观存在的不良因素在犯罪人头脑中的反映，又要看到这些不良因素之所以被犯罪人选择吸收并内化为犯罪心理，是犯罪人主观上的原因造成的，外因只有通过内因才能起作用。我们在进行职务犯罪心理的研究中一定要坚持将内因（主观因素）与外因（客观因素）统一起来考察的原则。心理现象同其他任何现象一样，都具有规律性、必然性和因果制约性。心理现象的产生和发展，是在先天遗传素质的基础上，通过人与社会的不断交往作用而形成的。在大致相同的社会生活条件下或在某种情景中，为什么有的人犯罪，有的人不犯罪，原因在此。在犯罪心理形成过程中，先前形成的不良心理品质决定着对社会不良因素有倾向性和选择性。因此，我们在研究犯罪心理时，不仅要探讨罪犯自身的心理发展状况，而且要探讨其所处的社会生活环境以及教育对其的影响。同时，在矫正犯罪行为时，除了对罪犯本身进行正确的教育改造外，还应改善社会生活环境，如净化社会风气，开展丰富健康的社会文化生活，加强制度建设、法制建设和法制宣传教育，加强思想政治工作和品德教育等。

2. 系统性原则

在职务犯罪心理学研究中贯彻系统性原则，就是用系统的方法来考察犯罪现象，把人的心理作为一个开放的、动态的、整体的系统来加以研究。所谓系统性是指由一定数量的相互联系、相互作用、相互矛盾、相互制约的因素所组成的具有一定结构和机能的有机整体。系统论要求我们从整体系统的动态变化中综合地考察研究对象，获得最正确的认识和处理方法。在职务犯罪心理学研究中具体贯彻系统性原则应注意以下几点：

（1）要树立整体观念。

人的心理现象是具有各种机能的有机整体。在具体的个人身上，各种心理现象总是相互联系、相互制约而成为一个统一的整体。离开了人的心理的整体性，各种心理现象的特征及其相互作用都无法理解。因此，孤立的研究犯罪心理现象的任何一种关系，都只能认识到犯罪心理现象的某一个方面，要科学全面的认识犯罪人的犯罪心理现象，必须进行多方面的综合研究。

（2）要在发展中研究职务犯罪心理学。

职务犯罪心理现象具有动态性，应在联系和发展中研究犯罪心理现象。人的心理是活动的，任何心理活动都有一个发展变化的过程，并总是呈现出一种相对的稳定状态和绝对的动态形式。犯罪心理现象也是这样，它要随着客观刺激的变化而变化，并受各种输入信息的影响。因此，我们在研究犯罪心理学时，就必须考察具体的情景、场合和具体的事件，而不能孤立静止地、形而上学地进行研究。

（3）要注意研究职务犯罪心理学与周围环境，特别是与社会环境的关系。

职务犯罪心理现象具有环境适应性，要注意研究犯罪心理学与周围环境，特别是与社会环境的关系。人总是处在一定的环境之中，受环境的影响，同时对环境又表现出一定的适应性。因此，对职务犯罪心理和行为的研究只描述机体本身是不够的，还必须研究它与周围环境的关系，要把犯罪心理和行为与当时的环境影响结合起来进行考察。

3. 个性观原则

虽然犯罪心理存在一些普遍规律和共性，但是由于犯罪行为的多样性以及影响犯罪心理形成的主客观因素的差异性，决定了犯罪心理的复杂性。人们的犯罪心理带有明显的个性特征，它与一个人的年龄、性别、生活经历、家庭环境、社会交往等因素有关。个性观原则，即是说在进行犯罪心理学的研究过程中，要将犯罪人视为具有独特背景和个性的对象来加以考察的原则。我们在研究犯罪心理时，必须从客观实际出发，坚持具体问题具体分析的原则，切忌主观臆断，要将心理学和法学的知识与具体的犯罪行为结合起来。不同类型的犯罪行为，支配它的犯罪心理往往不同；即使同一类型的犯罪行为，在不同的人身上所表现的犯罪心理也往往有差异。不同年龄、性别、不同经历的犯罪人，由于他们的个性不同，导致他们在作案、审讯、改造期内的心理和行为都有差异。因此，我们在研究犯罪心理时，必须考虑研究对象个性特点和实际情况，只有这样，才能逐步弄清各种类型的犯罪心理和行为的发生原因与特征，才能对具体犯罪行为采取有针对性的措施，以此取得更大的成效。

4. 生物性与社会性相统一的原则

生物性与社会性相统一的原则，即指在犯罪心理学研究中要将犯罪人的生物性与社会性统一起来综合考察的原则。科学的心理观认为，人的心理是在先天遗传素质的基础上发生、发展起来的，具有生物性；同时，人的心理发展更多的是受后天的社会生活环境和条件制约的，具有社会性。正因为如此，不同时代、社会、阶级、民族和具有不同实践活动的人，其心理有所差异。人的心理既具有生物性，又具有社会性，是两者的有机统一。犯罪心理也不例外。在犯罪学和犯罪心理学的研究史中，曾经出现过片面强调犯罪的生物性的"犯罪生物学派"和片面强调犯罪的社会性的"犯罪社会学派"。因此，我们在研究犯罪心理时，必须将生物性与社会性统一起来考虑，既要考虑犯罪心理形成的社会因素；同时，又要考虑犯罪心理形成的生物因素。一般来说，社会性起主导作用，生物性则起次要作用。这一原则，对于我们研究、预测与防范犯罪以及教育改造罪犯都有指导意义。

5. 坚持理论联系实践的原则

职务犯罪心理学是一门来源于实践，又服务于实践的学科。因此，在研究中既要注意基础理论研究，又要注意应用研究，在实际应用中使理论得到进一步的充实和提高，以便对实践产生更大的指导作用和积极影响。运用这一原则要求：①在研究中，坚持理论研究和应用研究的有机结合；②专业理论工作者与纪检、公安、司法部门的实际工作者密切配合，携手合作；③具体问题具体分析；④从实践中来，到实践中去。

（二）职务犯罪心理学的研究方法

1. 心理分析法

心理分析法就是依据心理与其外部行为之间的必然联系，通过犯罪行为的外部表现和客观后果，去分析犯罪人的犯罪心理活动及其规律。由于职务犯罪心理的隐蔽性、研究的间接性和现场研究的困难性等特点，决定了犯罪心理研究中必须广泛使用心理分析法，这也是职务犯罪心理学研究方法的特点之一。进行心理分析，要求研究者具有较高的心理素养、丰富的实践经验，并且占有第一手详细材料。心理分析的准确性，在很大程度上取决于研究者的能力、方法、经验及掌握材料的数量和质量。

2. 调查法

调查法是通过各种途径，广泛收集有关犯罪人的资料，研究犯罪心理特点和规律的方法。调查是为了获取有关资料，然后进行分析研究，概括出带有规律性的东西。调查的方式多种多样，最常用的调查法有开座谈会、访谈、查阅文件资料和案卷材料、找违法犯罪人直接面谈等。使用调查法时，事先应有明确的调查目的和计划；调查进行时做到全面客观地掌握第一手资料；调查结束后应对调查材料进行分析、整理，写出客观的调查分析报告。

3. 观察法

观察法是指有计划、有目的地通过对可能犯罪的人或犯罪人的言语、表情、动作和行为等外部表现去了解他们心理活动的一种方法。观察法也是由许多更为具体的方法技术所组成的一个方法体系。观察法的依据是人的心理活动必然与人的行为相联系。犯罪人的心理尽管隐蔽，但总要通过其语言、表情（面部表情、身段表情、言语表情等）以及行为动作表现出来，我们通过观察可以收集到大量的行为材料，对这些材料进行分析，就可以了解犯罪人的心理特点。

观察法分为客观观察法和自我观察法两种。客观观察法包括直接观察与间接观察两种方法。直接观察，一是指对可能犯罪的人或已然犯罪的人在学习、劳动、交往活动过程中的观察。这种观察不易被研究对象所察觉，比较自然，所得材料比较真实。二是个案法，指通过了解某个违法犯罪者生活史或对未来的生活历程进行追踪观察了解，以研究其心理形成和发展变化过程的方法。间接观察法有问卷法、谈话法、活动产品分析法等。自我观察法，也叫内省法、主观法。它是通过研究对象自己的评述来研究其心理活动的一种方法。

自我观察法也可分为直接观察和间接观察两种方法。分析研究对象的口头或书面陈述属于直接观察；分析研究对象的书信、日记、自传、回忆录等属于间接观察。

观察法的优点是能对被观察者在自然条件下的行为进行直接的了解，获得的材料真实可靠。在研究对象不配合的情况下，开座谈会法、面谈法等方法的实施有很大困难时，可采用观察法收集资料。

观察法的局限在于：①研究者处于被动地位，只能被动地等待所需对象的出现，因此在观察时可能出现不需要研究的对象，而需要研究的对象却没有出现。②在自然情境中，影响某种心理活动的因素是多方面的，因此用观察法得到的结果，不易作量化处理，难以进行精确的分析。③观察者本人的能力水平、知识经验、兴趣、愿望以及观察技能对观察资料的质量有很大的影响。在同样的条件下，不同的观察者所收集到的资料可能差别很大。

4. 案例分析法

案例分析法就是选择有代表性的犯罪主体或案例，在一定时间内，对其心理、行为进行了解分析，以获得犯罪心理活动的发展变化规律。这是一种从具体到抽象、从分析到综合、从特殊到一般的研究方法，它对于了解和描述犯罪心理的形成、发展、变化过程，具有很大的帮助。但是这种方法所得结论的概括性、适用性往往受到限制。而且，要完成对一个案例的全面研究，需要花费很大的人力、物力和财力，需要较长的时间，加上其变量不易控制，这就要求研究人员在运用这种方法时要注意精心选择有代表性的以及一定数量的案例，只有这样才能作出有价值的推论或提出假说。

5. 实验法

实验法是研究者有意控制某些条件，促使研究对象发生一定的心理现象，以研究某些心理活动的规律的方法。包括实验室实验、现场实验和心理测验。其中，实验室实验是指在实验室条件下，借助某种仪器设备来研究心理活动的方法，如用心理测试来探测被告人供词、证人证言的可靠性等。现场实验是指在自然的日常生活中，通过创设一定的情境和条件，对被观察者进行心理研究的方法，例如在监狱进行用"累进处遇""分类管教"制度对矫正罪犯心理的效果的实验等。心理测验是指使用测验量表对研究对象的智力水平和心理特征的个别差异进行测量的方法。例如用个性量表测量犯罪公职人员个性等。[1]

思考题

1. 试述犯罪心理学的定义及其研究对象。

2. 简述犯罪心理和犯罪行为的关系。

3. 简述影响犯罪心理形成的因素。

---

[1] 罗大华主编：《刑事司法心理学理论与实践》，群众出版社 2002 年版，第 13 ~ 18 页。

4. 如何理解辩证唯物主义和历史唯物主义关于犯罪心理学研究方法论的理论观点？

5. 简述职务犯罪心理的形成要素和发展规律。

6. 简述职务犯罪心理学的研究任务。

7. 简述职务犯罪心理学的研究原则。

8. 职务犯罪心理学的研究方法有哪些？

第二章

职务犯罪的心理学分析

第一节　精神分析与职务犯罪

用精神分析理论解释犯罪行为在犯罪学界产生很大影响，其成果并非是精神分析理论创始人的杰作，而是来自于犯罪学家们对于精神分析理论的潜心研究。本章将介绍什么是精神分析理论，以及它对职务犯罪问题的解释。

一、什么是精神分析

精神分析（Psychoanalysis）理论属于心理动力学理论，是奥地利精神科医生西格蒙特·弗洛伊德（Sigmund Freud，1856～1939）于19世纪末20世纪初创立，它是现代心理学的奠基石。精神分析理论对于整个心理科学乃至西方人文科学的各个领域均有深远的影响，其意义可与达尔文的进化论相提并论。概括而言，精神分析理论的经典学说主要包括以下四个方面的内容：

（一）本能学说

"本能"是生物学的概念，弗洛伊德将其引入心理学，认为人的精神活动的能量来源于本能，是推动个体行为的内在动力，是个体释放心理能量的生物力量。人类最基本的本能有两类：一类是生的本能，另一类是死亡本能或攻击本能，生的本能包括性欲本能与个体生存本能，其目的是保持种族的繁衍与个体的生存。弗洛伊德是泛性论者，在他的眼里，性欲有着广义的含意，是指人们追求一切快乐的欲望，性本能冲动是人一切心理活动的内在动力，当这种能量（弗洛伊德称之为力必多）积聚到一定程度就会造成机体的紧张，机体就要寻求途径释放能量。

（二）精神层次说

弗洛伊德认为人的意识层次包括意识、前意识和潜意识三个层次，人们在精神层面的活动，如欲望、冲动、思维、幻想、判断、决定、情感等，会在不同的意识层次里发生和进行，故称之为精神层次。能够被自己意识到的心理活动如观念、意象或情感叫作意识，一些本能冲动、被压抑的欲望或生命力却在不知不觉的潜在境界里发生，通常它们因不符合社会道德和本人的理智，无法进入意识被个体所觉察，即潜意识。潜意识常被压存在意识这个层次，一般情况下不会被个体所觉察，但当醉酒、催眠状态或梦境中等个体的控制能力松懈时，偶尔会暂时出现在意识层次里，让个体觉察到。在意识与潜意识之间则是前意识，如同冰山与水面起伏接触的地方，需要通过某些特定的事件或行为才能被唤醒。

（三）人格结构学说

基于本能和潜意识的研究，弗洛伊德在晚期又提出了由本我、自我、超我三部分组成的人格结构学说。

1. 本我（id）

本我又被译为伊特，是潜意识的，是人格中模糊、混乱、晦涩的部分，有盲目的冲动和本能，它是人格中最原始的、最模糊的和最不容易把握的部分，它是由一切与生俱来的本能冲动所组成的，包括了与生俱来的所有遗传素质，当然也包括了猖獗的性本能冲动和原始欲望，仿佛是一口本能和欲望沸腾的大锅。这些本能和欲望强烈地冲动着，不懂得逻辑、道德和价值观念，其活动只受到"快乐原则"的支配，一味地寻求无条件的、即刻的满足。按照弗洛伊德的看法，本我也是贮藏心理能量的地方，因而称其为"真正的心理现实"，因为它与外部世界不能直接接触，所以总是在急切地寻找自己的出路，而其唯一的出路就是通过自我。本我所具有的特征可以概括为无意识的、无理性的，要求无条件的满足，只遵循快乐原则，是一切本能冲动后面的性力的储藏库，它收容了一切被压抑的东西，并保存遗传下来的种族的性质。

2. 自我（ego）

自我是意识的结构部分，是现实化了的本能，是在现实的反复教训下，从本我分化出来的一部分。自我遵循现实原则，不再受到快乐原则的支配去盲目地追求满足，而是在感受外在世界的同时，理性和谨慎地调节本我，节制欲望的宣泄，力求做到既避免痛苦，又能获得满足。弗洛伊德曾指出："自我企图用外部世界的影响对本我和它的趋向施加压力，努力用现实原则代替本我中只有占支配地位的快乐原则。"自我是人格中的执行机构，处于本我、超我、现实世界之间，又同时在侍奉三个严厉的主人：超我、本我和现实。

3. 超我（superego）

超我也称理想自我、自我典范，它是从自我发展起来的一部分，是道德化了的自我。超我是一个融个体与社会于一体的概念，由父母形象内化而成，但本质上具有社会的需求，是一种文化的产物。所以说，超我是一切道德准则的代表，是最文明的一部分，它也被认为是最后形成的人格。

人格的三个结构中，如果这三种力量不能保持这种动态的平衡，则将导致心理失常的产生。弗洛伊德的观点可以用图来表示，这就好像是浮在水面上的冰山一样。

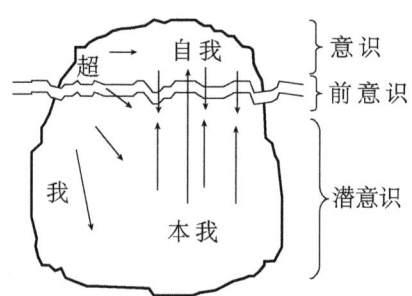

图 2-1 弗洛伊德心理和人格结构图

可以说，如果本我、自我、超我三者在个体身上相对平衡，和睦相处，那么可以说这个人完成了他的社会化过程，成为一个具有健康人格的人。

（四）人格发展阶段说

弗洛伊德将人的性心理发展划分为 5 个阶段：①口欲期（出生到 1 岁）；②肛门期（1~3 岁）；③性器期（4~6 岁）；④潜伏期（约 6 岁到青春期）；⑤生殖期（从青春期开始）。

（五）焦虑与防御机制说

弗洛伊德认为，焦虑是引起个人行为中的紧张状态的力量，是促使一个人去减少这种紧张状态的动力。很多时候，超我与本我之间，本我与现实之间，经常会有矛盾和冲突，这时人就会感到痛苦和焦虑，为了缓和焦虑、消除痛苦，人的自我在不知不觉之中采取了许多抵抗性防御措施，以调整冲突双方的关系，使超我的监察可以接受，同时本我的欲望又可以得到某种形式的满足，这就是心理防御机制。它包括压抑、否认、投射，退化、隔离、抵消转化、合理化、补偿、升华、幽默、反向形成等各种形式。心理防御机制是自我的一种防卫功能，人类在正常和病态情况下都在不自觉地运用，运用得当，可减轻痛苦，帮助度过心理难关，防止精神崩溃，运用过度就会表现出焦虑、抑郁等病态心理症状。

（六）群体心理学

弗洛伊德在《群体心理学和自我的分析》一书中提出，群体心理是最古老的人类心理，包括的心理现象有：有意识的个人人格缩小了人的思想和感情并集中于一个共同的方向；无意识的精神生活和心理情感方面的活动占据了优势；人们容易将刚产生的目的意图直接付诸行动。这种群体心理特点构成的个人状态也被解释为一种催眠状态，几乎完全不受意识控制，个体的良心和责任感会很容易消失。同时，弗洛伊德指出，类似于"爱"的力比多的本能能量，在集体当中爱的关系（或称其为情感的关系）是构成集体性本质的要素。为了保持这种爱的关系，人们必须压抑在不熟识关系中呈现出的自爱（或称其为自恋）。当形成一个集体后，力比多有依附于对重大生命需要满足的特性，并且将参与这个满足过程的人们作为它的第一对象。在整个人类的发展进程中，认同在个人的发展进程中一样，唯有爱的力比多才是促进文明的因素，因为它使人从利己主义走向利他主义。也就是说，在一个集体当中，人们之间的链接是一种爱的力比多的链接。当自恋性的自爱受到了某些在集体之外所没有的限制，则这个集体成员之间将有某些新的力比多联系。

二、精神分析如何诠释职务犯罪

精神分析理论自从 1895 年创立起，对世人的贡献是巨大的。弗洛伊德倾其一生不断地更新、修改着他的观点。尽管他对犯罪问题的研究比较少，后人对围绕精神分析理论探讨犯罪学却表现出广泛的兴趣，把犯罪行为看成是病态过程的一种表现，甚至有些描述分析非常夸张。一般认为，将弗洛伊德的经典精神分析理论与犯罪行为联系在一起，是奥格斯特·埃其浩（August Alchhorn）、雷德尔（Redle）、凯特·弗里德兰德（Kate Friedlander）和戴维·

费尔德曼（David Feldman）等人的成果，精神分析的犯罪行为理论实际上就是他们的一些观点和学说。这里，我们运用这些理论方法具体分析本书谈及的重点，即职务犯罪的问题。

（一）本能说与职务犯罪

从本能学说的角度解读职务犯罪，往往是和人最原始的内在动力有关。按照弗洛伊德的精神分析理论，任何人都有生的本能和死亡或攻击本能，这种力比多能力的释放，是人的内在需求。所以有人认为追求快乐、好逸恶劳、贪图享乐是人的自然属性，因为这恰恰是弗洛伊德对力比多广义的定义。现实的职务犯罪中，安徽省阜阳市人大常委会原副主任、太和县委原书记、太和县人大常委会原主任刘家坤，就是一个被"情"绊倒的"明星干部"。他曾是勤廉典型，却因为享乐千万富姐带给他的"真爱"，收受贿赂被判处无期徒刑。2014年12月国家发展和改革委员会原副主任、国家能源局原局长刘铁男因直接或通过其子非法收受他人财物一审被判处无期徒刑，这个曾经叱咤风云的人物，除受贿外，据传有8名情妇。中国人民大学危机管理研究中心发布的《官员形象危机2012报告》中显示：95%的落马官员都有情妇。这个不可忽略的现象说明，本能在没有制约的情况下，贪图享乐的力比多就会无限膨胀。

（二）潜意识论与职务犯罪

潜意识是一切意识行为的基础和出发点。很多犯罪人在回忆犯罪的原因也承认自己的行为似乎是被某种未知的力量所主宰而不能自主。职务犯罪中也不乏这样的案例。身居要职的公职人员，享受着国家提供的待遇，本可以过着衣食无忧的平安生活。可是很多人却利用手中的权力，贪污、侵占、挪用、渎职，以达到获得更多钱财的目的，如中央军委原副主席徐才厚。2014年3月15日，因涉嫌违纪问题接受组织调查。6月30日中央政治局会议决定开除徐才厚党籍，对其涉嫌受贿犯罪问题及问题线索移送最高人民检察院，最高人民检察院授权军事检察机关依法处理。10月27日，军事检察院对涉嫌受贿犯罪案件侦查终结，移送审查起诉。2015年3月15日，徐才厚因膀胱癌医治无效去世。查看这些人的成长史，在其初期为官办事时，多数也是执政为公、勤俭为民，可随着职位的变迁，周遭环境的变化，过惯好日子的状况和恐惧过去的穷、低、不受尊重等内在深层次潜意识发生冲突，这些冲突有些会进入前意识被意识层面觉察，有些却长期潜伏在巨大冰山的潜意识之中，而表现出的仅仅是情绪上的不安和行为上的犯罪。所以，按照弗洛伊德所言，潜意识是一切意识行为的基础和出发点，在每一位职务犯罪的人员潜意识当中，也许都有着不同的恐惧或童年创伤。

（三）人格结构说与职务犯罪

绝大多数的精神分析理论解释犯罪行为的研究都是以运用人格结构学说为重点的。分析家们认为，本我是构成个体犯罪的主观内在的因素，本我在自我和超我有缺陷的情况下，必定要活跃起来，并推动个体实施犯罪行为。

下面的这个案例可以清楚地看出犯罪者纵容本我和自我、超我不完善状态下的犯罪心理轨迹。

"雅好"，错就错在越界

爱好对党员领导干部来说是一把双刃剑，既可以培育情操，提升修养，也可能由"好"而"贪"。由"雅"而"腐"。

秦玉海就倒在了这把双刃剑下。

2015 年 2 月 13 日，中央纪委监察部网站发布消息，河南省人大常委会原党组书记、副主任秦玉海因违反廉洁自律规定、挥霍浪费公共财产、收受巨额贿赂等问题，被开除党籍、开除公职。秦玉海的蜕变过程，大多与他的"雅好"——艺术摄影分不开，与他痴迷摄影、追名逐利如影随形。

从秦海玉的履历可以看出，尽管学历不高，也没有什么特殊背景，但好强、进取的他，在组织的培养下，从一名油田搅拌工，迅速成为正厅级领导干部。想干事，也能干成事，这是许多人对秦玉海的评价。正像秦玉海自己所说的那样，那时的他踌躇满志，"一心想干好工作，造福一方"。

1998 年 12 月，作为重点培养的优秀年轻干部，45 岁的秦玉海从黑龙江省交流到河南省焦作市任市委副书记、市长，2 年后担任市委书记。短短 5 年中，在他的大力推动下，焦作市调整经济结构，大力发展旅游业，实现了由"黑"到"绿"的华丽转身。云台山也迅速扬名全国，被国家列为 5A 级风景旅游区。

而摄影，就是在这期间走进他的工作和生活，并最终颠覆了他的人生。

秦玉海曾在《中国摄影家》杂志上发表过一篇文章"我是如何走上摄影之路的"，文中写道："（焦作'由黑变绿'）思路确定之后，我就开始动员焦作的摄影家拍摄本地山水。但之后我发现，摄影家拍摄的焦作山水作品总体上和我所看到的还有距离，还不能准确表现焦作山水的秀美。因我也喜爱摄影，就拿起照相机和他们一起去拍。"

说是"一起拍"，但在秦玉海的心里，其他人都只是陪衬，只有他才能拍出最好、最能反映云台山优美风光的精品。此后，他的摄影作品被作为云台山宣传推广的代表作，在北京、上海等大城市的地铁中悬挂。秦玉海出名了。听着身边人夸张的吹捧，秦玉海愈发觉得，他在摄影艺术上具有卓越的才能。

秦玉海的爱好开始畸形。

为了这个爱好，2012 年～2014 年，曹某为秦玉海出版其摄影作品《真水》画册，拍摄以秦玉海摄影活动为主题的电视纪录片《一个摄影师和一座山》，先后 4 次出资为其举办摄影作品展，累计花费 580 多万。2007 年～2017 年 6 月，应曹某的请求，秦玉海向云台山公司打招呼，使曹某赢取广告费 7685.5 万元，利润高达 76%。

（案例来源："中央纪委监察部网站"，2015 年 3 月 23 日）

从犯罪人秦某的心理变化上，我们看到，一是"超我"的不完善。在旁人的吹捧下，竟理所当然地认为自己有摄影艺术家的卓越才能，继而造成"本我"在调节过程中，对标准的盲从。二是"本我"的欲望之火熊熊燃烧。为了摄影，可以"夏天顶着酷暑，冬天冒着严寒"，花费大量的时间郑州和云台山往返至少 4 小时的路途之间，撇下日理万机的工作，满足自己的欲望。三是"自我"的缺陷。尽管他自己也承认"受党教育多年"，但是毕竟不很完善的自我并不能抑制住本我的能量，对于权力的渴求、对于金钱的追逐、对于爱好的迷恋都成为他本我部分中不断促使其犯罪的原动力。可以看到："本我、自我、超我"成分结构的紊乱以及系统功能的失调，让秦玉海越走越远。

用弗洛伊德的精神分析观点分析职务犯罪的原因，可以揭示引发职务犯罪行为的许多深层次的心理原因，这是其他理论无法比拟的。通过精神分析理论探索，我们可以充分认识到生物学因素在职务犯罪行为中的巨大作用，如本能、潜意识、本我。尽管犯罪行为的发生是人的生物、心理以及社会环境诸多因素相互作用而造成，但生物遗传的作用还是不可忽视的。同时在这种深层次分析过程中，可以让研究者关注犯罪人早期经历。弗洛伊德特别强调儿童早期经验在其人格形成中和发展中的作用，这一点对分析罪犯心理的形成经历有直接的帮助。

犯罪行为的精神分析理论对职务犯罪原因的解释，值得我们深思。尽管如此，建立在弗洛伊德的经典精神分析理论的职务犯罪解释仍存在一定局限性：首先，弗洛伊德将自己的研究对象确定为变态行为，他的神经症理论、焦虑学说会让人们误以为犯罪行为是为了自我惩罚，大量的犯罪人员在犯罪之后都是后悔的，并且要付出巨大的代价和受到惩罚。况且，绝大多数犯罪者在犯罪时，其心理状态并不患有神经症。其次，精神分析理论的研究方法，缺乏严格的科学性，并带有唯心主义的神秘色彩，其理论无法用实践来检验。这种理论作为理解犯罪行为的基础，必然使对犯罪行为的解释体系经常依赖于直觉、猜测，与真正的科学的决定论相距甚远。最后，弗洛伊德持一种"性恶论"的倾向，主张"孩子是作为犯罪者出生的"，这种观点显然与历史唯物主义的观点背道而驰，无视社会环境和教育对一个人成长所起的作用。

第二节　社会学习与职务犯罪

犯罪的社会学派理论是解释人类犯罪的重要理论，此派别影响最大的当属社会学习理论。它是美国心理学家艾伯特·班杜拉（Albert Bandura）在20世纪60年代所提出的。运用这种理论诠释职务犯罪是研究职务犯罪心理成因必不可少的内容。

一、社会学习理论

社会学习理论（Social Learning Theory）是用心理学中的行为主义原理系统地解释人们的社会行为的一种社会心理学说，它源于行为主义学派华生的强化学习理论，强调人在社会环境中通过学习主动获得的行为主义理论。

理论的创始人艾伯特·班杜拉是美国当代著名的心理学家，他认为学习是一个人与生俱来的能力，先前关于学习的理论认为人因为受到积极强化、消极强化、无强化、惩罚的影响而改变了行为的发生概率，而班杜拉则认为，不仅加诸个体本身的刺激物可以让其获得或失去某种行为，观察别的个体的学习过程也可以获得同样的效果。为此，班杜拉将社会学习分为直接学习和观察学习两种形式。直接学习是人对刺激做出反应并受到强化而完成的学习过程，如工作中领导对自己工作业绩的直接肯定或奖励；观察学习是人看到他人在处理刺激的反应及其受到的强化而完成的学习过程，如工作中看见别人在出色完成某项工作后得到领导的肯定或奖励而积极投身工作。应该说，人类正是有了观察学习的能力，才使得人们摆脱了尝试错误、一点一点掌握复杂知识的尴尬，从而获得了大量复杂的行为模式，因为，仅仅是直接学习，人类获得知识和机能的速度是非常缓慢的。也正因此，班杜拉的观察学习成为其社会学习的核心内容。

为了更好地解释观察学习，班杜拉将观察学习过程分为四个主要的组成部分：注意过程、保持过程、动作再现过程、动机过程。

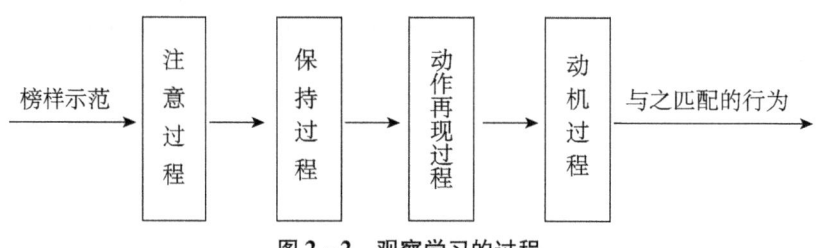

图 2－2　观察学习的过程

注意过程是观察学习的第一步。作为一名学习者，身边存在大量的示范事件，能够吸引学习者注意的事件，显然是观察学习的首要条件。"注意过程决定着在大量的示范影响中选择什么作为观察的对象，并决定着从正在进行的示范事件中抽取哪些信息，因此，选择性注意在观察学习中起着关键作用"。[1]随后，观察学习的第二个过程就是对所观察到活动的保持，即把这种示范转换成表象或言语符号，编码后存储在记忆中。第三个过程是一个复杂的过程，是要把在上个阶段储存的符号信息解码转换成适当的行为再现过程，这是行为实施的必然和关键，再现水平的高低决定了行为再生的结果。动机过程成为观察学习中行为结果呈现的驱动力，因为在前三个阶段中，人们通过观察示范活动习得了新的行为内容，但是是否真的去进行操作，则取决于动机作用。具体而言，动机的发生与强化有直接的关系。

班杜拉认为，强化有直接强化、替代强化和自我强化三种。直接强化是通过外界因素对学习者的行为直接进行干预；替代强化是学习者看到他人行为受到赞扬或惩罚而增强或抑制产生同样行为的倾向；自我强化是"达到自

---

〔1〕［美〕阿尔伯特·班杜拉：《社会学习心理学》，郭占基等译，吉林教育出版社 1988 年版，第 84 页。

己设定的标准时，以自己能支配的报酬来增强、维持自己的行为过程"。[1]
直接强化、替代强化属于外部强化，自我强化属于内部强化。需要强调的是，
在社会学习理论中，替代强化是班杜拉非常注重的一个概念，也是由班杜拉
首次提出。他在承认直接学习同时更强调观察学习的重要性，提出观察学习
的强化机制是替代性强化。

除此之外，班杜拉还认为认知、环境、行为三者之间是彼此连接、相互
制约、共同协作的动态交叉互动过程，提出自我调节在个人内在强化过程中
的作用。总而言之，社会学习理论突破了传统行为主义学习理论的框架，把
强化理论和信息加工观点有机地结合起来，既强调行为的操作过程，又重视
行为获得过程中的内部活动，是对行为主义学习理论的重要发展，使解释人
类行为的理论参照点又发生了一次重要的变革。[2]同时，班杜拉将自己的理
论运用于对各类社会行为的解释，重点研究了人类的攻击性行为的机制，其成
果引起了人们的广泛重视，并被一些犯罪心理学家们用来说明人的犯罪原因。

二、社会学习如何诠释职务犯罪

在关于人类行为如何影响犯罪起源的问题上，班杜拉坚定主张社会学习
论，认为人类个体并非生而就有行为库，人的所有行为方式都是在后天环境
中习得而成，犯罪行为亦然。下面，我们将针对职务犯罪这一特殊领域的问
题，利用社会学习理论加以分析。

（一）观察学习——职务犯罪行为的获得——习得机制

班杜拉认为人的犯罪行为不是与生俱来的，而是后天社会学习的结果。
社会学的方法包括观察学习和凭借直接经验的学习两种，此外，也与生物学
因素有一定的关系。在对职务犯罪的研究过程中，职务犯罪行为的形成很多
是通过学习得来的，有些是观察学习得来，而有一些则是个人经验所得。

我们来看下面这个案例，就很好地说明了观察学习的结果。

犯罪人周某、马某，钟祥市某工贸有限公司总经理、副总经理兼会计，

---

[1] ［美］阿尔伯特·班杜拉：《社会学习心理学》，郭占基等译，吉林教育出版社 1988 年版，
第 84 页。

[2] 唐卫海、杨孟萍："简评班杜拉的社会学习理论"，载《天津师范大学学报（社会科学版）》
1996 年第 5 期。

涉嫌职务侵占、贪污，2011 年 10 月，钟祥市人民检察院起诉周某、马某利用职务便利，假借他人名义将公款以应付账款、集资款等名义列入单位财务往来账上，后又假冒他人名义以签名、打领条的方式从账上取走公款 20 余万元。周某和马某因贪图私利，不计后果、胆大妄为、绞尽脑汁利用职务便利假借他人名义签名、打领条，伪装、模仿他人笔迹进行犯罪，以达到犯罪目的。通过检察机关的笔迹鉴定，出具了两人 12 份鉴定书，认定二人犯罪事实。

在其忏悔录中，马某是这样描述其犯罪过程：最初，周总经理劝我套用公司款项，我作为一名会计都拒绝了。后来，有一次款项操作中需要相关合作公司经理签字，可是该经理正好出国旅游，而财务结账时间不容滞后。这时，周总经理提出代替签字，并声称取得对方的同意和授权。于是，在那种特殊情况下，我接受了这样的违规操作，并且欣喜地发现，这样做的结果根本没有什么不良后果，对方公司还因为账款到账十分开心。再后来，我们多次处理类似事件，也没有发生什么不好的状况。当有一次周总经理把我叫到他办公室，给了我 1 万元现金，说是三个月前他代签公司款项给的返点分我一些，并说这是我应得的时候，我动摇了……就这样，我开始各种代签，并心领神会的与周总经理一起享用这样便利条件下获取的各类款项。一直到案发……

按照社会学习理论的解释，马某的犯罪行为恰恰是通过向他人学习而得来的，通过他人的行为，使得他感到这是一条赚钱的便捷途径。而且从他人身上自己也确实看到了行为的报酬，即白花花的金钱进了个人的腰包，而且是神不知鬼不觉的，这进一步促进了他个人的犯罪动机的形成。在这个过程中，观察学习经历了注意过程、保持过程、动作再现过程、动机过程。

1. 注意过程

观察者要从大量的示范事件中选择和确定观察的对象，其中示范榜样的吸引力、使用价值、观察者的内在需要和与示范榜样的互动，都影响着实际的指向和集中。马某在工作中和周某是上下级关系，他们之间交往互动频繁，这是他们共同犯罪的前提。其次，马某尽管一开始拒绝了周某的犯罪要求，但是在一次业务危机中，周某"率先垂范"帮他成功化解危机，且无后顾之忧，这对马某而言或多或少有"榜样"的吸引力；同时，马某在第一次收益后，金钱带给个体内在欲望需求的喜悦不言而喻；并带给其极其实用的价值。

2. 保持过程

观察者在注意过程中把从不断的榜样示范行为中所获得的信息符号化并存储于记忆结构之中以备后用的过程就是保持过程。榜样行为要发生影响，观察者必须能够记住它，以便在指导过程中能够再现。保持过程受制于编码能力、心理复述能力，以及符合形式将反应类型储存脑中形成长时记忆的过程的能力。在榜样行为的示范后，马某通过信息编码，已经学会了方法和技巧，并以符号形式将这个过程储存脑中形成长时记忆，这使得他再次犯罪就显得轻而易举、熟门熟路。

3. 动作再现过程

这是一个转换过程，即将在保持过程储存的符号信息解码转换成适当的行为，这种再现依赖于观察者的认知能力和行为能力。在上述案例中，我们可以看到马某轻而易举地实现了这种转换，可见其认知能力和行为能力都具有相对较高的水平。犯罪行为在第一次成功实施后，第二次、三次也就驾轻就熟、顺理成章了。直到案发，马某假借他人名义将公款以应付账款、集资款等名义列入单位财务往来账上，后又假冒他人名义以签名、打领条的方式从账上取走公款 20 余万元。

4. 动机过程

案件中能否刺激观察者最后决定实施所观察到和习得转换生成的行为，最终是和个体内在的需求动机有直接关系。也就是说，获得的新行为内容是否真的去进行操作，完全取决于动机作用。在上个案例中，我们看到马某的犯罪行为不仅因为直接从金钱方面获得的满足感刺激了自己，而且与自己在财务危机中，领导的"慷慨救助"以解燃眉之急有非常大的关系，同时总经理周某也在不断地拉拢他，让他觉得越发地被看重，这些都成为无形的刺激作用，正是由于这些有形和无形的刺激使李某很难收手，直至案发。当然，动机的发生与强化还有直接的关系。我们将在下面的论述中探讨。

观察学习的这四个过程充分说明了职务犯罪的行为发生过程。目前，在我们职务犯罪的案件中，很多犯罪实施者都是这样通过注意到身边熟人，如领导和同事的"榜样行为"，与内在欲望结合后不断内化，一旦环境成熟，则实施犯罪行为。当然，我们不能忽视社会的亚文化对于观察者也起到了推波助澜的作用，当观察者发现其个体犯罪行为是社会中的普遍现象时，很容易失去道德和法律的认知，容易产生犯罪行为，或者说是在毫无风险意识地模仿他人的犯罪行为。

（二）环境刺激——职务犯罪行为的发生——诱发机制

班杜拉的社会学习理论，始终认为认知、环境、行为三者之间是彼此连接、相互制约、共同协作的动态交叉互动过程，行为的学习、行为的动力和行为的调节都离不开外在的环境。就职务犯罪而言，犯罪行为的获得与它真正的发生，还需要外在环境的一个诱因。这种犯罪行为表现的心理机制是不同于观察学习的过程。具体而言，职务犯罪行为通过观察学习的注意过程、保持过程、动作再现过程和动机过程获得后，又通过外在不同情境的不同刺激而诱发犯罪行为的发生。诱发刺激包括厌恶性诱因和奖赏性诱因。

厌恶性诱因引发的是一种泛化的情绪唤醒状态。虽然这种情绪唤醒可以引发一系列不同类型的反应方式，不过，比较糟糕的就是诱发了犯罪行为。当然，这其中最关键的还是与主体对唤起原因的认知评估以及主体应对压力的习得反应方式。如人身攻击、言语威胁或侮辱（人家在这个岗位上都可以顺其自然地赚到很多外快，你为什么不能——侮辱），这些都足以唤起主体的不良情绪，即主体对人身攻击、言语威胁或侮辱的认知评价是消极的（这种侮辱是指责，是看不起我），应对这种不良压力的反应也是消极的（那我就要证明给你看——小孩模式），继而引发犯罪行为（利用职务之便捞外快——职务犯罪）。如果对情绪唤起的原因有合理化解释（你说的只是个别现象，且这种现象是不符合规矩的），应对压力的习得反应是客观积极的，犯罪行为就不可能发生。

奖赏性诱因可以分为得到奖励和避免惩罚两种。班杜拉认为，厌恶性刺激因素诱发的犯罪行为通常表现是一种被动的防卫性行为，而奖赏性诱因是一种不可忽视的主动产生犯罪行为的诱因。因为这是由主体对犯罪结果的预期主动去实施的行为。细致分析，一种情况是职务犯罪行为结果对主体有奖赏性，就会增强职务犯罪行为的实施。如很多职务犯罪官员都有一个或多名情妇，这对于男人而言更多的是一种炫耀，这种炫耀就可以看作是一种奖赏。另一种情况是职务犯罪行为的结果可以是行为主体避免某种不想要的东西，那么犯罪行为结果的预期也会有诱发力。如通过自身岗位获取不义之财，不会让家里人受穷。

（三）强化——职务犯罪行为的保留——保持机制

职务犯罪行为的习得机制和诱发机制，并不能肯定职务犯罪行为者的人格倾向。基于此，班杜拉进一步研究了犯罪行为的保持机制，认为：不仅如传统的学习理论所言，犯罪行为有外部直接强化的保持机制，替代性强化和自我强化也起到非常重要的保持效果。

1. 直接强化的保持机制

职务犯罪行为结果直接影响犯罪行为的产生、维持以及变化。当主体发现其职务犯罪行为结果能够使其获得奖赏，包括类似金钱、房子、车子等物质性奖励和权力、声望、名誉、地位等精神性奖励，那么就会促使这种职务犯罪行为得以保留，下次有这些奖励需求时，职务犯罪行为将自动产生。如前述马某的案例，就是得到了金钱物质性奖励后，职务犯罪行为得到直接强化，继而不断自动生成职务犯罪行为。

2. 替代性强化的保留机制

除了职务犯罪行为受到外部直接结果的强化外，班杜拉更强调其社会学习理论的替代性强化的重要性。即当观察者看到他人采用职务犯罪行为获得奖励或避免惩罚时，犯罪行为就存在非常大的在类似的情境中发生职务犯罪行为的可能性。

需要强调的是，不论是直接强化或是替代性强化，其预期动机功能取决于奖赏预期与惩罚预期之间的平衡。当奖赏性预期大于惩罚性预期，职务犯罪行为的发生率就高，且差异越大，发生率越大。尤其通过替代性强化看到别人实施职务犯罪行为后获得奖赏避免惩罚，其动机促进作用会更大。因为毕竟危险的犯罪行为并不是每个人都敢尝试，这也是班杜拉更加强调替代性强化作用的原因。

3. 自我强化的保持机制

班杜拉在强调替代性强化作用后，进一步指出自我强化的人的主体性功能。他认为个体行为的产生，并不完全依赖外界环境，人具有主观能动性，可以根据当时的行为规范或道德标准，确定自己的行为标准。当自我行为符合自己建立的标准时，就会产生成功、快乐的积极情绪，当没有达到自我标准时，就会产生内疚、自责等消极情绪。这种自我奖励机制的建立，同样影响着职务犯罪行为。当犯罪人通观察学习建立了违背社会道德的行为标准，利用职务之便自动生成犯罪行为，并带来积极的情绪体验后，个体自我奖励机制开始运作，开始自我调节，久而久之，这种职务犯罪行为方式被规范，并固定、长久地得以保持。

第三节　挫折—侵犯与职务犯罪

挫折—侵犯理论的核心是：只要个体受到挫折，就会表现出侵犯行为。虽然这种理论对犯罪成因问题的解释仍然存在一定的缺陷，但是它在解释那些因为受到挫折而导致犯罪的情况时，还是非常有说服力的。该理论提出之后曾经得到许多实验研究的支持，但是，它对侵犯行为解释的简单化和概括化倾向也受到了许多诘难，所以，学者们不断地对它作出修正，使它的理论观点越来越趋于合理。

一、挫折与侵犯

（一）挫折

所谓挫折（frustration），也称作欲求不满，它是指个体在实现其目标的过程中，遇到障碍或者干扰，导致他的目标不能实现时所形成的一种情绪状态，也就是某种动机或需要得不到满足时所产生的心理状态。多拉德提出，人的侵犯行为乃是因为个体遭受挫折而引起的。这便是所谓的挫折—侵犯理论。这种理论的主要论点认为，侵犯是挫折的一种后果，侵犯行为的发生总是以挫折的存在为先决条件；反之，挫折的存在也必然会导致某种形式的侵犯。可以看出，在多拉德等人最初提出挫折—侵犯理论时。他们认为挫折与侵犯之间是一种简单的、一一对应的因果关系。

挫折的产生具有一定的机制，一般说来，产生挫折的原因有如下几种：

第一，外界条件的限制和阻碍常常使个人的欲求得不到充分满足。当一个人为了实现目标而努力工作时，常常会因为受到各种自然条件或者社会条件的阻碍而无法实现其目标，因此受挫折。这些来自外部的阻碍都是个体无法改变的；第二，行动者自身能力小可能导致他们无法满足自身的要求，这个原因是产生挫折的内因；第三，目标定位不当，即把事实上不可能实现的，或者一旦实现就会有损于他人的目标当作自己应该获得的利益来加以追求；第四，行动者自身的心理素质决定着他们在面对困难时的反应。相同的困境与障碍，对于那些挫折忍耐力比较强的人来说，可能算不了什么，他们可以通过各种其他的方式来绕过或克服挫折情境，并减轻由此带来的压力。可是，对于另外一些心理素质比较差的人来说，因为他们的抗挫折能力比较低，所以一旦遇到挫折，就有可能受到很大的打击。

（二）侵犯

社会心理学对侵犯的界定历来是众说纷纭。行为主义心理学理论从行动的后果出发，对侵犯作了界定，他们把侵犯看成是一种对他人造成伤害的行为。这种定义由于没有考虑到行为者的动机，所以很有可能混淆两类性质完全不同的行为：一类行为虽然有可能造成侵犯后果，但是，这里并不把它看作是侵犯，或者认为它是正当的。例如在激烈对抗的体育比赛中，时常有意外的伤害发生，然而人们会对这种情况持理解的态度。再比如法律中的正当防卫行为，虽然有伤害的后果，却不是侵犯行为，当然，也有人把它称作"被认可的侵犯行为"。[1]因此，在定义侵犯时，必须把行为动机和意图考虑在内。挫折—侵犯理论的创始人多拉德和米勒等人提出：侵犯是以伤害另一个生命机体为目的的一种反应。而伯克威茨则在1965年发表的《侵犯性驱力的概念：某些附加的考虑》中，把侵犯分为手段性侵犯和目的性侵犯两种。手段性侵犯把侵犯行为作为手段，目的在于获得报酬，而不是给被害人造成痛苦；目的性侵犯则是把给他人带来痛苦作为唯一目的。总之，想要给侵犯下一个明确的定义不是非常容易的。本章采用我国学者周晓虹（1997）对侵犯的定义：任何形式的、以伤害他人为目标的行为。其基本特征是：①侵犯行为一定要有侵犯意图和侵犯动机存在，它必须是一种故意使他人遭受伤害的行为；②侵犯不仅包括伤害他人肉体的行为，也包括企图伤害他人心理的行为；③一种行为能否被判定为侵犯行为，还必须要考虑到侵犯者与被侵犯者的角色和社会判定标准。

挫折—侵犯理论。正是以这两个概念为核心，研究挫折与侵犯之间的因果关系。它的基本观点是：当人们的欲望得不到满足时，就会体验到挫折感，挫折感诱发人们的愤怒和焦虑，因此会导致侵犯行为。

二、挫折—侵犯如何诠释职务犯罪

当前社会正处于迅速发展的转型时期，原有的社会结构逐步解体，新的社会结构次第形成，在这种情况下，那些不适应这种变化的人会面临更多的挫折情境，当他们看到其他人在这场社会变革中获益时，就会体会到更多的

---

〔1〕 乐国安主编：《应用社会心理学》，南开大学出版社2003年版，第272页。

相对剥夺感，如果他们不能正确调整心态，那么，既有可能退缩逃避，也有可能走上犯罪道路，职务犯罪正是在这种情况下应运而生的，它表现为公职人员的内心不平衡和强烈的不满足欲望。

（一）职务挫折的类型及原因分析

侵犯—挫折理论强调，人的犯罪行为是由于他所受到的挫折引起，因而，研究职务的挫折来源就显得尤为必要。挫折，在现代汉语中主要有两种含义：一是日常生活中的含义，泛指人们的行为受阻、事情进展不顺利，含有阻挠、受挫、失败之意；二是行为科学中的含义，指人们在从事有目的的活动中，遇到障碍或干扰，使得个人需要和动机不能满足时的情绪状态。这里的挫折是指人的一种情绪状态，如乡镇领导换届选举中落选职务的心理状态，就是挫折。挫折是一种普遍存在的社会心理现象，国家公职人员是一个特殊的社会群体，与其他群体相比，其素质要求更高，工作更具有挑战性和竞争性，因此相对来说，职务的挫折也更普遍。小至一个合理要求得不到满足或一个良好的建议被领导否决，大至工作出现失误或者职务难晋升等，都会使公职人员遭受挫折。挫折给人的影响，虽然也有使人"吃一堑，长一智"的积极方面，但主要是与人的痛苦、失落、消沉的消极心态相联结的，甚至在一些人身上体现为挫折后的犯罪行为。

1. 职务挫折的类型

（1）事业型挫折。这是指由于个人事业不成功，使人无法满足需要而形成的挫折，它是公职人员最大的挫折。人生最大的乐趣，莫过于事业的成功。一般说来，公职人员的素质相对较高，都有较强的上进心与事业心，事业一旦受挫，给人带来的挫折感是很强的。

（2）生活型挫折。这是指由于物质匮缺或生活变故而给职务带来的挫折。例如，社会分配不公；工资待遇低、单位福利差；家庭经济困难；不满现有住房条件；环境不安全；家庭不幸或遭遇突发性事故；子女入托、入学、就业难；家务繁重，疲于奔命；年老或体弱多病；恋爱、婚姻失败或丧偶；家庭关系不融洽，长辈不理解或晚辈不孝顺；夫妻长期两地分居等。

（3）人际关系型挫折。这是指由于人际关系紧张或不协调而给公职人员带来的挫折。人际关系有职务关系、家庭关系、社交关系等多种类型。这里主要是指公职人员在职务活动中所形成的关系，如领导与下属的关系、同事之间的关系等。

（4）罪错型挫折。这是指由于职务犯罪或工作过错带来的挫折。前者如买官卖官、权钱交易、贪污受贿、失职渎职、打击报复等，后者如领导无方、指挥不当、决策失误、工作过失、官僚主义等。

（5）心源型挫折。挫折是人的一种情绪状态，从本质上讲，所有的挫折都是"心源性"的。但和前四类挫折不同的是，心源性挫折并不存在一种能引起挫折的客观因素，只是当事者完全凭主观心理作用而产生的挫折。

以上这些挫折都可能引发公职人员在面对挫折的情况下感到无望，从而力图在实施职务犯罪过程中加以补偿。例如，贵州省原交通厅厅长卢万里涉嫌受贿、巨额财产来源不明、偷越国（边）境的案件，就是在其感到"仕途无望"的情况下产生的贪欲思想。下面是卢万里在"双规"期间写下的部分反省内容。

在"双规"期间，卢万里写下了长达 23 页的反省材料，他自称："1997年以前（卢于 1996 年出任交通厅长），我真的一尘不染，听党的话，跟党走，克己奉公，为人民服务，我奉行了 30 年。"据报道说，卢万里出生于安徽省一个农民家庭，是党和人民一手培养起来的。曾任贵州省铜仁地委书记、省交通厅长、党组书记等要职，他的堕落、完全是纵容自己内心贪欲的结果。卢万里自甘堕落，"跳水"捞钱的一个转折点是在 1997 年。这年贵州省政府换届，有一个副省长的职位空缺。已经调任省交通厅长的卢万里认为此职位非己莫属，谁知副省长之位最后却旁落他人，卢万里因此心态严重失衡，转而寻求经济上的满足。他在"双规"材料中写道："仕途无望，我转向从经济上捞一把，如何去捞？我就是充分利用交通厅长和高开司（高速公路开发总公司）总经理的职务，大搞权钱交易。我手中掌握着工程的发包权，承包商和包工头想要工程，就有求于我，这就是我很好的发财机会。"一些与卢万里曾共事多年的人士说，他的这个转折并不太令人意外。长期以来，卢万里的确工作很勤奋，但他勤政廉政的背后渗进了太多的功利，他的种种努力都是为了实现其对权力的占有支配。卢万里曾在原安顺地区挂职锻炼，两年的挂职即将期满时，当地一位主要领导曾对他热情挽留。卢万里对此予以拒绝，说不行，要回去，组织上讲了，让他当常务副专员，他不干，要当就要当书记。此时的卢万里对权力的贪婪已经表露无遗。贵州省监察厅驻交通厅监察室主任张瑞曾说，卢万里担任厅长后，大权独揽、逃避监督。党的民主生活会本来是对厅长及党组成员实施监督的一种方式，可卢万里根本不当回事，刚上任时还偶尔有，后来就每年两次到每年一次，最后不是完全走过场就是干脆不开了。厅里的纪检会也基本不参加，有时连人影都见不着。交通厅综合计划处处长周明中说，卢万里身败名裂完全是咎由自取。卢个人独断专权，狂妄自大，总认为自己比别人高一等。他工作作风简单粗暴，对下属动辄随意训斥，厅机关各处室的人都不愿接近他，敬而远之。而其腐败团伙中的众兄弟，则对他唯命是从，尊称"大哥"。据了解，卢万里一向自命不凡，一般人根本不放在眼里。他在厅机关吹嘘："贵州没有一个人懂马列，只有我，是通读了《资本论》的。"在交通厅乃至全省交通系统，卢万里充分感受到权力顶峰的自我"价值"，这种体验又成为推动他向更高目标前进的动力。政治前途追求上的失意，促使卢万里开始从经济上寻求补偿。卢万里在反省中写道："我逐渐忘记了思想改造，忘记了党的宗旨，以致使我自私、贪婪的本性暴露无遗。"于是，吃喝玩乐，收受贿赂，从不习惯到习以为常，"以致犯了大罪"。据查，卢万里及其腐败团伙在公路建设中疯狂敛财，涉案违纪违法金额上亿元。在侦查过程中，卢万里个人被依法扣押、冻结的现金、存单、房屋等款、物折合人民币 5540 多万元，其中收受贿赂款、物合计人民币 2577 万余元，尚有 2643 万元巨额财产不能说明其合法来源。

（案例来源："中国新闻网"，2004 年 3 月 25 日）

造成职务挫折的原因是很复杂的。现实生活中的职务挫折是主观和客观、个人和组织等多种因素共同影响的结果。但是也不能一概而论，即认为出现挫折的公职人员一定会有犯罪行为的出现，这主要还在于其内在的心理素质、道德修养、人生观和价值观等方面。挫折—侵犯理论只是力图用自己的理论对职务犯罪这一问题的解释给予更为充分和合理的诠释罢了。

（二）主体不平衡的挫折心态的特点和影响

1. 主体不平衡的挫折心态

有怎样的世界观，就有怎样的思想活动和行为表现。一个人的世界观和价值观不仅会影响他对现实社会的认识，也能影响他对挫折的判断和理解。个体对挫折的认识和理解，直接影响到个体犯罪动机的产生和变化，进而影响到个体接下来的行为反应方式，当公职人员遇到挫折时，例如降职、财产损失、和先富起来的人群相比自己较为贫穷等，总要对造成挫折的原因做出判断和理解，这种判断和理解都是在世界观和价值观的基础之上完成的。如果认为"自己白白为党工作多年，没有捞到什么好处""工作辛辛苦苦，还不如偶尔贪污一把来钱快"等想法时，就会产生不平衡的感觉，进而展开特定目标的犯罪动机和犯罪行为。

改革开放以来，我国一部分地区和一部分人先富裕起来了，面对现实，少数公职人员心理极不平衡，尤其是看到自己的同事或身边的人比自己富有，心里更难受，出现"我不比他们差，为什么要比他们穷""别人有的，我也不能少"等想法，严重的心理失衡使他们产生强烈的攀比心理。从经济领域的职务犯罪来看，因这种攀比而感到心理失衡从而产生挫折感而身陷囹圄的比比皆是。在这种不良心理支配下，外化为贪污贿赂等职务犯罪行为。

2. 主体不平衡挫折心态的特点

（1）主体不平衡挫折心态的易发性。

当今社会是个反差极为强烈，而且这种反差普遍存在的社会。这种反差不仅是体现在经济利益上，也体现在名誉、成就、地位、权力和机会等方面。当人们在与他人的比较中始终处于欲求不满的境地，人的欲求期望与社会所能提供的满足度之间始终存在着差异，而人的欲望总是超前而且永远高于社会的满足度。

（2）主体不平衡挫折心态的差异性。

主体不平衡心态的差异性来源于人的主观需要与客观现实之间的不和谐。因而它具有个体差异性和阶层性。各个阶层往往都以自己阶层的利益增减来与其他阶层比较，显示了不同的阶层性。

（3）主体不平衡挫折心态的功利性和驱动性。

随着个人物质利益的强调和官本位思想的强化，虽然引起主体不平衡心态的原因很多，但目前功名的不遂和物欲的不满往往是很多人心态不平衡的共同因素。现代人越来越注重自身利益的实现和满足，特别是"有权就等于有了一切""官位等于能力和自身价值""金钱不是万能的，但是没有钱是万万不能的"的观念在一定范围内被广泛地认同，致使有的人为了谋取一官半职绞尽脑汁，苦心钻营，买官者有之，卖官者有之。

3. 主体不平衡挫折心态的影响

现代人大多数将"利"的不足看作是主体不平衡心态的起因，而将"利"的满足视为心态平衡的复归。而"利"具有极大的主观性和无止境性，使人们常常处于欲求不满的境地,因而主体不平衡心态的产生是非常容易的,并带有严重性和普遍性,极可能走向行为失范。当个体成员主体不平衡的挫折心态得不到有效的抑制和合理的调适的话,常常容易在利益的驱使下激活自己的犯罪欲望和犯罪动机。

第四节 心理动因论与职务犯罪

人的任何一种行为和活动都不是凭空产生的,都是有原因的,都是为了满足一定的生理和心理的需要。职务犯罪中的主体的行为产生的最初需要也是不容忽视的,行为总是由某种需要所引发的。

一、需要与职务犯罪

(一) 需要的概念及需要层次论

需要是有机体的内部环境和外部生活条件的要求在人脑中的反映,它通常以意向、愿望和动机的形式表现出来。模糊地意识到的需要叫意向,明确地意识到并想实现的需要叫愿望。当愿望激起和维持人的活动时,这种需要才成为活动的动机。动机同人的活动密切地联系着。而且,以活动动机的形式表现出来的需要越强烈、越迫切,由它所产生的活动的动力作用也就越大。一般地说,动机是有意识的,它是由需要而产生的。需要的水平不同,动机的水平也不同。需要是一种主观状态,也是客观需求的反映。需要是产生行为的原动力,欲求不满是激起人们活动的普遍原因。马克思十分重视人的需要,他说:"人的每一种本质活动的特征,每一种生活本能,都会成为人的一种需要。"

美国著名人本主义心理学家马斯洛认为人的基本需要可以归纳为五类,这五类需要如图表示则是一个呈梯形的由低级到高级的层次图形(见图2-3),后来,马斯洛又将其发展为7级层次,将其中又补充进了审美、认知的需要。

1. 生理需要

凡是能够满足个体生存所必需的一切物质都为生理所需要,生理需要是人类最原始、最基本的需要,它指饥有食品,渴有饮料,寒有衣服和庇护所,疾病有药物治疗等。这些需要如果不能得到满足,就会影响人的生存。

2. 安全需要

假使一个人的生理需要已基本上获得满足，接下来就会出现新的需要，这就是安全的需要。这种需要包括劳动安全、职业安全、生活稳定，希望免于灾难，希望未来有保障，要求劳动保护、社会保险、退休金等。

3. 社交需要

社交需要又称为归属与相爱的需要。当生理和安全需要基本满足之后，社交就成为强烈的需要。人们希望和同事、朋友、邻居等关系融洽，保持友谊，希望得到信任和友爱（社交欲），同时，希望从他人那里得到更多的信息。

4. 尊重的需要

尊重的需要包括了对人的价值的尊重和对地位需要这样两个大的方面。对人的价值的尊重是指对自我尊重、对他人的尊重和他人对自己的尊重，即自尊、人尊与他尊这三方面是相互制约、不可分离的。

5. 自我实现的需要

自我实现的需要是马斯洛的需要层次结构里最高层次的需要，它是指人们希望完成与自己的能力相称的工作，表现个人的情感、思想、愿望、兴趣、能力、意志等。使自己的潜在能力得到充分的发挥、成为所期望的人物。他认为需要层次论的核心是自我实现。

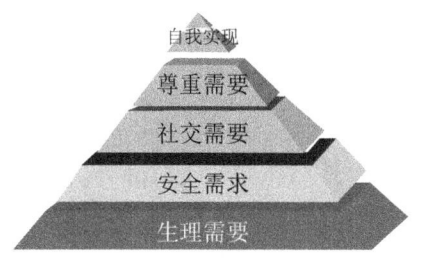

图 2 - 3　马斯洛需要层次理论

马斯洛将各层次之间需要的关系解释为：第一，这五种需要如阶梯一样依次逐级上升（见图 2 - 3），即当下一级需要获得基本满足之后，追求上一级的需要就成了驱动行为的动力。如生理需要基本满足之后，安全需要就上升为优势需要。这五种需要不可能完全满足，越到上层，满足的百分比越小。第二，马斯洛把五种基本需要分为高、低两级，其中生理需要、安全需要、社交需要属于低级的需要，这些需要通过外部条件使人得到满足。尊重需要、自我实现的需要是高级的需要，它是从内部使人得到满足的，人们永远不会感到完全满足的。第三，同一时期内可能同时存在几种需要，因为人的行为是更多种需要支配的。但是，每一时期内总有一种需要占支配地位。第四，需要满足了就不再是一股激励的力量，同时新的需要又会产生，这种新的需要将替代原有需要成为新的激励力量。

（二）需要理论与职务犯罪

职务犯罪主体的需要是多种多样的，与一般人相比，既有其自身的特点，又存在一些相同特征。但至少有一点与一般人不同，即他们在满足自我需要时采用的手段、方式不恰当，或者违反了法律。对于不正当的需要追求满足会导致违法犯罪行为的发生。正当需要中的暂时不可行的需要，若采用非法的手段或途径来追求满足的话，也可能导致其走向犯罪的道路。

1. 不良需要或不正当需要

不良需要或不正当需要，即需要的内容违背社会道德和其他社会生活准则。例如，公职人员贪图国家财产的需要、不顾国家和集体利益，只图个人荣誉的需要、吸毒的需要、婚外情的需要、剥夺他人生命和财产的需要等等。

2. 不现实需要

不现实的需要，即内容合理但在当前主客观条件不能获得满足的需要。这类需要之所以导致犯罪动机与犯罪行为，主要是由两种原因造成的：①个人不顾客观条件的限制，对需要缺乏控制；②个人确定的目标和满足需要的手段不符合社会道德规范和法律规范。

3. 合理需要

合理的需要即内容符合情理和社会生活准则的需要，这类需要之所以导致职务犯罪动机和犯罪行为的产生，主要是在选取满足需要的方法、手段上不合理，满足需要的手段行为造成了社会危害，触犯了刑法。还有一些犯有渎职罪的犯罪人本意是好的，是为了国家和集体谋福利，但是由于不了解法律而犯了罪等。

（三）激起职务犯罪动机和行为的需要的种类

1. 基本生活的物质需要和追求奢侈生活的物质需要

维持衣、食、住、行等基本生活的物质需要和追求奢侈生活的物质需要，这是绝大多数职务犯罪主体的最初和最终需要，它在一般的职务犯罪的案件中比比皆是。

例如，陕西省渭南地区大荔县羌白镇石碑村支部书记王某，2009 年 ~ 2011 年利用职务之便，以其本人及家属的名义虚报粮食直补面积 190 亩，骗取国家补助资金 9500 元用于个人日常开支。2012 年 5 月 28 日，经羌白镇纪委研究并报镇党委同意，给予王某党内警告处分。

2. 性的需要

性的需要是作为生物本能的性行为的需要。

2000 年 5 月 2 日下午 7 时许，邵阳县人民检察院两位年轻的检察官历经千辛万苦后，终于在通往缅甸的云南省沧源县永和边防检查站，将涉嫌贪污而潜逃一年之久的邵阳县新华书店会计财股长钟红梅抓获归案，一同被抓获的，还有钟红梅在逃途中找的情夫张某。而此前的 4 月 29 日，检察机关以涉嫌包庇罪将钟红梅的第一个情夫丁某逮捕。钟红梅因为对婚姻不满意，百无聊赖的她便迷上了跳舞，由此结识了舞伴丁某。1995 年 3 月，钟红梅与丁某正式确立了情人关系，为了将这种关系长久地保持下去，钟红梅一手包办装修了一套房子，购置全套家具，打造了一个舒适的"第二爱情殿堂"，为了牢牢拴住情人的心，她还花 24 万元为丁某买了套房，供其做生意。这些钱，都是她利用领导对她的信任，在 4 年的时间里采取收入不入账、虚报支出的手段贪污来的，总计达 7 万余元。1999 年 2 月 6 日，因为担心东窗事发，钟红梅出逃。出逃期间她又找了一个情人张某。然而终究法网恢恢，疏而不漏，2000 年 5 月，钟红梅和她的第二任情人双双落网。

（案例来源："人民网"，2002 年 5 月 11 日）

3. 安全的需要

安全的需要，如消除危机感、不安、心理超负荷运行、紧张等的需要。某些国家公职人员临近退休之际，想给自己的晚年生活多一点物质和经济上的保障。于是就利用手中尚可支配的权力在即将退休之际为自己大大地谋了一把"福利"，这种犯罪行为是来自于安全的需要。还有的职务人员子女要出国留学，为了给孩子在国外多存些钱款，以防生存出现问题，不惜利用自己的权力进行"权钱交易"，这也是从安全的需要出发的。

4. 自我确认的需要

对于自我确认的需要，有的人甚至表现为想通过犯罪行为认识自己、证实自己存在的价值或某种特征等。有些国家公职人员出身贫寒或平民家庭，从小到大一直安分守己，甚至工作之初还有比较出色的表现。然而在拥有一定的权力之后，市场经济条件下的某些消极现象动摇了他们原来的人生观、价值观、权力观。为了自我显示和不在别人面前丢脸，在不让大家认为自己是"没本事"的心理需求下，产生自我显示的畸形需要，从而贪婪地侵吞着国家资产。

5. 自我显示的需要

极端的表现是通过犯罪行为向别人显示自己的能力、胆魄、关系等，以获得别人的赞赏、认可、友谊、接纳等。国家保密部门一直是一个"能出风头"的部门，但往往又是"清水衙门"，有些不合格的保密工作者为了炫耀和抬高自己的身价和资本，不惜违反保密法规、向他人大肆炫耀，以期获得他人的认可、肯定和褒奖。殊不知，他们在不计后果的高谈阔论中，违反了国家法律，造成终身的遗憾。

6. 充实自己的生活的需要

充实自己的生活的需要是在平庸、单调的生活中追求刺激或进行冒险的需要。

彭某，某银行保安，利用在银行当保安的便利，通过银行卡调包的手段盗取被害人钱款5万5千元，不久后便投案自首并主动将未使用完的4万元钱款还给被害人，被判6年。彭某出身工人家庭，有两弟一妹，父母均已退休，家庭经济条件一般；对父母印象不好，觉得他们从小就不关心自己，偏爱弟妹，认为自己走上犯罪的道路，他们有不可推卸的责任。初中毕业后彭某曾零散从事过收废品、泥水工、搬运工等多种工作，感受到生活的艰辛，看到别人过得比自己好，认为"老天爷对自己不公"，让自己出生在这样一个没有温暖的家庭，长大后也事事不如意。彭某走出校门进入社会开始打工生活后，遇到很多自己喜欢的女孩，大多不敢向对方表白，在终于鼓足勇气先后向几位心仪的女孩表白后，或直接遭到拒绝，或短暂相处后便没有了下文。为改善生活，彭某不惜利用职务之便实施盗窃行为。

7. 爱的需要

爱的需要，即获得别人的爱和表达自己的爱的需要。

被"情"绊倒的"明星干部"

安徽阜阳市人大原副主任、太和县原县委书记刘家坤同千万富姐谈感情，"爱"情妇成为他的软肋，涉嫌利用职务之便受贿 2929.7 万元，2012 年 9 月 5 日被宿州市人民检察院提起公诉。起诉书指控，从 2007 年至 2012 年，被告人刘家坤在担任中共太和县委书记、太和县人大常委会主任、阜阳市人大常委会副主任期间，利用职务便利，伙同其情妇赵晓莉收受房地产商等企业老板 6 人人民币合计 2466 万元、价值 176.7 万元的金条 12 根、价值 156 万元的观音画像一幅、价值 95.9 万元的宝马轿车一辆和 35 万元原始股，合计收受财物达 2929.7 万元。经查，其中刘家坤仅 2010 年收受安徽某置业公司董事长刘某一笔贿赂就达 1300 万元，为刘某等 6 人在承揽工程、征地拆迁、拨付工程款、公司上市改制等请托事项上提供帮助。案发后，涉案赃款、赃物已全部被追缴。1956 年出生的刘家坤，前 47 年的人生可以用"立志奋斗"四个字来概括。47 岁时的他怎么也不会想到，自己后来会因为一个女人、为了所谓的"爱情"而走上贪腐之路，上演了一场自己弄权、情妇收钱的贪腐剧。

（案例来源："中国纪检监察部网站"，2014 年 12 月 15 日）

8. 实现自己志向的需要

实现自己志向的需要，如实现自己政治信念、理想和追求等需要，当然，自己的政治信念、理想本身也可能是错误的。

贪官为什么说"当正职的感觉真好"

陈是善，1947 年 11 月出生于四川省安岳县一个贫穷的农家。双亲为了能使他出人头地，含辛茹苦、节衣缩食供他上完了初中。16 岁初中毕业，陈是善应征入伍，因为有文化，他深得部队首长的器重、被安排从事文书、宣传等工作。由于本身具有一定的写作能力，加之勤奋刻苦，陈是善在部队进步很快，先后担任宣传部部长、政治处主任（副团级）等职。在部队 20 年的军旅生涯，陈是善没有经历过副职领导岗位的锻炼，他走了一条与众不同的升迁之路。拿他的话说："这 20 年是我人生记忆中最美好、最得意的时期。"就在陈是善想在部队里沿着仕途一路走下去的时候，因为年龄关系，1985 年陈是善转业到了重庆市九龙坡区，先后担任区委办公室副主任、区文化局党委副书记等职。此时，当惯了正职的他。开始对这些副职表现出不满，常感叹："当副职真不是滋味，分管的工作做了还要向别人汇报，碍手碍脚的，太影响自己能力的发挥了！"此时的他，对于为什么当官，当官要做些什么等问题缺乏正确的理解，只是一味对任副职一事十分不满，一门心思想当上正职。为了这个日思夜想的正职，他采用非法手段去获得，没过多少时间，正职的官帽果然向他飞来，他先是被上级任命为区文化局党委书记，接着又担任了区修志办的主任。

"可这两个正职都是有职无权的呀，我怎能发挥才干呢？"虽然担任了正职，但陈是善却仍然感到自己没有实权，即没有财权和决策权。他心目中的"正职"，是要集管人、管财、管物三权于一身。1996 年 9 月，49 岁的他继续通过不法手段当上了区民政局局长。大权到手，他长舒了一口气，喜滋滋地感慨道：当正职的感觉真好！在他的理解中，"正职"就是对自己管理的工作不需要再向单位或其他人汇报，更不需要请示，一切都以个人为中心，他说的话就是规章制度、就是法律，即使错了下属都必须执行……这些"肺腑之言"就是他心路历程的真实写照。他自认为这种工作方式是有魄力的表现。然而，绝对的权力必将带来绝对的腐败。就是这些片面的、错误的心态，导致他在担任正职后独断专行、排斥监督。一步步滑向了滥用职权、玩忽职守的罪恶泥潭。

（案例来源："人民网"，2002 年 6 月 29 日）

总之，犯罪者的这些需要，若与不良刺激（目标、诱因）相结合，或由于认识水平低或认识错误，选择了不法手段去实现这些需要，就会形成犯罪动机、进而产生职务犯罪行为。

二、动机与职务犯罪

（一）什么是动机

所谓动机是直接推动个体活动以达到一定目的的内部动力。我们说，个人的一切活动都是由一定的动机引起，并指向于一定的目的。每个人的一切社会行为及活动方向都是由一定动机所驱使的，它是社会影响和个体行为之间的心理媒介。换言之，动机是行为的原型，行为又是动机的外显表现。从动机的概念来看，必须弄清楚以下几个方面：行为目标是动机构成要素之一，由动机驱使的个体的一切社会行为总是指向一定的目标，它使个体行为具有方向性。因此，动机和目标二者相互依赖，缺一不可。行为目标可能是现实存在的、清晰的事物，也可能是人类精神活动的某一产物，如意向、概念等。在一定的条件下，动机可以转化为行为目标，而行为目标也可以转化为动机。因为对某一事物的反映，就其对个体的推动作用来说，是行为的动机，就其作为行为所要达到的预期结果而言，又可以是行为的目标、这里行为目标越是清晰明了，就越容易转化为动机。

动机的上述功能表现于现实生活中。例如，当公职人员感到自己生活需要不满足时，物质需要就转化为动机，动机就会引起个体找寻找加强自己物质需要的途径，而一旦出现了机会，加之自己立场不稳定，便走上职务犯罪的道路，那么，这种犯罪活动就成了他满足需要的行为，而物质利益的获得则成了动机指向的目标。

人的动机是复杂多样的，而且，一个人在一个时期里往往有好几种动机。但是主导的动机决定着意志行动的结果，决定着实现行动的方式和对行动的坚持性。在一个人的成长过程中，主导的动机可能会发生变化。比如，对于刚刚走上工作岗位的年轻人来讲，其工作动机可能是尽快熟悉工作，投入到正常的工作中来；而对于工作了一段时间的公职人员来讲，其主导动机则成了如何将本职工作做得更好的问题。

（二）职务犯罪动机的功能作用

所谓犯罪动机，是指推动或促使个人实施犯罪行为的内部动力。从犯罪动机与犯罪行为的关系来看，职务犯罪动机有以下作用或功能。

1. 激发作用

犯罪动机具有激起或引发个人进行犯罪行为的作用。犯罪动机是促使个人实施犯罪行为的直接原因，犯罪行为往往是犯罪动机引起的。如嫉妒、报复、怨恨等。

2. 指向作用

犯罪动机具有引导犯罪行为向某种目标或对象进行的作用。一定的犯罪动机的产生，使犯罪人有了明确的犯罪目的或目标，从而对犯罪人的思维活动以及行为活动产生约束、指导作用。

3. 维持和调节作用

当犯罪行为产生以后，犯罪动机维持着犯罪行为，使其针对一定的目标，并调节着犯罪活动的强弱和持续时间。在实施犯罪行为的过程中，以及在实施犯罪行为之后，犯罪人会把已经取得的结果与他在行动之前确立的目的加以对比。

（三）职务犯罪动机的形成

犯罪动机是犯罪人需要的表现，是在犯罪人需要的基础上产生的。犯罪人的需要尽管是犯罪动机产生的基础，但是它并不能必然地、自动地转化为犯罪动机。犯罪人的需要转化为犯罪动机，应当具有两个条件：

1. 需要必须达到一定强度

职务犯罪人的需要可以表现为不同的强度水平。最初的、萌芽状态的需要，仅仅使犯罪人产生不安的感觉，所以还不足以在犯罪人的意识中明显地反映出来。当犯罪愿望进一步增强，所指向的对象能够激起犯罪人的犯罪行为时，反映这种对象的形象或观念，就构成了犯罪行动的动机。因此，职务犯罪动机就是引起职务犯罪人进行某种犯罪活动，指引这种活动满足犯罪人需要的愿望。

2. 必须存在外部诱因

只有当具有一定犯罪愿望的人，遇到或者想到能够满足这种愿望的对象或机会时，犯罪愿望才能转化为犯罪动机，才能引起实际的犯罪行为。这类能满足犯罪人的需要并能引起犯罪动机的对象或刺激物，就是犯罪诱因。

（四）职务犯罪需要、动机和行为的关系

1. 职务犯罪需要、动机和行为的作用过程

需要与动机是两个联系非常密切的概念。职务犯罪的每一个行为，每一种活动都包括需要与动机这两种心理因素。需要、动机、行为构成了人的活动周期，人从事的任何一项活动都是由这三个部分构成。职务犯罪的需要、动机、行为三者是不可分的。需要是人从事活动的原动力，动机由需要引发，没有需要无从产生动机，而人的需要、动机又必然产生某种行为，因此这三者是形成任何活动过程的三要素，需要与动机是人内部活动的心理要素，而行为则是外部活动的动作要素，各种行为都是由一连串的动作组成。

2. 职务犯罪的需要与动机的关系

需要与动机虽然不可分割，有其相似性，但二者还是有区别的。需要是人活动的基础和根源，动机是推动人们活动的直接原因。当人们的需要有某种特定目标时，需要转化为动机，推动人们从事某种活动。

人的需要既不是行为的直接原因，也不是行为的具体过程，而是行为的源泉和基础。但是，只从心理学角度探讨需要，还不能揭示需要在人的行为中所体现的社会意义，用马克思主义的人的本质是社会关系的综合观点来分析便可以看出，人的需要在根本上表现为社会的需要。因此。需要满足过程中实现目标自动平衡和择取需要目标的过程必须以符合社会需求为原则。可以讲，需要是职务犯罪行为产生的心理根源，职务犯罪行为的产生来源于对犯罪行为指向目标的需要，追求需要的满足是行为的基础，人的需要随着满足而在层次上和程度上不断递进。因此，职务犯罪人往往由于需要的不断提高而致使犯罪行为更加严重化。另外，动机是职务犯罪行为的直接动力。需要只表现为一种心理倾向和行为的积极性，当这种倾向指向于通过一定手段具体化时，便达到了行为和动机的确立。动机是犯罪行为的直接原因，它表明了公职人员对通过非正当的、违背社会行为规范的手段来满足个人的需要已经认同。另外，对动机的认知还有一个清晰与否的问题，动机可能是明确的、有清晰意识的，也可能是模糊的。动机是否清晰是区别职务犯罪行为与一般行为的参照系，但同时我们也应注意到，动机认知不清晰不该成为某些职务犯罪人对自己犯罪行为进行辩护的保护伞。

3. 职务犯罪的动机与行为的关系

动机是人的行为的直接原因，但是动机与行为之间的关系是错综复杂的。它们不是一对一的关系，它们之间的关系有两种情况。其一，同一动机产生不同的行为。例如，一个立足岗位、兢兢业业的国家工作人员怀有为祖国经济建设贡献自己力量的动机，可以表现出多方面的行为；其二，个人的同一行为可以由不同的动机引起。例如，个人接受他人贿赂的行为，可能来自不同的动机。一般来说，个人的行为总是同时有几种动机共同发生作用，其行为不是单纯为某一动机所支配，但其中总有一种动机发生主导作用。并且在不同的阶段起主导作用的动机可以相互转化。

4. 职务犯罪动机与目的的关系

这里，还有必要把职务犯罪动机和目的这两个概念区别开来，有时这两个概念容易混淆。目的是人活动所要达到的结果，动机则是推动人去达到目的的心理活动，动机和目的相互依赖、缺一不可。有动机必有目的，没有动机所引起的活动，目的也无从达到。但是目的的实现，也并非同一种动机驱使，同样，有时出于同一种动机而达到的目的又各不相同。

思考题

1. 什么是精神分析理论？弗洛伊德的人格结构说如何来诠释职务犯罪心理？

2. 用社会学习理论如何来解释不良社会风气对职务犯罪心理的影响？

3. 简述国家公职人员挫折的类型。

4. 简述职务犯罪需要、动机和行为的关系。

5. 简述职务犯罪动机的功能和作用。

社会环境是人们认识事物的物质基础，是形成心理的客观依据，因为人们必须在一定的社会环境中生存，并从事经济、政治和社会活动，因而其心理活动必然受到社会环境的影响和制约。职务犯罪心理的形成、发展、变化与社会环境有着密切的关系，特别是社会环境中的消极因素，是职务犯罪心理产生和发展的不可忽视的主体外因素。这些存在于主体外的客观因素包括社会环境、社会转型、交往环境和家庭环境。

第一节　社会环境对职务犯罪心理的影响

人的社会化过程就是不断地接受社会影响，不断适应社会环境的过程，如果个体在社会化的过程中，不能接受和适应社会，必然会偏离社会规范的要求，与社会发生冲突，产生犯罪心理和犯罪行为。社会因素对犯罪心理的影响不是直接的，而是通过犯罪的其他原因，特别是与犯罪主体的个体因素相互作用来实现的。

一、不良政治因素对职务犯罪心理的影响

（一）封建残余和资产阶级腐朽思想的侵蚀

一切腐败行为都具有利己主义的思想动机，利己主义是腐败行为的思想基础。因而探寻腐败的根源就是要追溯产生利己主义思想的物质根源，这就是建立在社会生产资料私有制基础上的剥削制度。我国仍处于社会主义初级阶段，生产力水平相对落后，物质基础仍然比较薄弱，对生产资料的追求成

为人们的客观动因。利益规律表明，追求利益是人的本能之一，即所谓的"人性本利"，在大力发展市场经济的大背景下，国家的利益驱动机制和利益调控机制不健全、不完善，导致一些人得以非法获利，甚至谋取暴利，一夜暴富。这种客观现实，刺激着少数党政干部对"商品拜物教、金钱拜物教"的认同和信奉，在心理上萌生了追求利益最大化的念头。其次是封建残余和资产阶级腐朽思想意识，进一步催化了人们对"物"的主观欲望。改革开放以来，社会大转型、体制大转轨、利益大变动的客观现实，不断地刺激和引发社会心理的震荡与人们价值观念的调整变化。而一段时间内，我国的工作重点主要放在经济建设上，对思想政治教育工作有所松懈，致使"官本位"意识、"升官发财"思想和专制、宗法观念等封建遗毒尘沙泛起，西方的拜金主义、享乐主义和极端个人主义亦乘虚而入，直接导致少数党政干部的世界观、人生观和价值观发生严重偏移，理想动摇，信念滑坡，灵魂迷失，一些领导干部把正常的私有心理和私有观念内化为贪婪的自私自利心理。在这种不良心理支配下，外化为贪污贿赂等职务犯罪行为。

（二）职务便利为权力寻租提供了可能

综观职务犯罪案件，无一不是与权力有关，即担任某一职务掌握一定权力者把国家权力当作一种可以利用的私有资源参与社会利益分配，相对于具体的职务犯罪而言，职务犯罪是国家工作人员的职权私有化行为。探析职务犯罪的本质首先要从犯罪根源说起。对于犯罪根源在学术界有多种说法：其一，犯罪根源存在于人的生物本能与社会理性的冲突之中；其二，私有制的产生和私有制引起的个人利益与社会利益的对立和冲突是犯罪产生的总根源；其三，由特定发展水平的生产力所决定的私有制是一切犯罪的总根源。生产力发展水平未达到一切人的所有需要时，社会利益就必然要权力化，私有制产生的后果是导致整个社会进入到利益权力利他的私有制文明社会，权力观念则是私有制文明的精神所在，即权力观念渗透于社会关系各个领域，既包括物质方面的，也包括精神文化方面的，甚至是制度上的。当私有制观念渗透到国家权力之中时，职务犯罪就产生了。由此可见，犯罪根源决定了犯罪存在的必然性，也决定了职务犯罪存在的必然性。

其次，从权力的本质来看，权力作为国家的核心，是为维护社会利益分配秩序服务的工具，是建立在一定的物质生活条件基础上的，有什么样的物质生活条件就会有什么样的权力形态，由此权力具有很大的强制力和资源性。

腐败分子正是把权力看作是一种资源而"权力寻租"，职务犯罪实质上是一种权力资源化的现象，即权力被行为主体资源化后并参与社会分配的私有化行为。"权力寻租就是公共权力部门或者掌握公权力的个人以权力为筹码获取自身利益的一种非生产性活动。这种利益包含经济利益及其他非经济利益，获取方式有较强的排他性和独断性"[1]。权力独一无二的强制性决定了权力的绝对资源性，而权力的资源性又导致了权力的腐败性，权力的腐败性又决定了权力犯罪的必然性。

最后，任何国家权力都必须担负一定的社会公共职能，这是维系社会有序运转的基础。但迄今为止担负着社会公共职能的国家权力实际上只能由社会成员中的少数人来掌握和行使，这样就使权力本身具有一种内在的矛盾性：它一方面同社会整体利益相联系，另一方面又同掌权者的个体利益相联系，这两种联系之间的冲突在所难免。权力的内在矛盾性加之人性的局限性，决定了权力具有二重性，即权力既有造福社会的一面，权力本身亦潜藏着一定的侵犯性和腐蚀性。当权力的扩张逾越一定的界限就产生了"权力异化"，可以说职务犯罪的本质是国家权力的私有化，核心就是以权谋私。

由于人类追求的无限性和公共权力的长期客观存在，决定着职务犯罪不可能在短时间内被消灭，只不过表现形式、严重程度有所不同而已。因此人性的局限性与权力的二重性正是职务犯罪的本质所在。

二、市场经济负效应对职务犯罪心理的影响

马克思曾经指出："物质生活的生产方式制约着整个社会生活、政治生活和精神生活的过程。"腐败作为一种社会生活现象，毫无例外，也要受到一定时代的物质生活方式的制约。我国现阶段还处于建立和完善社会主义市场经济体制的历史进程中，市场对生产要素的配置作用仍受到行政权力的干预影响，权力介入经济活动并从中获取经济利益的现象仍然存在，利益主体个人观念的强化等，不可避免地对政治发展尤其是社会成员的价值观念产生某种影响。

第一，市场经济活动强化了人们的物质利益观。市场活动的目的是利润，

---

〔1〕　宋建设："新时期权力寻租腐败的异化表现及其成因"，载《沈阳农业大学学报（社会科学版）》2013 年第 3 期。

这是市场经济物质运动的物质利益性。这种趋利性，是引发市场活力的基本因素，它能促进市场主体改进管理，重视技术进步和提高产品质量，促进生产力的发展；可以改变人对人的依赖关系，增强公民的独立意识和自主能力，克服小生产者所造成的自私、狭隘、保守的心理。但市场经济也会把相当一部分社会成员的注意力转移到金钱上去，使一些社会成员产生对商品金钱顶礼膜拜的心理，而且对政治权利有直接的诱惑作用。官商结合、权钱交易、政治权力为不法行为大开绿灯，就是这种诱惑作用的集中表现。显然，这种狭隘的物质利益观，对于公职人员的影响是极为深刻的。如一些人不择手段地追求物质利益，把金钱看得重于一切，甘当金钱的奴隶。

第二，市场经济活动强化了人们的自我意识。市场经济的一条重要原则就是竞争，优胜劣汰。一方面竞争意识可以引发市场主体的积极性，发展自己的企业，赢得市场的主动，求得生存和发展，同时市场经济的竞争地位也否定了封建等级观念和绝对平均主义，促进了公民对竞争机会的追求。但另一方面由于内在利益动机的作用，这种追求很有可能背离社会的利益，变成个人利益至上；同时，这种竞争是生存的竞争，残酷的对抗，市场主体（企业和个人）要在市场上站稳脚跟，就必须强化自我意识，排斥利他观念，这在客观上导致了利己主义思潮的发展。这种利己主义的自私性是市场经济的负产品，也是对社会主义市场经济公有性的破坏力和对抗力。与此同时我们也应注意到，市场的竞争性也可使一些社会成员淡化甚至漠视社会公益、集体互助，而将注意力只集中于个体实际的物质利益，在客观上强化了利己主义和个人主义。

第三，市场经济活动使财富分配、持有出现反差成为可能。市场经济承认个人利益的合法性，在社会财富的分配上遵循效益优先、兼顾公平的原则，通过市场经济的竞争性实现社会财富的分配和流动，允许一部分社会成员先富起来，在激烈的市场竞争中，有的企业或公民可能在竞争中获胜，获得了高额利润，社会财富大量地向这些企业或公民倾斜，成为社会富有者，而另一些企业或公民，可能在竞争中失败，被市场所淘汰，形成破产或贫困。随着市场经济的发展，财富的反差会在部分社会成员之间越来越大，会造成部分社会成员的心态失衡。较高的社会地位、政治荣耀感与较低的经济地位、生活窘迫感形成心理上的严重失衡，由于他们每天都在接触求助于自己权力的高收入消费者，经常受后者的阔绰生活方式所刺激，必然产生一种与后者实现经济上平等的渴望，形成利用权势索贿受贿的心理基础。如浙江省桐乡市原市长吴锦嗣受贿案。吴在 1993 年至 1995 年任职期间，共收受贿赂 23 万元，被判处 13 年有期徒刑。吴锦嗣在反思时说："这几年，我看到过去的同学、同事通过各种途径都富了起来。论能力自己并不比他们差，论职务还比他们高，而钱却比他们少得多。特别是年终评比考核，在台上给厂长经理发奖金，每个人少则几万，多则十几万，而自己作为一个市长，担子比别人重，心里感到很不平衡，因此也想捞钱。"吴锦嗣正是社会转型过程中出现的分配差异矛盾的"牺牲品"。

第四，市场经济活动也伴随着商业贿赂。随着工业化、信息化、城镇化、市场化、国际化深入发展，多元利益主体在我国市场上的竞争日趋激烈，不法分子通过商业贿赂攫取非法利益，拉拢腐蚀公职人员，一些握有实权的公职人员就是被商业贿赂的"糖衣炮弹"所击倒。

三、控制弱化与监管缺陷

权力在本质上是一种支配他人的力量，它内含着无限扩张的倾向，因而对权力的监督与制约至关重要。过去在相当长的时间内，政府对这一问题缺乏足够的认识，没有建立起一套健全而有效的权力制衡机制，导致权力失控现象十分普遍，一级政府权力主体被架空，许多地方政府党政"一把手"权力过大，往往集人、财、物大权于一身，权力出现物化、边缘化、市场化倾向。尽管我国设置了诸多的权力监督机构，如人大的监督，执政党内的纪检监督，政府内部的监察部门的监督以及检察机关的专门法律监督等。监督机构可谓不少，但是由于体制没有理顺，致使监督机制不畅，监督效能不高。如只注重组织的监督制约，缺乏群众的民主监督制约；只注重向下的监督制约，缺乏向上和横向的监督制约；监督制约机关缺乏应有的权威和相对独立性；监督制约大多在事后。

在转型时期，一些法律（法规）不完善、执法不力和监督制约机制不落实等社会控制弱化和监管制度的漏洞的存在，增强了一些意志比较薄弱的人的侥幸心理和投机心理，从而利用职务之便实施犯罪。

首先，管理制度存在漏洞，内控不力是经济案件高发的直接原因。例如，在用人制度上存在不正之风，民主推选少，领导任命多，公开竞争少，暗箱操作多，致使个别思想品德差、业务素质低，甚至有违法犯罪行为的人占据了领导岗位。又如，规章制度执行不严，有章不循，违章操作，内部管理混乱，责任制不落实，日常检查不到位，监督制约乏力等。

其次，监督制约制度种类不少，然而实效甚微。一方面，人大监督、纪委监察监督、群众监督、舆论监督、法律监督都存在不到位的现象；另一方面，监督机关或个人不具有超然的地位，其人、财、物均受制于部分被监督者，监督权难以全面实施，为职务犯罪留下了通道。

最后，惩罚制度不严密。一个国家现行的惩罚机制和结构是决定该国腐败程度的一个重要因素，假定其他条件不变，加大惩罚力度将会减少腐败行为。我国腐败高发的事实，表明对腐败惩罚的措施、力度、密度等方面存在着重大问题。

因此，从机制、制度层面上规范和制约权力是控制和防范职务犯罪的重要内容。当前，要针对容易产生职务犯罪的环节加快机制创新，要健全依法行使权力的内部制约机制，"以权力制约权力"，尤其要侧重建立对党政"一把手"的监督制约机制。规范权力运作过程，理顺各权力监督机构的组织和运作机制，强化对权力运行的监督，防止权力的异化和滥用。对国家工作人员的权力和职责进行适当的分离，使"决策者不运作，运作者不决策"，以便对权力进行"交叉控制"。除此之外，还要通过推行政务公开、司法公开等增加权力行使的透明度，保证公共权力的行使经常处于公众和舆论的有效监督之下；完善权力的外部监督体系；大力培育公民的权利意识、参政议政督政意识；充分发挥新闻媒体的监督作用，对各种违法违纪行为特别是国家工作人员的违法、渎职和腐败行为进行报道揭露、评论抨击。

另外，还要完善科学的干部人事管理制度。首先要选用德才兼备的优秀人才进入国家工作人员行列，特别是要通过公开竞选、严格考察选用好各级领导干部。要通过经常的廉洁品行调查、测试、考核等方法甄别出不廉洁的国家工作人员，及时劝退或清除出国家工作人员队伍，制定出一套行之有效的、统一的把严进口、疏通出口的干部人事管理制度。其次要明确国家公职人员的责、权、利，提高工作报酬，严明罪错处罚。在目前国家财力和公务员队伍现状情况下，"高薪养廉"尚不能实现，但从长远看，适当的"高薪养廉"可以吸引优秀人才为国家服务，增强国家工作人员对所从事的工作的荣誉感，使其不愿为获取一时的不法利益而丧失工作岗位和优厚待遇，使不法获利犯罪的"机会成本"相比得不偿失。

四、制度上存在缺陷

制度的作用在现代世界各国已取得认同。一个好的制度能够使坏人做不成坏事，而一个不好的制度将会把好人变成坏人。"制度"一词，在中国思想史上久已有之。《商君书》中就曾有过这样的叙述："凡将立国，制度不可不察也，治法不可不慎也，国务不可不谨也，事本不可不抟也。制度时，则国俗可化而民从制；治法明，则官无邪；国务壹，则民应用；事本抟，则民喜农而乐战。"按《辞海》解，制度的第一含义便是指要求成员共同遵守的、按一定程序办事的规程。汉语中"制"有节制、限制的意思，"度"有尺度、标准的意思。这两个字结合起来，表明制度是节制人们行为的尺度。概括而言，制度是指人们在行为中所共同遵守的办事规章或行为准则。更通俗地讲，制度就是社会成员的行为规范或共同认可的模式。就一个社会而言，其中任何个人、组织、社团，甚至包括政府都生存在特定的制度体系中，受其束缚，受其制约。从制度存在的形式来看，制度包括可辨别的正式制度和难以辨识的非正式制度。前者主要指现实中人们较易识别的，一般是与人们的生活直接相关的，各种正式的、成文的、微观的制度，而后者则指各种不成文的、非正式的习俗、惯例和规约等。简言之，制度即行为的模式。它可以是正式的、成文的、上升为国家意志的、受国家法律保护的制度，也可以是非正式的、不成文的、没有上升为国家意志的、不受国家法律保护的制度。

比如行贿犯罪，行贿犯罪是受贿犯罪的源头，它的危害性不言而喻。在对其采取果断措施，重拳惩治的同时，应加强治本和预防，织密防治行贿犯罪的制度天网，让行贿者不敢行贿、不想行贿、不能行贿。例如：

第一，修正犯罪构成要件。《刑法》第389条规定："为谋取不正当利益，给予国家工作人员以财物的，是行贿罪。"这一粗放规定，导致一些理应受到制裁的行贿人逍遥法外。修正行贿犯罪构成要件，消除行贿行为入罪的障碍，是遏制行贿的重头戏。一是取消"谋取不正当利益"的限制。行贿行为无一例外地侵犯了国家工作人员的职务廉洁性，应该受到法律的否定性评价，即使行贿人是为正当利益而为之，也只能在量刑时予以考虑。二是将"财物"修改为非法利益。实践中，一些人不直接给予财物，而是采取变通的方式向国家工作人员输送非法利益。因此，立法上应以非法利益取代财物，进而更为周密地打击行贿犯罪。三是明确"给予"的适用范围。直接给予国家工作人员非法利益固然是行贿的惯用手段，但一些人"承诺给予""间接给予""提议给予"非法利益的情况也不鲜见。因此，立法上应当明确将这些行贿方式纳入打击范围，以适应当前反腐败形势的需要。

第二，完善刑罚种类。研究显示，行贿者普遍会获得 10 倍于投入的回报，但近年来我国办理的行贿案件数量不到受贿案件的 10%，行贿犯罪成本与收益之间的巨大反差，往往会刺激人们铤而走险。"刑罚应尽量符合犯罪的本性"，应针对"行贿犯罪以追逐非法利益为目的"的动机设置相应刑罚，以增加行贿成本，消除行贿动力。具体而言，应改变片面强调自由刑的立法倾向，增设罚金附加刑，让行贿人的预期犯罪成本远超非法利益。此外，还应设立资格刑，限制主观恶意深、社会危害性大的行贿人在一定时期内进入特定行业，削弱甚至剥夺其再犯能力。

第三，完备侦查措施。坚持反行贿与反受贿并举的方针，对行贿犯罪零容忍，不仅需要理论上的自洽性，更需要技术上的可行性，否则便无异于纸上谈兵。鉴于行贿手段日趋隐蔽的特点，应当建立健全的侦查手段。一是建立"污点证人"制度。在立法上对该项制度进行明确规定，有利于给予行贿人合理的心理预期，提高打击行贿犯罪的效率。二是推广运用技术侦查措施。技术侦查措施有利于破解行贿犯罪调查难、取证难、处罚难等现实问题，应充分发挥其优势，摆脱过于依赖口供的传统办案模式。三是探索使用控制下交付侦查措施。控制下交付是指发现犯罪的侦查机关，可以不当场抓获嫌疑人，而是对其充分监控，让其在监控下继续实施犯罪活动，当其行为又触及其他有关犯罪嫌疑人时，再将其捕获的侦查方法。《联合国反腐败公约》第五十条对控制下交付进行了明确规定，我国作为公约缔约国，可根据现实国情探索使用这一侦查措施。

第四，健全预防制度。理想的刑事政策应当在充分发挥刑罚功能的基础上，实现预防犯罪的效应。因此，惩治行贿犯罪应当一手抓打击，一手抓预防，两手都要抓，两手都要硬。正在运行的行贿犯罪档案查询系统不仅有利于全面了解行贿犯罪的相关信息，也有利于针对容易滋生行贿犯罪的重点领域、重点环节和重点人员，采取更为有力的犯罪预防措施，从源头上切断行贿犯罪链条，消减行贿犯罪条件，堵塞行贿犯罪制度漏洞。当前，行贿犯罪档案查询系统的录入范围只限于被"法院作出有罪判决、裁定"的行贿人。为更大限度地发挥"行贿黑名单"的预防腐败作用，应将有行贿劣迹但因司法宽宥而免于刑责的人也录入到查询系统，进而扩大查询系统预防行贿犯罪的"防火墙"作用。

五、思想政治工作薄弱

思想政治工作是以人为对象，解决人的思想、观点、政治立场问题，提高人们思想觉悟的工作；思想政治工作是党的工作的重要组成部分，是实现党的领导的重要途径和社会主义精神文明建设的重要内容，也是搞好经济工作和其他一切工作的有力保证。思想政治工作必须服从和服务于党的中心工作，具有鲜明的党性、实践性和群众性。近年来，一些党员干部尤其是一些掌握一定权力的党员干部之所以滥用权力，贪污受贿和腐化堕落，往往都是先从思想蜕化变质开始的。

思想是行动的先导。培根在《习惯论》中写道："思想决定行为；行为决定习惯；习惯决定性格；性格决定命运。"人们无论做任何事情，都是先有思想后有行动。有正确的思想才有正确的行动，有积极的思想才有积极的行动，有统一的思想才有统一的行动。十八大报告中有许多新思想需要我们掌握，进而去指导我们的工作。一旦这些好的思想被我们深入、全面、系统地掌握，就能成为指导我们工作的正确的思想，从而指导我们正确的行动，各项大政方针政策才能不折不扣的落实，习近平总书记在反腐倡廉方面的新思想"三个必须""三个绝不允许""把权力关进制度的笼子里""老虎、苍蝇一起打"等新思想才能不折不扣的执行下去。"物必先腐也，而后虫生之。"领导干部只有提高拒腐防变能力，才能为党和人民掌好权、用好权，在新的历史条件下，领导干部的从政环境变得更为复杂，时刻面临着形形色色的诱惑与各种各样的考验。一些别有用心者用金钱、物质、美色等，想方设法对领导干部进行拉拢腐蚀，以利用其手中的权力为自己谋取不正当利益。面对诱惑与考验，有的领导干部立场坚定，跨了过去；有的则不堪一击，陷了进去。其根源在于平时的思想教育不重视、没有抓好，反腐倡廉要从思想教育抓起，从源头预防和遏制腐败。

"水清沙自洁，官贤弊自绝。"怎样才能培养清正廉洁的干部，始终保持正确的理想信念，树立全心全意为人民服务的宗旨意识呢？首先，加强学习。深入学习马列主义、毛泽东思想、邓小平理论、"三个代表"重要思想和科学发展观，用先进的理论武装自己的头脑，真正树立起正确的世界观、人生观和价值观，提高自身的政治思想文化素质，才能始终保持清醒的头脑，知道哪些能做，哪些不能做，什么必须坚持，什么必须反对；才能保持高尚情操，自觉抵御各种诱惑和腐蚀。其次，加强思想教育。开展职业道德素质教育和党风廉政建设教育。有人平时认为思想教育是务虚的，只是肤浅、片面、零碎地学习应付工作之需，装潢门面。我们要把这种看似无形的思想教育活动深入、细致地开展下去。提高干部的思想政治素质和精神境界；提高领导干部的拒腐防变能力，使他们为党和人民掌好权、用好权。充分发挥好思想教育工作在反腐倡廉中的重要作用。

六、惩治不力

这主要表现在一是廉政法制薄弱，各项政策、法律、法规尚未完全形成体系，造成许多方面是非不清，政策界限不明，使得一些行政行为、市场行为、企业行为处于混乱状态。这就使一些不正之风和消极腐败的东西依附于新生事物的出现而滋生蔓延。二是执法不力问题从全国范围来讲还相当严重。职务犯罪的实施者都是手中具有一定实权的人，近年来"一把手"犯罪、上下左右串通的群体性犯罪突出，加上地方保护主义等，别此类案件的查处难度往往比较大。然而在我国现行体制下，司法机关的独立性、权威性还没有真正树立起来，"打招呼""说情风"普遍，存在人治大于法治现象，加之部分司法人员综合素质不高，致使相当一批犯罪分子没有受到应有的制裁和惩罚。三是刑罚过宽、处境优裕。经济型职务犯罪的立案标准数额比其他刑事犯罪高得多，而量刑幅度比其他刑事犯罪宽、轻。一些腐败分子职务犯罪受刑事处罚，坐了若干年牢出来后，职位是没了，但经济上并没受到重创，生活依然优哉游哉。为此，有必要系取以下措施：

第一，健全刑罚体系，强化惩治功能。当前职务犯罪屡禁不止的一个重要因素是法网不严密，法定刑太低，难以取得预期的警戒和威慑效果。当务之急是先制定若干单行法规，或由国家最高司法机关作出司法解释，以弥补立法之不足。应当在现有刑法规定的反腐惩贪基本框架的基础上，有计划地进行反腐败刑事立法的配套建设，增强其操作性；有计划地进行反腐败行政法规、地方性法规和行政规章建设，最终形成健全的、完善的反腐败体系。对因职务犯罪行为造成国家和人民重大损失的，责令其承担相应的经济责任，通过惩其行而震其心，这既是对职务犯罪人贪利行为的惩戒和矫治，同时也给那些企图实施职务犯罪的潜在人以警戒和教育。

第二，发挥检察职能，加大标本兼治力度。检察机关是防范和惩治职务犯罪的一支重要力量。因此，检察机关要通过主动出击查线索，提高查办职务犯罪立案率，快捕快诉等诉讼手段，严格依法追究腐败分子的刑事责任，使有职务犯罪动机的人看到实施犯罪必将受到法律严惩而产生惧怕心理。此外，健全和完善检察机关预防职务犯罪工作机制，尽快地制定一部完整的、权威的、全国性的《预防职务犯罪法》，把检察机关的预防工作纳入规范化、法制化轨道，使检察机关的专门预防工作融入社会化大预防格局中，构筑起"教育、制度、监督"并重的廉政法制体系。

第二节　社会转型对职务犯罪心理的影响

一、我国当前社会转型的特点和表现

我国正处于向社会主义市场经济转型时期，市场经济的逐步确立，市场对资源配置基础性作用的发挥，必然引发社会结构的变动，从而引起社会诸多因素的改变，影响到人们的行动。

一般来说，社会结构包括了一种长期的社会互动和社会关系。不同的社会学家对社会结构的含义有不同的阐释。有的社会学家认为，社会结构就是人们之间的分化，植根于人们的角色关系以及社会交往中形成的社会差异之中。苏联当代社会心理学家安德列耶娃认为，社会关系"不是建立在同情或厌恶的基础之上的，而是建立在每个人在社会系统中占据的一定地位的基础之上。因此，这些关系是客观决定的，这些关系是社会团体之间的关系或作为这些社会团体代表的个体之间的关系。这就意味着社会关系带有非个人的性质：它们的本质不是表现在具体个人的相互作用中，而是表现在具体角色的相互作用中。"[1]据此观点，社会关系实际上就是"角色关系"。

我国的一些社会学者认为，社会结构是指不同社会地位间的模式化关系，社会主体是处在不同社会地位上的社会群体（集团），表现为一系列有关地位

---

〔1〕〔苏〕安德列耶娃：《社会心理学》，南开大学社会学系译，南开大学出版社1984年版，第67页。

群体的权利、责任、义务、行为和交往方式等制度化规则。上述观点对我们认识社会具有启发意义：

（1）社会结构是一种社会关系的结构与模式，是人们的社会关系。马克思曾说："人是各种社会关系的总和。"社会就是由人与人所处的整个社会关系总和所构成的。

（2）社会结构之中的社会关系不断分化，这种分化是产生人们各异行为的主要原因。

（3）产生分化的原因很多，但社会资源的分配状况是产生分化的主要原因。

社会结构是不断变化的。当社会成员间的关系较为稳定，分化不明显，社会资源分配合理时，社会成员间的关系是稳定与和谐的，社会发展是均衡而稳定的；然而当社会成员的关系变得多样化，分化加剧，资源分配不公时，社会便会出现不稳定。总之，人们之间的关系状况决定了社会结构是否稳定，而社会结构的稳定与否又影响到人们的社会关系和社会行为。

二、我国当前社会转型的特点和表现形式

我国当前的社会转型，是在坚持共产党的领导和国家基本制度不变的前提下，进行的有限定前提的转型，是一次社会经济运行方式的转型，从根本上说，仍然是由农业经济向工业经济转型，由农村社会向工商社会和都市社会转型。但由于社会的历史的原因，中国这次的社会转型有着许多独有的特点。其中主要是：在政治上，在坚持基本政治制度不变的前提下，从高度集权、人治为主的治理形态向民主与法治的治理形态转型；在经济模式上，从集中的社会主义计划经济向社会主义市场经济转型；在经济关系上，从单一的国有经济和集体经济向以公有制经济为主体，多种所有制经济共同发展，以多样化形式实现公有制经济关系的转型；在利益分配关系上，在坚持集体主义意识形态准则不变的前提下，从片面强调国家和整体利益至上向充分肯定公民局部、个体合理利益追求的价值取向转型；从科技发展和社会进程来说，中国不像发达国家那样由后工业社会向信息社会转型，而是在尚未完成工业化的同时，又向信息社会转型，如此等等。由此可见，中国当前的社会转型是一种较为独特的错综复杂的社会转型。而这种社会转型（结构变化）又是在一个有着13亿人口的古老国家进行的。因此，在社会结构变动时期，

无论从政治、经济、文化、道德、法律、社会等各个层面上，其所产生的影响是极其深刻和广泛的。随着社会结构的变化，人们的价值观念，行为方式以及人际关系等方面都发生着剧烈的变化。

（1）在社会道德方面。在新的历史条件下，经济成分和经济利益多样化，社会生产方式多样化，社会组织形式多样化，人们的思想道德观念受到种种冲击和影响。在当前社会转型时期，存在着新与旧、传统与现实的力量斗争，新旧观念相互交融和激荡。在这种情况下，人们的内心出现了价值矛盾，这个时期人们容易陷入困惑和迷惘之中。旧的权威和道德逐步退出，而新的权威和道德体系还没有完全建立起来，形成了一种"道德真空"，人们不得不卷入各种思潮的冲突和斗争中。尤其当握有权力的公职人员由改革初期的改革主体、改革倡导者，转变为改革的客体对象时，特殊的双重角色，导致角色冲突时有发生，对新旧体制和思想观念的变化更为敏感。如果此时内心在外界激烈变化的冲击和利益的双重诱惑下，心理得不到应有的补偿和平衡，思想得不到及时正确的疏导，便易产生价值的偏移和信念危机。在外部约束不够、内部价值标准未定的情况下，道德基础摇摆不定、"精神亏损"、思想混乱，容易出现公职人员非规范行为的发生。

（2）在人际关系方面。德国心理学家卡伦·霍妮指出，在现代工业社会中，人与人之间普遍存在着疏离、惧怕、敌视和怨恨的感觉，这往往使人产生一种孤立无援的失落感，从而形成一种基本焦虑，埋下了产生神经症的隐患。她从社会学的角度对西方社会中所存在的这种异化现象作了分析，认为产生这种潜在的敌对态度的文化是以经济领域中的个人竞争原则为基础的，竞争性不仅支配着职业团体中的关系，而且渗透到人们的社会关系之中，渗透到爱情、友谊和家庭之中，从而在人们生活的每一种关系之中，都撒下了破坏性的敌视、猜疑和嫉妒的种子。霍妮的结论是以西方社会为研究对象而得出的，未必就完全符合东方中国的国情，但也不无启发。

受社会转型变化的影响，我国在人际关系方面一些传统的东西，也正发生着变化。人与人之间的基本关系纽带由家族式的、亲朋式的、单位式的关系改变成为在上述基础上的市场式交换关系，市场经济的"求利原则"渗透到了人际交往的各个领域。人际关系的改变同时使维系人们相互关系的规范发生了根本性的改变。一些有鲜明市场经济烙印的"市场化"规则正在逐步取代原有的规则。

（3）在社会利益分配关系方面。社会成员由于机会上的差别和个人拥有资源要素的不同，导致个人在市场竞争中所处的地位不同，获取的社会财富不同，社会财富存在着向部分社会成员集聚的趋势，因个人拥有社会财富的不同而出现了人与人之间地位结构的分化。社会不可避免地出现一部分人更多地占有社会资源，处于较高的社会地位；而另一些人则由于自己占有较少的社会资源，而处于较低的社会地位。

（4）在个人与工作单位、工作岗位的关系方面，社会成员流动性不断增强。由于市场在资源配置方面作用的充分发挥，新的用人制度的实施使社会资源在社会成员中的分配开始具有了一定的自由度和流动性，人们可以随时根据自己的意愿，选择新的工作岗位（发展方向），甚至可以多次"跳槽"，个人对单位的依赖性、依附度明显削弱。以前人们只能通过在国家中的身份、单位和行政制度中的位置表现出自己的社会地位，而社会结构变动使人们可以通过对财富的占有达到较高的地位。另一方面，这一变化对社会成员的激励性和诱导性不仅增加了人们的横向流动，也增强了人们在社会分层中的纵向流动。单位组织对个人行为的教育、管理和行为约束的难度较大。

（5）利益多元化，导致一部分社会成员产生"相对剥夺感"。利益多元化是在社会结构调整中对利益分配机制调节的结果。利益多元，一方面增加了社会成员获取利益的机会，提高了他们获取利益的期望；另一方面由于社会结构调整变动过程中一些政策的滞后不配套，以及公平竞争机制不健全等原因，暂时拉大少数人与多数人在利益占有方面的差距，导致多数人程度不同的期望受挫，产生"相对剥夺感"。

三、社会转型对个体心理的影响

社会转型不仅在社会分化方面影响人们的行为，而且还从更深刻的方面，即社会指定的目标和为人们提供实现目标的手段方面影响着人们的行为。

（1）社会转型会使部分公职人员产生"相对贫困"的感觉，诱发其心理的失衡。社会经济体制的转型在本质上改变了原有的社会分配结构，在分配制度上打破了以往的平均主义"大锅饭"，鼓励一部分人先富起来。

社会商品经济的发展，社会物质财富的日益丰富，一些先富起来的人过上了豪华的高消费生活，尤其是某些影视作品渲染的和现实生活中客观存在的超前消费倾向，诱导着人们物质欲望的膨胀，人人都希望能成为一个财富的富有者。但是，与任何事物都有正反两面的辩证道理一样，少数的公职人员和领导干部却不能正确对待。认为自己的消费水平并没有显著提高，自己并不能像有的"大款"那样住洋房别墅，吃山珍海味，高消费地娱乐，自己还是个"穷光蛋"，自己的收入与付出之间存在差距，盲目地认为以自己的付出和对社会的贡献，也应该有更高的物质享受。公职人员较高的社会政治地位所引发的对经济收入的高期望值，和相对较低的经济收入形成一定的心理反差，在社会经济生活中，不少公职人员便容易有一种相对贫困的不平衡心理。

贫富不均将导致犯罪的产生，这是犯罪学界普遍接受的原理。一百多年前，恩格斯在《英国工人阶级状况》中就提到了这个问题。近代，美国的社会学家墨顿的"相对剥夺论"也得到普遍的赞同。按照这种理论，犯罪的产生是由于社会上形成了一些人人都去争取的目标，但一部分人并不具有去争取这项目标的机会和条件，这种人就倾向于以违背社会共同准则、规范的方式去争取这一目标的实现，亦即倾向于犯罪。例如社会共同目标是致富、发财，但有一部分人并不具有致富、发财的机会和条件，如果他竭力想去发财，就易于采取非法手段去攫取财产。也有人解释为一个人想得到的东西和他实际可能得到的东西之间的差距愈大，愈易去犯罪。因此，社会学家认为，一个社会只有贫穷或者只有富裕均不产生犯罪，但一个社会出现贫富差别则就会出现犯罪，如果贫富差别悬殊则会产生大量犯罪。社会学研究表明，经济上的贫困与否实际上是通过心理作用而对人们的行为产生影响的。贫困是个相对的主观概念，它取决于人们的主观判断和标准。

那些没有因经济繁荣而改变生活境遇，并因别人的生活水平提高而自己的生活相对降低了的人，他们相对贫困的感觉最为强烈，他们为改变境遇而利用非法手段达到目标的可能性最大，一部分人为摆脱相对的经济困境，而走上歧途。当然，相对的经济困境，仅是主观上的比较认识的结论，并不等于有这种认识的主体就真的处于经济的困境。

（2）社会转型会强化人们的金钱意识，柏拉图认为"人们的金钱常常是使许多人犯罪的原因"。美国犯罪学家路易斯·谢利在其著作《犯罪与现代化》一书中说："当经济发展包含着并且它本身就成为最高目标受到极端重视，而把调整人的行为和控制人的奢望摆在次要的地位时，就会出现长期的反常状态。"社会经济的转型，在增强人们的商品意识的同时，使人们越来越看到金钱在人们生活中的作用。人们开始不问其钱来自何处，而只看到钱的作用和它带来的一切好处。"商品——货币"之间以一种人们还来不及感觉与适应的时间和速度出现在每一个人面前。"鼓励一部分人先富起来"的同时，也鼓励了全社会的人对更富有生活的追求。在社会指定与鼓励的社会目标之下，每个社会成员根据自己所处的社会地位选择自己的生活目标，不同阶层的人由于其自身的社会地位不同，其生活目标也应是不同的。但现代社会却为社会各个阶层的人指向了同一个目标，即富有在社会上的重要性成为每个阶层的人都关心的问题，而且，社会现实似乎也告诉人们任何人都有实现这一目标的可能性。对富裕生活的追求是每个人都有的，而且也是社会和生产力发展的原始动力之一，但是当对富裕与金钱的追求成为人的唯一追求时，金钱便以物化的力量左右人们的行为，金钱也就开始了对人的异化。

从社会的角度看，公职人员处于社会的管理层面，拥有对社会公共权力的支配权，在市场经济尚未完全成熟，市场行为尚不规范，不平等竞争客观存在，而人们又以追求利润最大化为行为目标的状况下，权力的介入，无疑将对竞争中的任何一方起到决定性的作用。因此在商品拜物教与权力拜物教结合前所未有的良好"气候"条件下，等价交换就有可能进入国家公务、政务活动，权力就会进入市场，腐败现象也就会应运而生。

（3）社会转型对传统价值观具有异化作用。社会学家在研究二战后犯罪率的增长的时候提出了一种新的理论，称作"社会失范"理论，强调社会的成功目标与社会为人们实现目标所提供的手段方面的失衡所导致的犯罪现象的出现与增长。美国著名的社会学家墨顿认为，越轨与犯罪行为并不是由生物内驱力引起的，而是由社会原因引起的，是社会本身的规范职能，社会结构及社会结构发挥作用的方式引起的。因此，在分析犯罪行为时，应考虑到社会结构中的两个因素：一是社会以文化或规范方式所描绘的成功目标；二是社会结构本身为实现这些目标所提供的手段。如果社会成员经过社会内化了社会所认可的成功目标，并用社会所认可的手段去实现这些目标，那么目标和手段之间是一种平衡状态。否则将是一种不平衡状态，即社会成员通过社会化认可了社会正统的成功目标，但却被排斥在正统手段之外，没有正常的途径达到目标；或者有着正统手段，却对正统目标不感兴趣；或者社会成员对正统目标和手段都不重视，这种失衡状态就叫"失范"。因此，失范可以被看成文化结构的一种断裂，当社会的文化规范与目标和该社会成员依其规范与目标的方式行事的能力发生分裂时，失范也就产生了。

社会转型对价值观念最大的冲突是对个人利益的强调。长期以来，我国的价值观念强调的是艰苦奋斗、勤俭节约的精神和全心全意为人民服务的根本宗旨，提倡公而忘私、无私奉献的道德风尚。而以市场经济为基本特征的社会结构承认并强调个人的物质利益，这在一定程度上强化了人们的私有观和利益观，两者的反差会导致一些人社会行为的混乱、社会权威的没落和各种社会控制力量的削弱，也会使少数公职人员产生吃亏了的不平衡心理。在双重或多标准的社会评价系统中，任何一种活动，一种行为，一种现象，都会因价值标准不同而得到不同的评价。而评价失范必然导致道德选择迷惘和价值取向紊乱。任何一种选择，似乎都可以获得一种价值观的文化支援，受到一种价值标准的肯定和赞扬，同时又会受到另一种价值标准的否定和批评。这种矛盾冲突，也必然通过社会成员的具体行为所表现出来。价值观念的混乱对公职人员腐败意识的形成和实施具体的腐败行为，有着直接的影响。

（4）社会转型会使部分公职人员从政行为短期化。这里说的短期行为，主要不是指公职人员对工作没有长期打算，而是指一些掌握权力的公职人员为了个人、小集团的眼前利益，而不惜损害国家、人民的整体和长远利益的从政行为。短期化行为会造成政府行为扭曲和越轨现象的泛化，它是贪污腐败活动滋生的温床。转型期社会环境的变化，价值观念的冲突与混乱，使一些人淡薄甚至丧失了共产党人的理想、信念、工作责任感和事业心，这是产生短期化行为的重要原因。随着我国转型期政府职能的转变，机构人事变动也在加快。这种快节奏的社会变化，很多人会感到对前途、命运难以把握。利益的不确定性，将导致官员本人缺乏安全感，这对一些信念和操守不够坚定的人来说，很容易诱发短期化行为。

第三节　交往环境对职务犯罪心理的影响

一、人际交往的影响

人际交往的过程，是不断变化和发展的系列活动，人与人的每次交往只是系列交往活动中的一部分。人际交往这一过程，又会表现出双主动性、双向性、相互认识性等几个特点。人际关系在社会生活中的每一个角落，各种不同的人际关系又包含着相同的因素。人际交往和人际关系又是有联系的。人际交往是人际关系形成的前提和基础。现实生活中的人，必然要与他人进行各种形式的交往。正如马克思所说："人们在生产中不仅影响自然界，也相互影响着。他们只有以一定的方式共同活动，才能进行生产。为了进行生产，人们相互间便发生联系，只有在这种联系范围里，才能有他们对自然界的影响，才能有生产。"

人需要建立良好的人际关系作为自己生存和发展的必要条件。在生活节奏不断加快，竞争激烈的当今社会更是如此。人际交往维持着人类社会的存在。人类社会的生存和发展，不可一日无交往活动。心理学家研究表明，在正常情况下，一个人除了几个小时的睡眠外，其余时间的70%以上花在人与人之间的直接或间接的交往上。当今社会进入信息时代，交往活动也越来越多。人际交往还维持着人的心理健康。而健康的心理对于我们每个人来说，又是很重要的。如果人的需要不能获得或者得不到满足，就会产生各种各样的不良情绪，影响心理健康。

人们之间的感情友爱，同志之间的真心帮助，是应该大力崇尚的，但这种感情绝不能凌驾于党、国家和人民利益之上，更不能以牺牲党、国家和人民的利益为代价。那种只讲人情不讲原则、只讲关系不讲党性、只讲义气不讲正气、只讲个人和少数人的利益不讲人民利益的行为，本身就是不正之风，影响很坏，危害甚烈。领导干部手中的权力与不正常人际交往混淆在一起，建立和形成的必然是庸俗的人际关系，由此编织的关系网，严重地影响党的路线、方针、政策的贯彻执行，亵渎纪律和法律的尊严，损害党和人民的利益，这是一些领导干部违法犯罪的重要特征。事实证明，以私情代替原则，为私利违反政策，甚至无视法纪，是领导干部人际交往中的大忌。

二、公职人员的人际交往

西方行为学家认为，人们的许多行为最初大都是通过观察他人而获得的，这些被观察对象就是自己的行为"榜样"。公职人员在社会交往中所形成的"亚文化群"，也直接影响着公职人员对公共权力的运用。在现实的社会生活中，公职人员首先是作为自然的个体生活于家庭、社会之中，由此决定了他们的公务活动也不得不受各种关系的影响和干扰。虽然从理论上讲，行政机关工作人员行使公共权力，仅仅是依照国家的法律和行政规章，但是，行政机关的工作人员在实际行使权力的过程中，却常常会难以避免地按照非正式的规范来进行。这是因为，"除了官员的职务之外，行政官员还肩负着很多其他的角色——丈夫、父亲、儿子、领导、亲戚、专业人员、党员、政治家等等。这些非官方角色的要求总是与官员角色的要求发生冲突。也就是说，行政官员不仅是官方的角色，而且也是普通的个人"。[1]公职人员的公务活动，不仅有来自己家庭、社会的干扰和阻力，而且也面临着社会交往中所形成的关系网的压力。这些有利益制约关系的关系网构成一种结构严密的"亚文化群"，"这种亚文化群使越轨行为标准化，为之制定准则、制定越轨行为'可能接受'的控制措施，指导其如何从事越轨等"。[2]从近年查处的一些大案要案来看，几乎所有的贪官都是被所谓的"亲朋好友"拉下水的，栽在了所谓的"知心朋友"手里。这些官员把朋友作为"自己人"，认为与朋友交往"靠得住"，收受朋友钱物不会出现问题，是"礼尚往来"，甚至有的把交往作为敛财的一个渠道。因此，他们在朋友"糖衣炮弹"的进攻面前丧失原则，是非不分，进而发展到钱权交易。而一些人也往往利用这些官员的弱点，利用朋友的外衣进行感情投资，拉拢腐蚀官员，从而使官员丧失警惕，不知不觉被朋友牵住了"牛鼻子"。

江西省原副省长胡长清，身为高官，却与一些个体老板、大款称兄道弟，来往密切，被他们牵着鼻子走。这些"哥们儿"把他当作"金钩"，他则把朋友视为"摇钱树"。权力傍上了大款，大款靠上了权力，相互利用，最终发展为钱权交易，受到了法律的惩罚。胡长清在开庭审理时，悲哀地说："我是陷入了朋友的陷阱而不可自拔"。从胡长清案件看，有些不法的个体户、私营企业主，对他极力拉拢，向他送钱送物，看中的是他手中的权力。周雪华在交代中说："1994年4月份左右，胡长清去美国访问，临行前我送去1万美元……他心安理得收下了钱，连客套话都没说几句，我觉得这就是一个信号，那么大额的现金，他都敢收下来，说明胡长清是个贪财的人，同时也是个容

---

[1]　[美] 安塞德曼、罗伯特·B. 塞德曼：《法律秩序与社会变革》，时宜人译，中国政法大学出版社1992年版，第249页。

[2]　[美] 杰克·D. 道格拉斯、弗兰西斯·C. 瓦克斯勒：《越轨社会学概论》，张宁译，河北人民出版社1987年版，第400页。

易交往的领导干部，这件事使我产生一个印象，那就是用金钱开路，我可以傍上胡长清这样的高级干部。"据统计，胡长清87次接受贿赂，共涉及16人。这16人当中，有11人是个体户、私营企业主，占68%，在胡长清544万元受贿金额中，这11个人送的钱共计520万元，占受贿总额的96.70%。除此以外，有的陪他出没于高档舞厅、豪华酒家；有的支付他个人的各种费用；有的甚至陪他一家到香港、澳门游玩。这些人的所有付出都是为了获得巨额回报。对此，周雪华说得再明白不过，他说："在我同胡长清的关系上，实际上有些类似于鱼和钓者的关系……我认为自己是个钓者，把胡长清这样的高级干部钓上了钩"。胡长清在与"大款"的交往中，一方面私欲得到了极大满足，另一方面对他们百依百顺，有求必应，到死他才恍然大悟："交朋处友糟蹋了我的一生，毁掉了我的前程，真是万分悔恨。"

习近平总书记曾说过："用权讲官德，交往有原则。"国民道德与官德有重合之处，但不完全一回事，为官者须更有操守。正所谓德不仅是"立身"之本，而且是"立国"之基。"德不称位，能不称官，赏不当功，罚不当罪，不祥莫大焉。"官员守底线，有道德，才值得托付，值得交往。领导干部要正确处理人际关系，最重要的是要坚持党的原则，忠于人民利益，时刻警惕有的人搞感情投资和别有用心的公关，千万不要像胡长清一样，被糖衣炮弹打中；要讲学习、讲政治、讲正气，树立正确的"交友观"，近君子、远小人，看人要准，交友要慎；要多研究"党群关系学"，不要搞"庸俗关系学"。多深入人民群众，从人民群众中吸取政治营养，以更高的热情、更多的时间为人民群众办实事，办好事。绝不能把社会上的一些不良习气和庸俗作风带到党内来，更不能成为不法利益的代言人和"保护伞"。

领导干部与普通人一样，也有人情交往。领导干部掌握一定的权力，在社会交往中稍不注意，很容易迷失方向，就会权为他所用乃至丧失官德。身为领导干部，要警惕个别人的所谓"感情投资"和形形色色的"公关"，对那些别有用心的"朋友"不能"心太软"，应该当断则断，更不能把那些歃盟结义、哥们义气、愚昧迷信等社会陋习带到党内生活中来，带到实际工作中来。要切忌不分良莠，不讲原则，失控失度。特别是在市场经济条件下，人际交往非常复杂，一些居心叵测的人挖空心思、绞尽脑汁想与领导干部套近乎、交"朋友"，吹吹拍拍，灌迷魂汤，这次赠礼品，下次送红包，让你不知不觉陷入圈套。其实，这种人交朋友是假，想让领导干部利用手中的权力乖乖为他效劳、为他谋取私利是真。领导干部如果放松警惕，交上这样的"朋友"，悲剧的发生就在所难免。对于领导干部而言，人情之中有原则，交往当中有政治。身为领导干部，一定要坚持严格交友的原则，慎交友、交好友，哪些人该交，哪些人不该交，应该心中有杆秤。要纯洁交友的动机，从工作出发，从事业出发，从党和人民的利益出发，以德会友，多与普通群众交朋友。要升华交友的境界，时刻坚持原则，保持清醒头脑，不能忘记自己党员干部的身份。"用权讲官德，交往有原则"，如果我们的官员都能做到这些，必是国家之福、民众之幸。

第四节　家庭环境对职务犯罪心理的影响

一、家庭对腐败心理形成的影响

家庭是社会的细胞，它不仅有繁衍后代、抚育子女、赡养老人的功能和作用，也是一个人性弱点的避风港和展示区。家庭的稳定幸福是社会和谐的基础。家庭对于一个官员的成长与发展，以及将会走上什么样的道路至关重要。一个家庭尤其是领导干部家庭家风的好坏，对于全社会的风气有着很大的影响。如今的"全家腐"现象、腐败家族化倾向，值得高度警惕。很多贪官受查处后，受影响最大的，往往不是别人，而是其家族。这种夫妻、父子、婆媳、女婿"一荣俱荣，一损俱损"的家族式腐败有很强的隐蔽性。

2010 年 12 月中旬，杭州市江干区城建综合开发办公室原主任乔志东因受贿 227 万余元，被杭州市中级人民法院一审判处无期徒刑。长达 28 页的判决书显示：乔志东不光自己捞钱，还帮着自己的家人和 3 个情妇一起捞钱。侄女读高中的钱有人帮着出；母亲常收到老板们孝敬的"过节费"；妹妹的养老保险有人缴纳；弟弟的车是老板送的；妻子的车也是别人送的……

因收受巨额贿赂落马的贪官——广东省韶关市公安局原局长叶树养，曾有一个腐败的"宏伟目标"：2000 万给儿子、2000 万给女儿女婿、2000 万给自己安度晚年。为了实现这一目标，叶树养在尽可能多的领域贪污受贿，过一个年，就收受一两百万元"礼钱"。

家庭对国家公职人员实施腐败行为的消极影响主要表现在：

（1）激活腐败动机。动机是行为的直接动力。腐败行为是个体在具体的道德情境中，在其动机作用下，由其道德意志作出的选择。家庭中的某些消极作用可以成为腐败动机产生的直接的激活力量。这些年来，随着一个个贪官被查处，人们发现，不少贪官的背后，往往都"活跃"着"贪内助"的身影，或者说，贪官的腐败往往有"贪内助"在起推波助澜的作用。有些"贪内助"或对丈夫的腐败行为视而不见，或同流合污，甚至还有跳到"前台"赤裸裸地索贿受贿的。旧时的两句话，往往是一些"贪内助"信奉的"金科玉律"，一句叫作"有钱能使鬼推磨"，还有一句是"有权不用过期作废"。这两句话，也是一些"贪内助"向丈夫"洗脑"的"理论依据"。"贪内助"常常用一些"你还能干几年？等退下去了，谁还会来巴结你！""你不替自己想想，还不为孩子和我想想？""别人都在大把大把地捞，你不捞谁又说你好了？"之类的话，或"苦口婆心"地"劝说"，或激将法式地"刺激"，总之，就是通过枕边的吹风，使丈夫能够甩开膀子"大把大把地捞"。

（2）强化腐败行为。在社会上攀富、比富、争富等畸形现象的影响下，为了追求家庭生活现代化享受和追求高消费的生活方式，一些家庭在某个家庭成员有贪污贿赂的腐败行为后，便会教唆或纵容其继续捞钱，将权力变成"权力资源"。有的还帮助对方收受贿赂的金钱物品，使一方胆子越来越大，有的则利用家庭成员的地位和权力主动向他人索取贿赂，收受金钱财物。上面提到的"贪内助"就起到了在家庭内强化腐败行为的作用。犯罪心理学研究认为，犯罪的侥幸心理是在实施犯罪中不断得到强化的。一些惯犯就是因为多次冒险成功，犯罪时间较长，犯罪心理不断强化，内化为主观体验；甚至由于反复作案，在神经系统上形成了某种固定联系和条件反射，即动力定型，最终形成犯罪个性，使犯罪者的心理、习惯、观点、行为在反现实上统一起来。

据调查，在贪污贿赂犯罪案件中，赃款赃物用于家庭购房、装修或本人防老挥霍、购买高档用品的占90%以上。此外还有的是为了儿女出国、就学以及追求婚外感情生活等。我国社会家庭结构和西方国家相比，一般比较紧密，家庭成员基本经济收入和来源比较单一，每个家庭的总体生活水平不高，每个成员之间的收入尤其是夫妻之间的收入多少，往往是公开和半公开的。大量赃款赃物进入某个家庭，往往无法隐瞒。据不完全统计，家庭人员完全知晓贪污贿赂犯罪经济来源的占30%左右，基本知晓财物来源不正常，但对具体来源不完全知晓的占40%左右，二项合计70%左右。但从查办案件的情况看，一些家庭成员或纵容贪财，或包庇袒护，或者是在惊恐中容忍，很少有给予坚决有力的制止，在客观上起到了强化家庭成员腐败行为的作用，使其越陷越深，越走越远。

（3）提供便利条件。腐败行为毕竟为党纪国法所不许，为广大人民群众所不容，是一件见不得人的事，因此，一些贪污受贿、弄权勒索的腐败分子，一些热衷于金钱开道、拉人下水以谋取不当利益的行贿者，在进行权钱交易或钱权交易时，为掩盖其腐败行径，都努力寻求一个"安全可靠"的地方秘密进行，企图掩人耳目，"神不知鬼不觉"。由于家庭成员间利益的一致性，以及感情上的亲密性，实施腐败行为的公职人员和行贿者双方一般都不回避公职人员的家庭成员，特别是随着城市单元房式住宅的流行，邻里关系的疏远冷漠，家庭无疑是个最为"安全可靠"的受贿行贿场所。同时，一些行贿者开始并不敢贸然向公职人员"进攻"，而是采用迂回战术走"夫人路线"，从家庭成员处下手，通过"枕边风"的作用，利用"妻子收票子，丈夫批条子"，将公职人员拉下水，达到其目的。

"一人得道，鸡犬升天"，受封建观念的影响，有的人一旦获得权力，便把家庭甚至家族利益放在首位，认为自己有为家庭或家族谋取利益的"义务"。于是，家庭或家族成了亲情捆绑下的谋利共同体。正是这种变味的"小家庭"观念，成为很多贪官走向堕落的重要动因和推手。据反贪部门透露，从当前查处的大要案来看，贪官全家齐上阵的现象较为普遍。其中一个重要因素是，腐败分子的胃口越来越大，他们不满足简单的权钱交易，而是要对权力进行深层次挖潜，形成权力产业链，提高权力的附加值。另一方面，随着近年来对腐败分子打击力度的加大，一些腐败分子认为赤裸裸的权钱交易风险太大，就想利用自己的家人、亲属当"二传手"，进行曲线腐败，以逃避法律的打击。

二、家庭在预防职务犯罪中的作用

家庭是领导干部拒腐防变的一道重要防线。作为领导干部的家属，既要关心、理解、支持配偶及其工作，又要经常关心领导干部八小时之外的活动，及时发现苗头，及时提醒，把对领导干部的监督渗透到家庭生活和人际交往的各个环节。领导干部配偶一定要摆正自己的位置，始终保持一种平民意识，乐于干平凡工作。要保持一种平衡心态，甘于过平淡生活，不能有优越感，不要当特殊公民，更不要自视高人一等。要耐得住清贫，抗得住诱惑，管得住小节，为人处世要顾全大局、深明大义，对领导干部要多支持、少拖累，多理解、少埋怨，多关心、少苛求，努力为领导干部干事创业提供良好的家庭氛围。

（一）建设良好家风，严格约束家庭成员

一个家庭的作风正不正，关系到一个家庭的成员是否具有正直的品行和良好的风气，也关系到他们的行为表现。家风正，则家业旺、事业兴；家风不正，则家业不旺，事业不兴。特别是领导干部的家风，不仅仅是普通意义上的家庭作风，它直接关系到党风、政风和民风的好坏。领导干部及其家人在家庭生活中的所言所行、所作所为，是与领导干部行使公共权力相联系的，领导干部的形象与党和政府的形象也是紧密相连的。可以说，领导干部的家风状况也就反映了党风、政风的状况。领导干部能否治好家风，也关系到他能否治好所管辖地区、部门、单位的党风、政风。一个不能管好自己、配偶和子女的领导干部，是很难管好分管地区、部门和单位的党风廉政建设的。更何况领导干部在社会生活中作用大、影响广，其家风容易对很多家庭产生影响，成为其他家庭效仿的对象，因而领导干部的家风也会对民风产生直接影响。从这个意义上说，领导干部家风正、正家风，非常重要。在党风廉政建设和反腐败工作中，领导干部建设良好的家风，是一件严肃的工作。当前，要特别狠杀五股"不正家风"，即"枕边风""炫耀风""奢侈风""攀比风""后门风"。通过搞好家风建设，提高每个家庭成员的廉政意识，从而消除和降低家庭个别成员的贪欲心理，形成家庭防腐的心理防线，真正做到防患于未然。

习近平同志指出，领导干部的家风，不是个人小事、家庭私事，而是领导干部作风的重要表现。对领导干部来说，家风正则作风正、律己严，家风正则坐得稳、行得正。习近平同志一向注重家风，为我们树立了榜样。习家有着从严教子、勤俭持家的家风。2001 年 10 月，习近平同志在给父亲的拜寿信中写道："父亲的节俭几近苛刻。家教的严格也是众所周知的。我们从小就是在父亲的这种教育下，养成勤俭持家习惯的。这是一个堪称楷模的老布尔什维克和共产党人的家风。这样的好家风应世代相传。"习近平同志走上领导岗位后，母亲齐心立即召开家庭会议，要求其他子女不得在习近平同志工作的领域从事任何经商活动。习近平同志对家人要求非常严格，每到一处工作都告诫亲朋好友不能在他工作的地方从事任何商业活动，不能打着他的旗号办任何事。

（二）破除权力家庭化，防止家人借权谋私

"贪内助"现象的出现，除了家风不正外，还有一个关键因素，就是领导干部的权力没有得到有效的监督和制约，导致了权力家庭化。

权力家庭化，就是人民赋予的权力，不只由领导干部掌握着，也被他的家庭成员利用了。从本质上看，这是权力的私有化。在有些地方，权力家庭化甚至达到了半公开、公开的程度。虽然有些领导干部可能认为自己手中的权力没有"扩散"，但我们从不少领导干部腐败的过程中可以发现，家庭成员利用领导干部的职务和影响谋取私利，实际上就是领导干部本人的权力被家人分享了，或者说权力成了领导干部家庭的"共有财产"。如果领导干部本人心术不正、贪欲旺盛，那么，不仅自己的权力会"扩散"，他本人可能还会主动把权力"授予"自己的家庭成员，让他们拉自己的旗子谋取私利。"贪内助"的出现，权力家庭化是现象，而"官本位"即权力没有得到有效的监督和制约是其实质。只要权力没有得到有效的监督和制约，权力家庭化以及由此产生的"贪内助"现象，就不可能得到有效的遏制。因此，加强对领导干部权力监督和制约，遏制权力家庭化，也就是有效地制约领导干部家属的权力影响，是党风廉政建设和反腐败工作面临的一项重要的工作。

当然，如果我们认为领导干部贪污受贿都是由于"贪内助"的作用，那是不客观的。在如何认识和看待"贪内助"在配偶走上腐败道路上的作用时，我们还是应该采取辩证的态度。说到底，"贪内助"无论是枕边吹晕了领导干部本人，还是能够"点拨""开导"领导干部，抑或跳到"前台"拉起大旗作虎皮，主动地索贿受贿，主要还是领导干部本人的失察、默认，乃至怂恿。也就是说，领导干部的"后院"之所以容易"起火"，根子往往在于领导干部在"前台"潜心经营和玩弄权力之故。这样，"后院"的任何一点贪欲之火，就都足以让权力"爆炸"，使整个"宅院"——"前台""后院"都燃起可以毁灭一切的火焰。

（三）依法查处与贪污贿赂犯罪有牵连的家庭有关成员的包庇及共同犯罪

纪检监察机关在查办国家公职人员违法犯罪案件过程中，对于犯罪嫌疑人所在的家庭的其他成员积极协助办案的，要通过有关方式向其所在单位组织反映，建议予以褒扬；对于家庭成员帮助犯罪或阻挠办案，在案发后有转移、隐匿赃款赃物等行为的，在查清国家公职人员犯罪事实的基础上，可以共同犯罪或者包庇、伪证罪等予以处罚，绝不姑息；并可以通过家庭所在社区管理机构，对这类家庭在一定范围内，进行必要的社会舆论评价，减少或取消其在某些社区活动的资格和权利，以弘扬社会正气，惩恶扬善，使每个家庭成员都能用正确的立场、观念和方法，作出正确的决断，以减少和抑制贪污贿赂犯罪的发生。

胡锦涛同志曾说过，在我们的社会主义社会里，是非、善恶、美丑的界限绝对不能混淆，坚持什么、反对什么，倡导什么、抵制什么，都必须旗帜鲜明。在他提出的"八荣八耻"中绝大部分内容涉及家庭美德。文明幸福的家庭不仅是社会的"解压阀"，而且是社会文明发展的基本标志之一。家庭成员的道德意识和文明行为，直接关系到社会公德乃至整个社会的安定和文明。在现实生活中，官员家庭的"道德含金量"对于社会公德的形成有着直接的标本意义和潜移默化的影响。千里之堤，溃于蚁穴。如果每个家庭成员都能坚守住家庭道德的每一道防线，坚持每一件事都不相让，在是与非、善与恶、荣与耻的问题上坚持原则不放松，也就会少很多"全家覆"。

思考题

1. 简述市场经济的负效应对职务犯罪心理的影响。
2. 讨论思考官员的"朋友圈"有什么特点？
3. 简述社会转型对个体心理的影响。
4. 简述家庭对职务犯罪心理的影响。
5. 讨论研究、合作完成一份家庭助廉倡议书。

第四章

个体因素与职务犯罪心理

第一节 认知与行为

认知过程是个体对客观现实的反映过程。职务犯罪人的认知特征主要表现在职务犯罪人歪曲地理解、判断、评价自身的状况，外部事物及其之间的相互关系，并实施犯罪行为的心理活动上。

一、认知的概念

所谓认知，是个体对客观世界的信息进行吸纳、辨认的心理活动，是个体对自身外部状况、外部事物及其相互关系的反映的活动。它包含认知过程、认知结构、认知水平或认知能力。

认知是个体认识和理解客观世界的首要的基础的心理活动。不同的人有着独特的认识事物的方式和方法，个体在社会活动中逐渐形成了个体不同的认知特征，并以此为基础去理解、判断、评价自身状况、外部事物及其相互之间的关系，指导自己的行为。

人的认知特征处于一个不断变化和发展的状态中，在动态中又不断沉淀出一些静态的、相对稳定的成分。职务犯罪人的认知特征亦包含着这些成分，只是其性质发生了改变。

二、职务犯罪人的认知特征

（一）错误的世界观、人生观和价值观

世界观是人对整个世界的总的看法和根本的观点。世界观是个体心理的主导力量，它决定着人们的立场、观点和方法，影响着人们的情感、思想和态度。

人生观是人对人生即对生存的价值、意义、目的和生活准则的总的看法和根本观点，一个人的人生观是由其世界观所决定的，也可以看作是个体世界观的一部分，用不同的世界观看待人生问题，也就出现了不同的人生观。它与人们在社会生活中所处地位的不同、所受的文化教育影响的不同有关。人生观的内容是多方面的，如幸福观、生死观、苦乐观、荣辱观、价值观、婚恋观、友谊观等，这些观点和看法对人的心理、思想、行为和社会活动始终具有决定性的影响。

个人所具有的世界观、人生观、价值观会通过相应的心理、思想、行为和社会活动表现出来。职务犯罪人的世界观、人生观和价值观的核心是个人主义，表现在其活动、生活方式上，必然是扭曲的、腐朽的、没落的，与社会主义行为规范的要求格格不入。如有人把"人不为己，天诛地灭""人为财死，鸟为食亡""人的本性是自私的"等谬论据为经典，奉为信条；有的人信仰"有权不用，过期作废""成者为王，败者为寇"，大肆进行腐败活动以满足自己的贪欲；有的犯罪人把"人生在世，享乐二字"作为自己的人生目标，醉生梦死，纵欲无度，大搞"权色交易""权钱交易"，把自己的腐化享乐建立在损害、破坏、牺牲国家和人民利益的基础上，行为恶劣、疯狂敛财、不计后果，给社会和国家带来了极大的危害。

职务犯罪人错误的世界观、人生观、价值观的形成，是在一系列错误的认知活动中，在个体社会化过程中，积极能动地接受社会消极因素的影响，不断发展变化而形成的。这是一种与马克思主义共产党人的定性要求和社会发展、社会规范相悖的世界观、人生观，是个体对客观现实的错误的歪曲的反映，是一种社会病态心理在职务犯罪人身上的反映。在我国社会主义社会里，历史上的剥削阶级思想仍然散发着毒素，封建主义的思想观念也根深蒂固，"官本位"思想依然体现在某些党员干部的工作作风中，加上资本主义社会的腐朽文化等有害思想观念的渗透，从而使一些人形成了错误的"三观"。

价值观，说到底就是一个公与私的问题。公与私的问题处理好了，价值观就端正了。我们总是讲执政党面临着执政的考验，其考验的就是我们能不能为人民掌好权、用好权，也就是看我们是以权为公还是以权谋私。在社会主义市场经济条件下，领导干部面对着形形色色的诱惑，金钱的诱惑、权力的诱惑、美色的诱惑、享乐的诱惑，不一而足。社会上总有一些人，盯着领导干部手中的权力，总想着从领导身上打开缺口，千方百计将干部拉下水。在领导岗位上，真正做到固守操守、经受考验，比常人更难。古人说得好："家有万贯，不过一日三餐；广厦千间，不过夜眠八尺。"领导干部要守得住清贫，挡得住诱惑。常思贪欲之害，克服贪婪心理。增强律己意识，克服放任心理，不义之财不取、不法之物不拿、不净之地不去。做到秉公用权、不以权谋私；依法用权、不假公济私；廉洁用权、不贪污腐败。自觉接受党和群众的批评和监督，决不能把人民赋予的权力作为谋取私利的资本和工具。

（二）扭曲的道德观、淡漠的法律意识

所谓道德，是指一定社会为了调整人们之间以及个人和社会之间的关系所提倡的行为规范的总和与要求人们遵循的行为准则。一个人的道德观是其自觉控制自己行为的重要依据，是由世界观和人生观所决定的主观思想意识。

道德的最本质特点是利他。职务犯罪心理的道德原则是功利主义、利己主义。有几个明显的特征：一是贪婪。职务犯罪主体认为自己想得到的东西一定要得到，也一定会得到，因为自己手上有权力。对金钱、肉欲、权势的贪婪充斥了职务犯罪者的大脑，并且消解人的尊严、理想。二是自私。自私的公职人员会把公共权力当作个人谋利的私人资本，总把个人得失作为制定制度的根本前提，并且在进行利益分配时偏私、不公正、虚伪、欺瞒。三是无耻。知耻是一个人获得道德生命的前提，是个人的道德自我意识的一种表现。职务犯罪分子对腐败行为的寡廉鲜耻，暴露了他们漠视和缺乏道德的心理本质。

职务犯罪人由于其错误的三观，其道德观往往也是错误的、歪曲的，道德标准是颠倒的。犯罪人为了满足自己的私欲，满足个人物质生活上无休止的追求，满足自己的"权力欲"，不惜铤而走险，甚至不顾人格，践踏党纪国法。在他们眼里，衡量是非、善恶、美丑的标准不是社会公认的道德准则、为官的官德，而是能否满足其个人的欲望。有的职务犯罪人认为"人性本恶""天下熙熙皆为利来，天下攘攘皆为利往"；错误地自诩"看透官场""看透社会""看透人生"，因而信奉"及时行乐""有权不用，过期作废"，从而放纵自己，他们走向腐化堕落甚至违法犯罪的过程，大致是按"三部曲"发展的：一是"常在河边走，焉能不湿鞋"，二是"既然湿了鞋，就再洗洗脚"，三是"既然洗了脚，干脆洗个澡"。

正是因为这些低级的颠倒的道德观，职务犯罪人才不受社会道德的约束和调控，不顾社会道德的谴责，不顾廉耻，腐化堕落甚至犯罪作恶。这是他们道德意识颠倒的必然恶果。职务犯罪人的道德意识虽然支离破碎，不成体系，但仍然为其犯罪行为起支撑作用，对其内部心理冲突起调节作用。

所谓法律意识，是指人们关于法和有关法律现象的观点、知识和心理态度的总称。法律意识的内容包括两部分：一是法律思想体系，即人们对法和法律现象的系统化和理论化的思想、观念和理论；二是法律心理，即人们对法和法律现象的不系统的、自发形成的感觉、情绪、愿望、意向等。法律意识对立法、执法、守法和违法等都有重要的调节作用。

职务犯罪人错误的世界观、消极的人生观、腐朽的价值观和扭曲的道德观决定了他们对法律的错误认知、意识淡漠甚至知法犯法。为了满足欲望，他们不惜以身试法，对国家法律制度进行抗拒、规避和破坏。有的对法律的严肃性认识不足，自以为身居要职，手握大权，就可以逃避法律的制裁，于是无所顾忌，疯狂敛财实施犯罪；有的职务犯罪人掌握一些法律知识，但对法律采取蔑视的态度，缺乏守法的行为素养，如趁法律制度尚不健全之机，千方百计钻法律的空子。

仲方维案：斡旋受贿照样判刑

中国农业银行北京市分行银行卡部原职员仲方维，因在为请托人办理贷款中收受、索取好处费，2008 年 5 月 5 日被北京市崇文区人民法院（现东城区人民法院）一审以受贿罪判处有期徒刑十三年。判决后，仲方维不服提出上诉，北京市第二中级人民法院经审理作出终审裁定，维持一审判决。

仲方维在担任中国农业银行北京市分行信用卡部职员期间，接受北京鑫博信科技有限公司经理张某请托，通过他人找到中国农业银行崇文区（现东城区）支行沙子口分理处原主任许某等银行工作人员，利用上述人员职务上的行为，分别为张某所在的公司和另外一家公司办理贷款业务提供帮助。事后，仲方维向张某索取82万元好处费，收受另外一家公司给予的1台数码摄像机。

（案例来源：《检察日报》，2008 年 12 月 30 日）

仲方维受贿案件最大的特点是他本人不知道已经触犯了法律。直到走上法庭，仲方维依然觉得自己的行为和犯罪沾不上边。在国家公职人员队伍中，像仲方维这样不懂法的例子，并不是个别现象。为什么会这样？这是因为他们在平时工作中，对法律就一直不当回事儿。他们只相信权力，只相信内部打招呼，只相信批示，只相信"领导拍板"。在这些错误思想指导下，尽管国家机关、国有企业年年喊着要加强法制宣传，加强普法教育，却始终只是流于形式，用文件落实文件，用政策贯彻政策，用口号响应口号。长期如此，国家公职人员又怎能懂法？不懂法，又怎能谈得上守法、执法？

（三）歪曲的自我意识

自我意识是人对自身及主客体关系的意识。不成熟或歪曲的自我意识，是犯罪人个性生活化缺陷的突出表现。由于存在着自我认识、自我评价的歪曲、盲目，因而不能正确地认识、评价、控制、调节自己的心理活动，而且表现为个性的主观、片面、固执、狭隘、任性、放纵，从而促使犯罪行为的发生。歪曲的自我意识，与个体社会化过程中所受的教育、所承担的社会角色及其社会地位，以及人际关系、特定年龄段的社会化问题等因素密切相关，如果在这些方面出现不完全社会化或错误的社会化，个体就会出现认知水平偏差，不易接受正确的社会行为规范，以及人际关系畸形等缺陷，极易走向犯罪道路。

职务犯罪人员歪曲的自我认知主要表现在以下几个方面：

1. 主观认知的严重偏差

个别官员往往自认为是社会精英，高高在上，唯我独尊，千方百计寻求与他自命不凡的身份相称的财富与地位。一些贪官就其一生的作为来看，往往前半生是吃苦耐劳、勤奋敬业、积极上进，因而事业有成，政绩突出，属于功成名就者。但是，他们进入中年期后，由于对自身的付出存在着不正当的理解，便形成了以权谋私的补偿心理。有的考虑到新老干部交替势在必行，一辈子辛辛苦苦，一心为公，两袖清风，到头来什么也没有；有的仕途或是生活中经历坎坷，或遭遇过不公正的待遇，便觉得社会对自己不公平，一旦谋取到一定的职务，就会利用手中的权力向社会索取不义之财；还有的原本家境贫寒，从小吃苦受累，想后路比较多。

2. 身份认知的刻板印象

职务犯罪案件中，许多腐败案件中的犯罪人都没有认清和摆正自己的位子，或者缺乏正确的权力观，被某些错误却流行的观念所俘获。于是，一旦获得权力，就开始"变脸"，打官腔，摆官架，慢慢地收礼受贿也习以为常，甚至对以前深恶痛绝的许多不公不义的事情和现象也逐渐觉得理所应当，最终在贪腐的深渊越陷越深。其实，当代社会主义社会中的官员必须认识到自己身份的多重性[1]：对于民众，官员是同普通民众一样必须遵纪守法的公民；对于政务对象，官员是服务者，是公仆；对于同僚或下属，官员是政务过程中的组织者和引领者，在人格上是平等的同事关系。就其工作性质而言，国家公职是一种职业，官员是凭借其劳动付出而领取一定劳动报酬的普通劳动者；官员虽然在政务处理过程中享有法律所规定的某些行政特权，但在日常生活、业余时间和私人生活中，仍是不享受任何特权和特殊身份的普通公民；作为国家和党的干部，官员应该具有更高的理想信念和道德修养。

3. 职业认知的不协调

由于受中国封建社会长期的"官本位"思想的影响，某些官员对国家公职产生了一些错误的认知，将其想象成一个升官发财和享受特权的职业。他们视权力为至高无上，奉行"官在地位在，人走茶就凉""有权不用，过期作废"的信条，当官就有一切，有权就有法，一心向往凌驾于万物之上。在他们心目中，做官已不再是为官者应承担的职责和责任，应尽的义务和奉献，而成为一种高高在上的特殊权利。出现上述这些不良认知，根本的问题在于他们对于权力观和职业身份的错误预期，即有些官员认为做官乃是为了发财或作为人上人。而实际上，有意入世者自始就应该认识到，做官不仅需要相关的文教资格、品行、理想信念和能力才干，更有其职责义务和代价，需要付出相应的劳动，乃至牺牲掉诸如安逸、经商发财等其他一些东西。

内蒙古自治区政府原副秘书长、法制办主任、党组书记武志忠，曾有这样的逆天语录："我是谁？我是自治区政府的副秘书长，我就能代表政府，我说了就算！""我是法制办主任、党组书记，我就可以代表组织，我的决定就等同于组织决策。"武志忠盛气凌人、专横霸道，在包头市中级人民法院和自治区高级人民法院是出了名的，到自治区法制办担任主要领导后更是一手遮天。他常常以个人好恶来行事决断，恣意践踏民主集中制，只要是他决定的事情就必须照办。

---

[1] 罗云峰："贪官，为何错误地认知自我"，载《中国纪检监察报》2015年6月5日。

辽宁省抚顺市顺城区国土资源局原局长罗亚平，这位曾被中纪委领导批示为"级别最低、数额最大、手段最恶劣"的女贪官，在其腐败案件被揭露并"两规"后，面对抚顺市纪委书记，罗亚平单刀直入，放言"把我放了，给你 600 万"，令纪委书记目瞪口呆。见纪委书记不出声，罗亚平再次补充："要不你开个价，多少都行。你今天放了我，我明天就把钱给你送过去"。

这些腐败官员何以如此气焰嚣张，一手遮天，目无法纪？一系列的官员耀武扬威、口出狂言事件的背后，都是自己手中所掌握的权力在作祟，从而助长了他们的嚣张气焰，更扭曲了他们的自我认知。如何让这些"发高烧"的官员冷静地处理事情，要做到以下两点：一是要强化为民务实的思想，根除传统的特权陋习。长期以来的特权思维让官员认为自己的身份是所有场合的通行证，这些官员把不能随心所欲的事情都看成是冒犯，甚至妄想手中的权力能够让一切事情随心所欲，只有从认识上去改变这样的一种错误观点和错误的自我认知，才能让那些思想错位的官员们摆正自己的位置，扮演好为民务实的角色；二是要公正司法，对于那些违纪违法的官员要做到"零容忍"，严防处置过程开小差，走过场，维护法律的公平正义，让其得到应有的惩罚和教训。

第二节　情绪、情感和意志特征

职务犯罪人的情绪、情感和意志特征是犯罪心理的重要组成部分，是犯罪人实施犯罪行为的动力系统的组成部分之一。

一、个体情绪、情感的心理动力作用

（一）情绪、情感的概念

《心理学大辞典》中认为："情感是人对客观事物是否满足自己的需要而产生的态度体验。"同时一般的普通心理学课程中还认为："情绪和情感都是人对客观事物所持的态度体验，只是情绪更倾向于个体基本需求欲望上的态度体验，而情感则更倾向于社会需求欲望上的态度体验。"情感包括道德感、美感和理智感。人的情感具有倾向性和稳固性的特征。情感作为特殊的心理过程，一旦产生之后，对其他心理过程起强化或削弱的作用。情感是建立在评价基础之上的主体对客体的一种感受和体验的心理倾向。客体和主体需要间的关系是多样的，这些多样的关系会使主体产生不同的情感，这些不同的情感造成主体对客体不同的态度，从而促使主体以不同的心态和心境去从事各种活动。情感对主体活动的作用主要是通过对主体因素的调节作用而进行的，它通过各种形式或刺激或抑制人的主体因素。

情绪、情感总是伴随着人的某种行为活动和心理活动而出现的，表现出肯定或否定的两个方面，具有鲜明的倾向性：趋向他所需要、追求、喜爱的事物而避开他所厌恶、不需要、不喜爱的事物，反映出主体与客观事物的关系，也就是能否满足主体的需要。情绪、情感对行为动机有发动和制止、加强和削弱的作用，主体对能满足自己需要的事物，产生肯定的体验（如愉快、欣喜、赞叹等），在从事某项活动时，便产生"增力"作用，从而可以提高活动效率；相反，对不能满足自己需要，甚至自认为对自己有害的事物，则产生否定情绪体验（如忧愁、激愤、恐惧等），产生"减力"作用，使活动效率降低甚至出现对抗行为。人的认识活动受情绪和情感的影响。积极的情绪、情感推动人们去克服困难、达到目的；消极的情绪、情感，阻碍人们的活动，销蚀人们的活力，甚至引起错误的行为。

（二）职务犯罪人的情绪、情感特征

1. 放纵不良情绪，不顾后果

周围客观事物是否符合人的需要，人们对此总是产生完全不同的评价和态度特征，或肯定，或否定，或积极，或消极，而当正当的需要因受阻而不能获得满足时，就会产生不满的情绪、情感体验，诸如嫉妒、怨恨、敌视等，这种消极的、不满的情绪、情感体验不断产生、发展、变化，日渐累积起来就会形成不良的情绪、情感状态，即有机体处于持续的紧张、焦虑、压抑的状态，这就是心理学上称之为"欲求不满"的心理状态。一个人如果长期对某个事物处于否定的情绪、情感体验之中，使消沉低级的情绪、情感的累积达到一定量的程度，便可能对犯罪心理的形成起着加速和催化的作用。

有些犯罪人的犯罪动机是在较长时间的不良的、消极的情绪、情感积聚的基础上产生的。犯罪人的需要由于受其错误的、歪曲的世界观和道德观支配，再加上理智感的缺乏，往往不能依照社会的规范来调节自己的需要，从而导致"欲求不满"，极端利己主义的个人需要使"不满"情绪日渐积累，以致心态严重失衡，其心理活动表现出焦虑、紧张、嫉妒甚至仇恨等消极情绪、情感，也积累了破坏性能量，如不能及时排除，最终滋生了犯罪动机。

如有些占据重要职位的领导干部，因为不可避免和一些做生意的人接触，眼见他们一掷千金，心里逐渐产生一种不平衡的情绪，于是，久而久之，由于嫉妒、不满情绪的积累，使引发了贪污、受贿等职务犯罪行为。

2. 认同与党、政府相悖的价值观，突出表现在拜金、拜物、拜江湖义气

大多数职务犯罪人缺乏远大理想和高尚的社会品质，他们追求的是如何满足自己的非正常需要，因此，他们的情绪、情感主要是围绕这些需要满足与否而转移的。同时，他们情绪、情感的个人主义色彩浓厚，缺乏正义感、道德感、理智感等高级情感。2014 年 5 月，国家能源局煤炭司原副司长魏鹏远被有关部门带走调查，带走调查时其家中发现 2 亿现金，重 1.15 吨，检察官从北京一家银行的分行调去 16 台点钞机清点，当场烧坏了 4 台。安徽省原副省长倪发科，痴迷爱好玉石、玉玩，在赏玉、玩玉的需求感和满足感的驱使下，倪发科不能自已：看电视、看书时玉不离手，喜欢戴玉石挂件，经常把他的藏玉拿出来欣赏、把玩、打蜡、上油，一发不可收拾，甚至到了疯狂的程度。苍蝇专叮有缝的鸡蛋，倪发科对玉的痴迷马上成了一些不法商人投其所好谋求不正当利益的最佳渠道，在相互的利用和满足中，倪发科很快和一些老板建立了"亲密"的关系，勾肩搭背，不分彼此，丧失了党性原则，权钱交易，使其一步步走向了犯罪的深渊。在倪发科的受贿案件中，他收受了大量的玉石，占到受贿总额的八成。很多官员在台面上慷慨激昂、自命清高、讲原则，在台下却与他人称兄道弟、混迹于江湖、讲义气。而所谓的义气，更多的是虚情假意，往往是相互利用的迎合，哥们义气是假，唯利是图才是真。

二、意志与行为调节

（一）意志概述

意志是人为了实现某种目的，在行为中自觉克服某种困难时所表现出来的心理过程。它是意识能动性的最突出的表现。意志是人类特有的有意识、有目的、有计划地调节和支配自己的行动的心理现象。由意志支配的行动称为意志行动，其过程包括决定阶段和执行阶段。决定阶段是指选择一个有重大意义的动机作为行动的目的，并确定达到该目的的方法。任何意志行动都与一定的动机相联系，而动机又与需要相关。动机是由需要产生的愿望、意图、信念和理想等，它们都是意志行动的内部原因和动力，决定着一个人行

动的性质和方向。执行阶段即克服困难，坚定地把计划付诸实施的过程。在执行阶段中，意志的品质表现为坚定地执行所定的行动计划，努力克服主观上和客观上遇到的各种困难。如果在执行原定计划时遇到障碍就半途而废，这是意志薄弱的表现。

意志对行动的支配和调节作用，主要体现在对有意识、有目的的行为的发动和制止两个方面，即人可以有意识地发动其行为，也可以自觉制止某些行为。

（二）意志的品质

坚强的意志品质是克服困难、抵制诱惑，完成各种有目的的活动的重要条件。我们在评价一个人的意志品质时，应当与其意志活动的内容和意识倾向联系起来。只有在那种具有社会价值的意志行动中，才能表现出坚强的意志品质。

1. 意志的自觉性

意志的自觉性是指是否对行动目的有明确的认识，尤其是认识到行动的社会意义，主动以目的调节和支配行动方面的意志品质。自觉性是意志的首要品质，贯穿于意志行动的始终。自觉性强的人，能够广泛地听取别人的意见并进行取舍，吸收有益的成分，独立自主地确立合乎实际的目标，自觉地克服困难，执行决定，对行动过程及结果进行自觉反思和评价。在行动中能主动积极地完成符合国家和人民需要的任务，并能自觉调整个人利益与集体利益、国家利益三者之间的关系，不为物质利诱而动心。

与自觉性相反的意志品质是易受暗示性与独断性。易受暗示性的人，行动缺乏主见，没有信心。容易受别人左右，因而会随便改变自己原来的决定。独断性的人则盲目自信，拒绝他人的合理意见和劝告，一意孤行，固执己见。易受暗示性与独断性都是缺乏对事物自觉、正确的认识，分不清是非曲直，而去遵循盲目的倾向。

2. 意志的果断性

意志的果断性是指一个人是否善于明辨是非，迅速而合理地采取决定和执行决定方面的意志品质。果断性强的人，当需要立即行动时，能迅速地作出决断对策，使意志行动顺利进行；而当情况发生新的变化，需要改变行动时，能够随机应变，毫不犹豫地做出新的决定，以便更加有效地执行决定，完成意志行动。

与果断性相反的意志品质是优柔寡断和草率决定。优柔寡断的人遇事犹豫不决，患得患失，顾虑重重；在认识上分不清轻重缓急，思想斗争时间过长，即使执行决定也是三心二意。草率的人则相反，在没有明辨是非之前，不负责任地作出决断，凭一时冲动，不考虑主、客观条件和行动的后果。优柔寡断和草率决定都是意志薄弱的表现。

3. 意志的自制性

意志自制性是指能否善于控制和支配自己行动方面的意志品质。自制性强的人，在意志行动中，不受无关诱因的干扰，能控制自己的情绪，坚持完成意志行动。同时能制止自身不利于达到目的的行动，像邱少云在敌人阵地前埋伏，被敌人的燃烧弹火焰烧着，仍严守纪律，克制着自己一动不动，最后壮烈牺牲，使部队完成了潜伏任务，就是意志自制性的范例。

与自制性相反的意志品质是任性和怯懦。任性的人自我约束力差，不能有效地调节自己的言论和行动，不能控制自己的情绪，行为常常为情绪所支配。怯懦的人胆小怕事，遇到困难或情况突变时惊慌失措，畏缩不前。

4. 意志的坚韧性

意志的坚韧性是指在意志行动中能否坚持决定，百折不挠地克服困难和障碍，完成既定目的方面的意志品质。这是最能体现人的意志的一种品质。坚韧性强的人能根据目的要求，在长时间内毫不松懈地保持身心的紧张状态，在任何情况下，都坚持不变，直至达到目的。在遇到困难时，它能激励自己树立起克服困难的信心，始终如一地完成意志行动。所谓"锲而不舍，金石可镂"，是意志坚韧性的表现。凡有成就的人，都有极强的意志的坚韧性。正如贝弗里奇所说的，几乎所有有成就的科学家，都有一种百折不挠的精神。可见，意志的坚韧性品质是事业成功的重要条件。

与坚韧性相反的意志品质是顽固执拗和见异思迁。顽固执拗的人对自己的行动不作理性评价，执迷不悟，或者是明知不可为而为之。见异思迁者则是行为缺乏坚定性，容易发生动摇，随意更改目标和行动方向，这山望着那山高，庸庸碌碌，终生无为。

一位落马官员在忏悔录里曾经坦率地写过这样一段话："渐渐地，我作为一把手的地位逐步稳固，我出面或打招呼的事总是一路绿灯。再后来，有人开始叫我老板、老大，听得我浑身上下每一根神经、每一块肌肉都特别舒坦。"世上没有无缘无故的爱恨，党员领导干部所接受的歌功颂德，有的是有根有据，但很多与其职位权柄密不可分。不少官员直到追悔莫及时才终于认清：那些曾对自己俯首帖耳的人，不少都揣着一颗围猎下套的心。退一步说，哪怕好听的话出自真心实意，但对干事创业者来说，甜言蜜语除了涣散精神、软化意志、助长自满外别无他用，仍是多听无益。正如这份忏悔录中所说："于是，我凌空飘起来了，不再事事小心谨慎、处处如履薄冰。这些悄无声息变化的心境给了别有用心者可乘之机。"近年来，在糖衣炮弹面前倒下的贪官污吏数不胜数，小到镇长、县长，大到市长、省长、部长、委员，尽管他们腐化程度不一，形式各异，但动机和根源却惊人的统一，或贪财，或好色，或两者皆而有之，究其原因，都是经不起诱惑，在权色面前失去果断性，失去自制力，意志动摇，缴械投降。

具有坚强的意志品质的人，能克制住自己的恐惧、懒惰、贪婪等消极的情绪和冲动的行为，使自己保持理智平稳的心境。从各级纪检监察机关和检察机关查处的诸多案件分析，一些不法之徒，腐蚀党员干部的势头之猖獗、手段之卑劣，到了令人震惊的程度。他们不断对贿赂对象进行新的研究，瞄准领导干部的薄弱环节，采取不同的方式，投其所好，拖人下水，诱人上钩，其目的是让贿赂对象接受他们的贿赂，出卖党和人民赋予的权力，为他们出力办事。习近平总书记2015年1月12日在同中央党校第一期县委书记研修班学员座谈时提醒手中握有权力的县委书记要把好权色关，习近平首先谈到了考验与诱惑。改革发展稳定繁重工作的考验，保障和改善民生突出问题的考验，形形色色错误思潮的考验，权力、金钱、美色的考验，庸俗风气、潜规则的考验……"各种诱惑、算计都冲着你来，各种讨好、捧杀都对着你去，往往会成为'围猎'的对象"，"在这样的环境下工作，如果没有对党忠诚作为政治上的'定海神针'，就很可能在各种考验面前败下阵来"。对党忠诚就体现的是坚强的意志力。

作为一个领导干部，特别是拥有权力的领导干部，面对外界的诱惑，一定要增强自己的"定力"，要冷静分析，镇定自若，要经得起考验，不要被眼前的利益和短期的效应所迷惑。当今，很多职务犯罪人就是在金钱、美色的诱惑下，没有克制住自己，没有正确的行使党和人民赋予的权力，将权力作为索取金钱的砝码，以致在犯罪的道路上越走越远。所以，一个人要成功，意志力最重要。意志力也就是一个人辨别是非的能力，面对环境的应变能力，以及自我克制能力。作为领导干部，要正确地行使自己的权力，将权力置于群众的监督之下，平时，要加强自己的党性修养，强化自己的公仆意识和宗旨意识，才能在关键的时候，经得起考验。

第三节　信念与行为

一、信念概述

信念指人们对某种观点、原则和理想等所形成的内心的真挚信仰。信念是人的精神支柱，是意识的核心部分。世界观、历史观、人生观、道德观等都属于人的基本信念。信念和信仰是密切相关的，但二者又有区别。信仰，侧重强调人们对某种理论、学说的认识和态度；信念，则主要表现为人们内心深处的判断标准和行为动机。信念不是先天的，而是后天的。它是人在社会实践中对各种观点、原则、理论和学说经过鉴别和选择而逐渐形成发展起来的。当某个人确认某种思想、某种理论和某种事业是正确的，是真理，并去自觉维护这种思想、理论和事业，就确立了信念。在阶级社会，信念属于不同的阶级意识，基于不同的信念，人们就会对事物有不同的立场、观点和态度，信念是认识、情感和意志的有机统一，是一种综合性、稳定性和持久性很强的心理品质。在社会生活中，个人总是从自己的信念出发去观察周围的事物，又总是根据自己的信念，站在不同的立场去判断是非。同时，人们又总是为了自己的信念去努力奋斗。人们既有共同的信念，又有不同的信念。共同的信念是人们共同活动的思想基础。信念是可以培养的，也是可以改变的。

坚强的信念会成为人们奋发向上、战胜各种艰难险阻的动力。习近平总书记在十八届中共中央政治局第一次学习会议上讲话中阐述理想信念的重要性时指出："对马克思主义的信仰，对社会主义和共产主义的信念，是共产党人的政治灵魂。"在现实生活中，一些党员干部出了这样那样的问题，说到底是信仰迷茫，精神迷失，"理想信念不坚定，精神上就会缺钙"。

一个用权"任性"的高校一把手

王国炎，南昌航空大学原党委书记，长期从事中国哲学与文化、马克思主义理论与思想政治教育的教学研究，熟知马克思主义思想精髓，却背弃理想信念，思想蜕化变质，口头上讲马克思主义，实际上奉行自由主义。王国炎平时自视清高，自比文人风骨，以清廉自居，暗地里把学术圣地当作敛财之地，他违规插手干预基建工程、人事安排、合作办学等工作，从中谋利。王国炎在工作中独断专行、作风霸道、用权"任性"，对"三重一大"事项，常常个人说了算。他嫌校纪委领导"碍手碍脚"，以组织名义将其支去省委党校参加培训，好让自己"大展身手"。

权力是把双刃剑，正确行使能够为民造福，实现自己的理想，在事业上取得辉煌的成就；反之会损害人民的利益，葬送自己的前程，甚至会走向犯罪。

拥有"全国优秀教师""赣鄱英才'555'工程领军人才"等诸多荣誉，享受国务院特殊津贴，在学术界堪称"明星"的南昌航空大学（以下简称南航）原党委书记王国炎无疑是个输家。他利用担任江西师范大学校长助理、新校区建设办公室主任，南航党委书记的职务便利，在基建工程、合作办学、人事调整等工作中大搞钱权交易、权色交易，最终走上一条不归路。

2013年8月22日，江西省萍乡市中级人民法院对王国炎受贿案进行一审宣判，以受贿罪判处其有期徒刑15年，并处没收个人财产60万元。"我将自己腐败犯罪的惨痛代价归纳为十个一：政治上一撸到底，经济上一穷二白，名誉上一文不值，地位上一落千丈，形象上一无是处，自由上一无所有，家庭上一塌糊涂，身体上一身病痛，良心上一生自责，总体上一败涂地。"案发后，王国炎的忏悔姗姗来迟。

（案例来源：《中国纪检监察报》，2015年5月7日）

人一旦失去了理想、信念，贪欲就会无限膨胀，甚至达到疯狂和不计后果的地步。成克杰、胡长清、丛福奎、李真等一个个贪官的腐败事例就是最好的见证。他们无一不是到最后关头，才承认自己犯罪的根源是理想信念的丧失，抛弃了为共产主义奋斗的理想，为人民服务的宗旨，转而追求权利、财富、地位、享乐，理想的缺失。信念的错位，使他们走上了一条不归路。我们身边也有一部分年轻人，认为共产主义的远大理想是空的无用的，中华民族的传统道德也是过时的，没有追求，精神空虚，只剩下了拜金主义、享乐主义和极端个人主义，情人，享乐，一夜情等挂在嘴边，脑海里没有天下大义，没有理想信念，只注重物欲私利，享受刺激，其人生的价值又在哪里？

二、信念的基本特点

（一）复合性

信念是人的认识、情感、意志的统一体或"合金"。信念中包含有一定的认识，如果没有这些认识或观念，人们就没有其所相信的对象，从而也就不会有信念。但信念不是冷冰冰的认识现象，它作为人们强烈认同的认识，是与人的感情紧密联系在一起的。坚定的信念往往伴随着炽热的感情。也正因为如此，信念总是在感情的驱使下导致相应的行动。信念不是仅仅深藏于人的内心的东西，它总要向外表现出来，表现为行为和实践意志。在信念的鼓舞下，人们的意志是坚强的，行为是坚决的，而且始终不渝。

（二）稳定性

信念是人们在长期的人生实践中逐步形成的，其中积淀了一个人多年的生活经验，包含了社会环境对他的长期影响。信念一旦形成，是不会轻易改变的。一定的思想观点成为一个人的信念，除了经过理智上的反复认识和深刻认同外，还有感情上的强烈支持。信念与人格密切相关，信念的稳定是人格可靠的表现。一个随意改变自己信念的人，是没有原则的、不可信赖的人。斯大林说过，手帕都不是轻易更换的，更何况人的信念呢！这话在今天仍给人以启示。当然，信念的稳定性不是绝对的，信念作为一种精神现象是对现实的反映，它必然随着客观实际的改变而有所变化。信念的变化并不可怕，只要信念能不断调整和完善自己，与时俱进，它就能从现实中获得更多的支持，从而更有活力。信念正是在现实变化的考验中变得更加完善、更加坚强。僵化不变、脱离现实的信念往往是最脆弱的，它经不起现实变化的冲击。因此，坚定自己信念的过程是一个与现实相结合、与实践相结合的过程。

（三）执着性

执着性不只是指信念稳定性，而更多地指具有坚定信念的人的精神状态和行为状态的稳定性。我们不能脱离拥有信念的人来考察信念的特点。当一个人抱有坚定的信念时，他就会全身心投入到信念所要求的事业中去。精神上高度集中，对自己相信和追求的事业全神贯注，态度上对自己的事业充满高度的热情，而且在行为上坚定不移、始终不渝。应该说，这正是对待事业和生活的应有态度。只有投身于生活的怀抱，生活才能接纳你。只有全力以赴地为事业而奋斗，成功才会向你走来。当然，信念的执着并不意味着盲目地排外，并不意味着信仰的狂热和失去正常的理智，而应该保持比较广泛的社会联系，倾听现实的声音，并保持判断是非的能力。另外，信念的执着是人们对人生大本大源、对社会事业的执着，而不是对个人名利的执着。事实上，当一个人执着于自己的人生信念和理想时，就会超脱个人名利，成为心胸宽阔、精神自由的人。

（四）多样性

信念与理想是紧密相连的，正像理想是多种多样的一样，信念也是多样化的。不同的人由于成长环境和性格等方面的不同会形成不同的信念。即使是同一个人，也会形成关于社会生活不同方面的许多信念，比如在政治、经济、科学、道德、审美、事业、学业、生活等方面，都会形成一些信念。面对信念的多样性，一方面，我们要承认这是正常的现象，不强求信念的一致；另一方面又要看到，在一定的社会中，人们各自的信念有相同之处，从而形成共同的信念，而且同一个人的不同信念之间也往往有内在联系，从而形成信念的体系。如果一个人的许多信念相互矛盾，不能形成一个和谐的整体，那么他在行为选择时就会进退失据、无所适从。事实上，一个人所拥有的许多信念的大小和层次是不同的，有的处于最高的层次，有的处于中间层，还有的处于最低层。它们各安其位，形成有序的信念系统。其中，高层次的信念决定着低层次的信念，低层次的信念服从于高层次的信念。这个信念系统可以说就是这个人的信仰。同时，由于最高层次的信念具有最大的统摄力，我们又往往把它称为信仰。需要说明的是，收于用词习惯的关系，我们很多情况下所讲的信念其实不是低层次的零星的信念，而是指人的基本信念或信念体系，亦即人的信仰。

信念对人的心理活动具有深远的影响，它决定着一个人的生活立场，支配着人的行动。坚强的信念会成为人们奋发向上、战胜各种艰难险阻的动力。邓小平同志在1985年9月中国共产党全国代表会议上语重心长地指出："过去我们党无论怎样弱小，无论遇到什么困难，一直有强大的战斗力，因为我们有马克思主义和共产主义的信念。"[1]正确而坚定的理想信念始终是公职人员安身立命的根本。

---

〔1〕《邓小平文选》第3卷，人民出版社1993年版，第144页。

三、信仰与行为

（一）信仰与行为

信仰是人们对生活所持的某些长期的和必须加以捍卫的根本信念。可以说，信仰确立了个体的人生意义和价值标准，也成为个体毅然前行的巨大动力。反之，信仰的缺失将使人生变得迷惘彷徨，了无生趣。

梳理近年来查处的腐败案件不难发现，发生腐败的原因是复杂且多方面的。其中一些党员干部丧失了信仰这个做人的灵魂，世界观、人生观、价值观扭曲，精神空虚导致物质欲望畸形膨胀，从而产生"想腐败"的思想动机，最后跌入贪得无厌的欲望黑洞，这具有一定的普遍性。湖南省冶金企业集团公司原副总经理李会刚，曾经官场得意，年轻有为，但在他认为本应属于他的公司一把手的位子却意外旁落时，受到挫折的李会刚大病了一场，后来，一个很有名气的看相"大师"被李会刚专门请到家里，"大师"很严肃地说："你有一个很好的官相。我保你在 10 年之内官至副总理级，最保守也能官至副部级。""大师"的话让李会刚将信将疑，可"大师"走后 90 多天，李会刚的职务果然有变动，这下，李会刚对"大师"的话再无半分怀疑。在"大师"的蛊惑和"官瘾"的促使下，李会刚开始到北京跑官，并为此走火入魔，不惜犯下贪污、受贿罪行，花费 150 余万元四处打通关节，只为官升一级。

人的所作所为总是受到自身思想意识的支配。一些领导干部在巨大的利益诱惑面前禁不起考验而腐化堕落，其中一个重要原因就是严重的信仰危机。具体来说，就是对马克思主义、社会主义、共产主义信仰的动摇、模糊、淡漠或失落。"三军可夺帅也，匹夫不可以夺志也"，对于共产党人来说，共产主义信仰就是不可夺的"志"，是支撑我们一切的精神支柱。这根精神支柱一旦坍塌，没有不走上邪路的。李会刚的"跑官"闹剧生动地说明了这一点。而且像李会刚这样滥用职权大搞封建迷信活动的官员已不是少见。国家行政学院曾做"中国县处级公务员科学素养调查"，参与调查的 900 多名县处级以上的公务员中，只有 47.6% 的县处级公务员不迷信，半数以上县处级公务员相信"相面""周公解梦""星座预测"和"求签"等。

（二）为官不能丧失信仰

信仰是人生的精神支柱，为官不能丧失信仰。只有树立崇高的信仰，才能"养吾浩然之气",做到百毒不侵;相反,当一个人把个人主义、拜金主义当成自己的最高信仰时,必然招致"邪气附身",大搞迷信活动。

古往今来,中国民众往往带着功利目的去信什么,而且是"平素不烧香,临时抱佛脚""病急乱投医",遇到什么事情,才想到求助神灵。而真正的信仰,是对最高存在、绝对精神或永恒真理的信奉与敬仰,并依此规范自身的思想和行为,没有世俗的功利目的。而贪官的迷信大都出于不良动机:[1]

贪得无厌,是贪官热衷于迷信的心理动机。顾名思义,贪官无不极度贪婪,对权力、金钱的追求永不满足。官位是越高越好,做了小官想做大官,做了大官还要往上升;钱财是越多越好……正是这种贪得无厌的欲求,使贪官心中充满了奋斗的动力,不惜在名利场中使出浑身解数。然而世事难料,纵然贪官竭尽全力也未必都如愿以偿,因此他们把心思用到迷信领域,试图借助超自然或神秘的力量,为自己增添"成功"的筹码,以便快马加鞭,一帆风顺,得心应手,让贪欲得到最大的满足。

利令智昏,是贪官热衷于迷信的心理陷阱。一般来说,贪官大多数受过高等教育,先天智商并不低,具有一定的科学知识,懂得常识与常理。但是,由于他们过于看重并狂热追求个人利益,故而被利益牵着鼻子走,逐渐远离正确的世界观和价值观,甚至丧失理性的判断力和思考力,以至于把迷信活动视为助推升官发财的法宝,不惜为此耗费钱财与精力。

祈求平安,是贪官热衷于迷信活动的心灵寄托。贪官固然利令智昏,有时也心知肚明:任何贪腐行为,都为党纪国法所不容许,一旦事情败露,必将受到惩处。为了规避风险,他们向迷信领域寻求庇护,寄希望于神灵冥冥之中干预摆平,使自己免遭法纪的制裁,进而平安无事地混下去,直至捞取更多的钱财。因其钱财来路不正,有些贪官会借助迷信活动布施少许钱财,试图以所谓的"功德",抚慰自己不安的心灵。

一个人陷入迷信,无疑是信仰缺失的表现。作为党员干部,必须树立正确的世界观、价值观和人生观,牢记共产党人的宗旨,坚定对马克思主义信仰和对社会主义的信念。

---

〔1〕 陈良:"贪官缘何迷信",载《中国纪检监察报》2015年5月29日。

思考题

1. 简述职务犯罪人的认知特征。
2. 简述意志的品质特征。
3. 简述信念的基本特征。
4. 谈谈你对习近平总书记"理想信念是共产党员的钙"的理解。

第五章

贪污与贿赂犯罪心理

第一节　贪污与贿赂犯罪概述

一、贪污与贿赂犯罪概述

（一）贪污、贿赂犯罪概念

贪污罪，是指国家工作人员和受国家机关、国有公司、企业、事业单位、人民团体委托管理、经营国有财产的人员，利用职务上的便利，侵吞、窃取、骗取或者以其他手段非法占有公共财物的行为。犯罪主体是国家工作人员，一般拥有一定的权力，有一定的文化教育素养，犯罪手段带有欺诈性和隐蔽性。贪污罪属于一种严重的经济犯罪，不仅损害了党和国家的形象，阻碍了社会主义法治建设的进程，同时还降低了党政机关的工作效率，造成整个社会的信任危机。

受贿罪是指国家工作人员利用职务上的便利，索取他人财物，或者非法收受他人财物，为他人谋取利益的行为。受贿罪是国家机关中存在的一种腐败现象，表现出以权钱交易的方式满足膨胀的物欲和贪婪地占有财富的特点。受贿罪侵犯了国家工作人员职务行为的廉洁性及公私财物所有权。受贿罪严重影响国家机关的正常职能履行，损害国家机关的形象、声誉，同时也侵犯了一定的财产。受贿罪在主观方面表现为故意，目的是非法占有公私财物。在客观方面表现为利用职务便利，索取他人财物，或非法收受他人财物为他人谋取利益。

（二）贪污贿赂犯罪与职务犯罪的区别

职务犯罪是犯罪学上的一种分类，目前，人们对职务犯罪的认识还存在一定的分歧。一般来说，职务犯罪，是指具有国家管理职能、依法从事某种公务的国家工作人员或依法从事公共职务的非国家工作人员，利用手中掌握的特殊权力，或者利用本身职务所形成的便利条件实施的触犯《中华人民共和国刑法》，依法应受刑事处罚的犯罪行为。职务犯罪有作为和不作为两种犯罪形式，其中，作为方式的犯罪主要有以权谋私、权钱交易、滥用职权等，不作为方式的犯罪主要包括失职、渎职、玩忽职守等。贪污罪和受贿罪并不等同于职务犯罪。职务犯罪包括的范围更广，贪污、贿赂犯罪只是职务犯罪的一部分。

二、当前贪污与贿赂犯罪的严重性和危害性

（一）贪污、贿赂犯罪的严重性

目前贪污贿赂罪在手段上具有隐蔽性并呈现出"三高"趋势。所谓"三高"是指：查处案件的数量逐年攀高；案件的发案金额成倍翻高；犯罪主体的职务越来越高。[1]

2008年至2010年，全国法院共审结国家工作人员职务犯罪案件79 560件，生效判决人数80 883人；党的十八大以来，各级检察机关按照中央关于反腐倡廉建设的新要求，坚持"老虎""苍蝇"一起打，做到有腐必反、有贪必肃，惩治和预防两手抓，反贪污贿赂工作取得新成效。2015年一季度，全国检察机关持续加大高压反腐，突出办案重点、加大办案力度，反腐工作取得新成效。2015年1至3月，全国检察机关共立案查办贪污贿赂犯罪案件7556件共9636人。其中，贪污贿赂五万元以上、挪用公款十万元以上的大案6649件，占立案总件数的88%；县处级以上干部贪污贿赂犯罪要案907人（含厅局级以上干部156人），占立案人数的9.4%。

（二）贪污贿赂犯罪的危险性

20世纪90年代以来，腐败已成为全世界最为关注的焦点问题。贪污、贿赂犯罪被看作是人类社会生活、经济生活、政治生活中的一颗毒瘤，它极大地损害着社会正义、破坏着经济发展、污染着社会环境、腐蚀着政治清明、

---

[1] 王亚军、郭岚："贪污贿赂罪之原因与预防"，载《内蒙古电大学刊》2006年第11期。

影响着国家稳定和社会稳定。国家工作人员的贪污、贿赂犯罪使群众对人民政府不信任，政府威信下降。

更为严重的是贪污贿赂犯罪可以形成一种恶性循环，产生传染或涟漪作用——"多米诺"骨牌效应。工作人员在一个单位相处工作，他们彼此极易相互模仿和学习。某一个体的贪污行为，都有可能对其他工作人员形成示范作用，特别是该贪污者并没有受到法律制裁或行政处分时，这种示范作用更大，久而久之就会扩张，使一些好的工作人员与犯罪人同流合污，走上贪污、贿赂的犯罪道路。在这种传染和涟漪作用下，工作人员的工作环境必然受到影响。因此，贪污、贿赂犯罪如果不能很好地解决，必将动摇国家政权的根基、破坏国家秩序、破坏市场经济及其发展、破坏社会公平和正义等。

三、当前贪污与贿赂犯罪的新特点

进入 20 世纪 90 年代以来，我国的贪污贿赂犯罪形势发生了很大的变化，出现了很多新的特点，主要表现在以下几个方面：

（一）涉嫌犯罪的领导干部多

近几年查获的贪污贿赂犯罪中，既有县处级以下的一般工作人员，也有大量的县处级以上的国家机关工作人员，更有级别较高，影响较大的省部级领导干部。据人民网报道，十八大后全国已有 76 名副部以上官员和军级以上军官落马，包括 2015 年被宣布查处的 2 名省部级官员杨卫泽、马建，2014 年被宣布查处的副国级及以上官员 4 人、省部级官员 36 人，十八大后被宣布查处的军级以上军官 16 人，十八大至 2013 年底被宣布查处的省部级官员 18 人。

（二）窝案、串案突出

贪污、贿赂犯罪人以领导干部为主，并且窝案、串案多；由于"一把手"带头腐败，属下人员群体效仿，出现竞相敛财的丑陋现象；他们在犯罪过程中抱成一团，内外勾结，互相串通，形成"命运共同体"；贪污受贿与玩忽职守、滥用职权、徇私舞弊等多种职务犯罪交织在一起，一案多罪、一案多人、一人多罪等现象普遍。例如，湛江走私案、厦门走私案涉案人数都在几百人以上，并且牵涉到不少级别很高的官员。

南航窝案被查四部曲

南航身为国内机队规模最大。航线网络最广的航空公司，被外界认为在战略转型上并不成功，却屡屡落入反腐风暴的漩涡中心。在近 10 年的时间，南航的反腐过程历经了 4 个阶段。

2006 年，南航财务部原经理陈利明利用职务之便，利用银行信用贷款进行委托理财，收取 5366.985 万贿款，并挪用高达 12 亿公款，被判死缓。因"委托理财"所扯出的贪腐大案，牵出了时任集团总经理、副总经理一干人等，贪腐金额高达 5000 多万，涉及金额数十亿元。

2011 年，南航原总工程师张和平等九名高管被抓并判重刑，检察机关指控张和平收受贿赂 719.1 万元。

2013 年 11 月，南航再次陷入集体贪腐案。包括市场营销委副主任余思友在内的多名南航员工因事涉重大贪腐案件，在一周内陆续被公安部门带走，营销委常务副主任秦国辉也接受了警方调查。

2014 年底以来，南方航空多名高管涉嫌职务犯罪落马，"窝案"的迹象明显。2014 年的最后一天，南方航空公告称，公司副总经理陈港、运行总监田晓东因涉嫌职务犯罪已被立案侦查，董事会审议通过免去两人相应职务。此后不到一周，公司再发公告确认董事、副总经理、财务总监、总会计师徐杰波，副总经理周岳海因涉嫌职务犯罪已被立案侦查，董事会审议通过免去二人相应职务。

（案例来源："人民网"，2015 年 1 月 8 日）

（三）作案手段多样化，反侦查能力强

有些贪污贿赂犯罪人，在开始实施犯罪行为时，就开始考虑如何逃避侦查了。贪污、贿赂犯罪主要手段有：①以劳务费、咨询费等形式掩盖受贿犯罪行为；②以集体私分掩盖贪污；③授意家属、孩子私下收受各种贿赂，案发后辩称根本不知情；④将赃款、赃物等放在办公室，一旦案发即作退还准备，或充作单位小金库等。最近几年来，贪污、贿赂犯罪手段更加狡猾。有些犯罪人利用电子计算机技术进行贪污、贿赂犯罪活动。还有很多官员参与境外赌博。境外赌博成为很多腐败高官的洗钱的主要方式。这些手段都给犯罪侦查取证带来了很大的困难。

落马贪官刘铁男：扭曲的爱子情怀毁了自己害了儿子

2014 年年底法院作出判决，国家发展和改革委员会原副主任、国家能源局原局长刘铁男因非法收受他人财物计 3558 万余元，犯受贿罪，被判处无期徒刑，剥夺政治权利终身，并处没收个人全部财产。刘铁男的主要犯罪事实包括：接受请托，为邱建林三个公司获得国家发改委审批提供帮助。作为回报，邱建林等人为其子刘德成成立峰德公司，以虚假贸易、炒股的方式，使其资金积累到 1500 余万元；刘德成使用该资金购买轿车、别墅，共计 1549.266 5 万元；且刘铁男对此全部知情。另外刘铁男接受请托为张爱彬获取北京地区丰田汽车 4S 店指标提供帮助，以"打招呼"的形式最终使张爱彬的公司获得指标；其子刘德成在张爱彬的 4S 店中没有出资、没有参与经营，但以退股方式获利 1000 万元。

4 家公司，5 处受贿来源，在刘铁男案一审判决书认定的 3558 万元贿款中，除两笔两万元的贿款和装修款外，刘铁男的所有受贿款均与其子刘德成有关。刘德成自述，父亲教育给他留下的最深刻印象，就是骑车接他从学校回家的路上，一边穿胡同一边教导，人生就是要抄近路，才能有大成就。这就与传统要求孩子走正路的教育方法背道而驰。刘铁男悉心选择企业老板做儿子的朋友，一边行使权力为他们办事，一边吩咐他们要"带带他"，嘴上说的是带他做人，暗含的意思是带他挣钱。于是，儿子也飘飘然起来，以为"父亲的官越做越大，自己的钱越挣越多，幸福的日子终于来临"。

如此看来，领导干部教育、管束子女等身边人，确是一个严肃的课题，稍有不慎，阴沟里翻船是常有的事。爱子情怀乃人之常情，本来也无可厚非，但必须以德为本，成才为要，关键是要培养真才实学，教育诚信做人。

（案例来源：《检察日报》，2015 年 3 月 13 日）

（四）犯罪呈现行业化

贪污、贿赂犯罪由高发领域向"偏僻"行业渗透，不但在金融证券、建筑、工商、税务等经济管理部门和资源分配部门中频繁发生，而且已经渗透到了文化、科技、教育等传统上被人们认为是"清水衙门"的部门。目前，我国大量的贪污贿赂犯罪集中发生在公共权力比较集中、资金比较密集、资源短缺、垄断程度高、市场竞争激烈的行业和部门。其中，石油、煤炭、电力等高度垄断的能源领域无疑是国企高管腐败的重灾区。2015 年 3 月初，中央巡视组陆续进驻国家电网、宝钢集团、中石油、中海油、中国移动等 26 家央企，仅半个月，中石油集团总经理廖永远即被宣布接受组织调查，两天后中石油塔里木油田分公司副总经理安文华、总会计师贾东也被查，在十八大以来的反腐风暴中，中石油从高管到中层落马者已超过50人。随着中国海洋石油总公司原党组成员、副总经理吴振芳和王天普的被查，"三桶油"均未能在反腐风暴中幸免，而国家电网、南方电网也均有高管被宣布查处。

（五）犯罪人年纪轻、学历高

贪污、贿赂犯罪人大都具有较高的文化知识和专业水平，是各自岗位上的佼佼者，但他们经不住金钱的诱惑，在关键时刻没有把握住自己。表现为有的贪污、贿赂犯罪人自认为应该得到提拔重用而未被提拔重用，因而心理失衡，以身试法；有的犯罪人则是在"你捞我也捞、不捞白不捞"和"有权不用，过期作废"的错误观念影响下大肆索贿受贿。贪污、贿赂犯罪中"39岁现象""26岁现象"都说明这一点。近年来，国家加大了对年轻干部的培养力度，一批高学历、高智商的年轻人进入了干部队伍，给机关事业单位增加了发展活力，他们普遍思维活跃，敢想敢干，是机关企事业单位的业务骨干，有些已经成为中层干部乃至单位领导。本来应该为国家为社会为人民多作贡献。但是他们工作时间不长，一些人理想信念缺失，法律意识淡薄，一旦面临外界的诱惑时，抵御力较差，一些优秀年轻干部因为贪污贿赂走上犯罪道路，对于国家、社会、家庭来说都是不可弥补的巨大损失。据中国青年报报道，2013年，浙江省检察机关查处的干部贪污贿赂案件中，35岁以下的年轻干部就达291人，比上一年同期上升167%。而其中25岁以下新进人员就有27人，上一年则仅为4人。

（六）女性贪污、贿赂犯罪人数逐渐增多

随着我国妇女政治、社会、经济地位的不断提高，女性越来越广泛地参与社会生活的各个方面，并发挥着积极的作用。但与此同时，女性贪污贿赂犯罪的人数逐渐增多。女性的贪污、贿赂犯罪已是一个不容忽视的问题。女性贪污贿赂犯罪的一个主要心理动机是奢侈消费。她们才能出众，精明干练。她们专注事业，获得成就。某些方面，她们甚至比男性做得还要优秀和出色。然而，她们中的一些人面对纷繁复杂的社会环境，失去了正确把握自身的能力。为了满足金钱和物质的贪欲，铤而走险，利用职务的便利，贪污、受贿、挪用公款等，给社会、家庭和个人造成了严重后果。数据表明，司法机关办理的女性职务犯罪案件呈现逐年上升趋势，且升幅较大。据《检察日报》调查，2010年至2012年，广东省东莞市第二人民法院共审理职务侵占案件114

宗，其中女性职务侵占案件 20 宗，涉案 22 人，所占比例近两成。2005 年至 2012 年，北京市海淀区检察院反贪局共立案侦查女性职务犯罪案件 66 人，占该区间立案总人数 317 人的 20.82%，涉案金额从 1 万余元至 4700 万元。

（七）司法人员贪污、贿赂犯罪问题日益凸显

司法机关本来是维护社会公平、正义的机关。但近几年来，司法机关利用司法权进行权钱交易的犯罪案件经常发生。很多司法人员收受当事人的金钱，为当事人牟取不正当的利益。司法人员利用司法权进行贪污、贿赂犯罪的问题日益凸显。从人民群众的反映和查处的检察人员违法违纪案件看，有的检察机关和检察人员不作为、乱作为，包括执法不严、司法不公、司法腐败问题仍然比较突出。有的执法随意、粗放执法、选择性执法；有的滥用强制措施、违法扣押冻结处理涉案财物，侵犯当事人合法权益；有的受人之托打探案情，违规过问、干预办案等。这些问题不仅严重败坏检察机关形象，而且严重损害党和国家形象。各级检察机关一定要始终保持清醒头脑，牢固树立问题意识、坚持问题导向，紧紧盯住自己的问题不放，坚持不懈、持之以恒地树立严格规范公正文明执法新形象。坚持大问题要抓、小问题也要抓，对检察人员特别是领导干部身上暴露出的不严格、不规范特别是不公正、不廉洁问题，早发现、早提醒、早纠正，防止养痈遗患，防止小错铸成大错、小问题变成大问题。

（八）商业贿赂犯罪的案件越来越多

商业贿赂，是指经营者为了获取交易机会或有利的交易条件而不正当地给予能够影响交易的相关单位、个人或者与商业活动密切相关的人好处的行为。有些经营者为了谋取商业利益，向有关部门领导行贿，国家工作人员利用自己的权力，为当事人谋取利益。商业贿赂成为贪污、贿赂犯罪的一种新的形式。

（九）贪污贿赂涉案金额特别巨大，犯罪目的从供自己和家人挥霍转向犯罪所得资本化

在 20 世纪 80 年代，职务犯罪涉案金额一般以千计，涉案金额上万的都是大案，但后来逐步发展，犯罪涉案金额渐渐以百万、千万计，现在贪污受贿上亿元的案件也屡见不鲜，而且犯罪目的也不仅仅限于个人或家人挥霍，甚至利用炒股、炒房、开设公司等形式，使非法所得资本化，获取更多的利益。犯罪分子胆子之大、涉案金额之巨让人咋舌。

马超群案侦查终结：马母称马家先后有 7 人被检察机关带走

秦皇岛市原城管局副调研员、北戴河供水总公司原总经理（副处级）马超群涉嫌贪污、受贿、挪用公款、巨额财产来源不明案目前已侦查终结，移送审查起诉。2014 年 11 月 7 日，在河北省召开的落实中央巡视组反馈意见整改动员暨警示教育大会上通报了马超群案。通报称，在马超群家中搜出现金约 1.2 亿元，黄金 37 公斤，房产手续 68 套。河北省检察院一名检察官指其为"虎蝇"。

次日，马超群母亲在接受媒体采访时称，上述巨额财产系马超群已过世的父亲马炳忠生前所得，不是马超群"拿回来的"。一位接近案情的人士曾透露，马炳忠去世时曾立有遗嘱，遗嘱中提及的财产与目前涉案的巨额资产存有出入。对此，秦皇岛市检察院和纪检机关均曾向媒体回应称"相信证据"。另据了解，马超群涉嫌违纪违法问题是于 2014 年 2 月经群众举报案发。当月 13 日，司法机关对其依法立案侦查，并采取强制措施。经查，马超群涉案款物数额特别巨大，性质极为恶劣。

（案例来源：《西宁晚报》，2015 年 6 月 16 日）

（十）巨贪大鳄犯案后潜逃国外现象增多

随着我国对外开放步伐的加快，我国与国外的联系越来越密切，个人出国也变得更加便捷。这也为一些贪污贿赂犯罪分子，尤其是有条件的高官出逃提供了可乘之机。加上有些国家对贪污贿赂犯罪的认定与我国有一定的差别，有些国家则出于某些目的，为中国外逃贪官提供避难所。此外，许多贪官将贪污贿赂所得等非法收入存入国外银行或者通过送子女出国等渠道转移出去，这些都增加了案件侦破的难度。

首名红通嫌犯今日落网

从中央反腐败协调小组国际追逃追赃工作办公室获悉，4 月 22 日，国际刑警组织中国国家中心局集中公布 100 名涉嫌犯罪外逃国家工作人员、重要腐败案件涉案人等人员的红色通缉令后，各省区市追逃办和有关部门迅速行动，积极开展工作。4 月 25 日上午 11 时，在公安部指挥下，上海、江苏、安徽等省市追逃办和公安、检察机关密切配合，将公开曝光的百名逃犯之一戴学民缉捕归案，这是公布百名外逃人员后的首个落网人员。

戴学民，红色通缉令号码 A－19/1－2002，原中国经济开发信托投资公司上海营业部总经理，涉嫌贪污 1100 万元，于 2001 年 8 月潜逃出境，近期改换身份持外国护照潜回国内。公安、检察机关发现线索后，及时开展缉捕工作，将其缉拿归案。目前，戴学民已被执行刑事拘留，有关调查工作正在进行之中。

（案例来源："中央纪委监察部网站"，2015 年 5 月 25 日）

四、贪污与贿赂犯罪的类型

根据不同的分类标准，贪污、贿赂犯罪可以有以下几种分类：[1]

（一）主动的贪污贿赂犯罪和被动的贪污贿赂犯罪

主动的贪污贿赂犯罪，主要指国家工作人员处于积极主动的犯罪地位而实施的贪污受贿犯罪。犯罪主体比较积极主动。被动的贪污贿赂犯罪，主要指国家工作人员处于消极被动的犯罪地位所实施的贪污受贿行为。犯罪主体一般比较消极被动。女性的贪污贿赂犯罪大多数都为被动型的贪污贿赂犯罪。

（二）不违背职务的贪污贿赂犯罪与违背职务的贪污贿赂犯罪

不违背职务的贪污贿赂犯罪，主要指国家工作人员在不违背其职务上所应尽的义务的先决条件下所犯的贪污贿赂犯罪。违背职务的贪污贿赂犯罪，主要指国家工作人员在违背其职务上所应尽的义务的先决条件下所犯的贪污贿赂犯罪。二者的不同在于：前者没有违反应尽的职务义务，后者违反了应尽的职务义务。

（三）索贿、期约贿赂或受贿的贪污贿赂罪

贪污贿赂犯罪行为常态下具有索取贿赂、期约或收受贿赂三个阶段。刑法对这三个阶段均加以犯罪化，而可以单独成罪。所以，贪污贿赂犯罪可以分为索贿、期约贿赂或受贿的贪污贿赂犯罪。

第二节 贪污与贿赂犯罪的社会心理成因

贪污、贿赂犯罪和其他类型的犯罪一样，也是在多种内外因素综合作用

---

[1] 王亚军、郭岚："贪污贿赂罪之原因与预防"，载《内蒙古电大学刊》2006 年第 11 期。

下的结果。贪污、贿赂犯罪的发生除了与其他犯罪类型有共同的内外因素外，贪污、贿赂犯罪也有不同于其他犯罪类型的原因。

一、影响贪污与贿赂犯罪的主体外因素

（一）封建传统文化的潜意识消极影响

我国几千年的封建传统文化，特别强调官本位思想。"学而优则仕"一直是个人奋斗的最高理想。他们认为官是治民的，而不是服务于民的。"靠山吃山，靠水吃水，靠官吃官""衙门口朝南开，有理没钱莫进来""官官相护"等都是这种封建文化的体现。虽然我国的社会主义精神文明建设取得了很大的成就，但这种消极文化的影响仍然存在。在这种消极文化的影响下，有些国家工作人员不认真履行党和人民赋予的职责，而是利用履行职责之机，大肆索取收受贿赂。

（二）经济政治体制的影响

在建立市场经济过程中，我国有关规范企业行为、经济行为和市场行为的法律法规及各种规章制度在一定程度上不健全、不完善。市场经济正处于建立、健全和发展完善阶段。与之相对的是，我国的政治体制改革步伐相对滞后。这种经济政治体制的不对称，在社会发展的各种环节上就给权力的集中提供了可能，导致很多大权在握的国家工作人员利用自己手中的权力进行贪污贿赂犯罪。

（三）市场经济发展的负面效应

我国市场经济的发展，如市场经济的竞争性、开放性和资源配置市场化以及商品交易和流通的平等性，一方面对生产力的发展起着巨大的推动作用，另一方面也存在一些消极的负面效应，使一些国家工作人员产生"金钱顶礼膜拜""金钱至上""一切向钱看"的心理，并外化为权钱交易行为。如一些人不择手段地追求价值，信奉商品拜物教、金钱拜物教。特别是一些以工资作为主要经济来源的国家工作人员，现阶段的经济收入与消费支出形成强烈的反差，从而产生不平衡心态，进而在思想上萌发权钱交易的念头，一旦有适当的环境和条件，就会把权力作为私有化的商品进行交易，换取金钱，进行贪污贿赂犯罪。

（四）"高消费"现象的诱惑和催化

人们生活在一定的社会环境里，因此，人们的价值取向受到这样环境的

影响。当今从事商业娱乐服务等行业的人，其每月或每年所得是国家工作人员工资的数倍甚至是几十倍，经常出入中高档娱乐服务场所、宾馆饭店，享受着高档轿车、住宅别墅带来的便利，而一些担任公共职务的人员的工资与他们相比有着很大的差距。他们看到人家生活十分优裕便产生心理失衡，于是就利用手中握有的公共权力，通过出卖手中的权力，来大肆获取不正当的利益。在这种情况下，贪污、贿赂、挪用公款等职务犯罪就可能产生了。

（五）法律法规不健全，社会控制弱化和监管制度的漏洞

贪污、贿赂犯罪受法律、社会控制能力以及监管制度的影响和制约。当法律法规健全、社会控制能力强、监督有力时，就能较有效地控制贪污、贿赂犯罪。当前，我国正在社会主义市场经济初期。适应市场经济发展的管理、监督制约机制不可能在短时期建立和完善，社会主义法治的完善需要一个长期过程。在这种情况下，法律、法规不完善，执法不力，监督制约机制不落实等增强了那些意志比较薄弱的国家工作人员的侥幸心理和投机心理，从而利用自己职务之便大肆地进行贪污贿赂犯罪。

二、影响贪污与贿赂犯罪的主体因素

（一）"见钱眼开"的贪婪心理

贪婪是一切贪利性犯罪的共有心态，也是贪污贿赂等职务犯罪的共同心理，是犯罪人走向违法犯罪道路的主要心理基础。近几年来，拜金主义在社会各个领域都有所抬头。在"拜金主义""有钱能使鬼推磨"等腐朽思想的影响下，许多国家机关工作人员追求花天酒地、纸醉金迷的生活方式，并产生了金钱和物质的无限占有欲望。他们为了钱财，可以不择手段，铤而走险，采取各种形式，甚至冒着生命的代价，肆意收受贿赂、挪用侵吞公款。而犯罪行为一次次的成功实施，使他们从中得到了一种快乐的情感体验，助长了贪欲，强化了贪婪的心理，从最初的被动接受贿赂发展成为不择手段地利用职务之便，主动寻机贪污受贿，甚至肆无忌惮地公开索贿。

李真的钱箱理论

李真案二审宣判前，新华社记者采访李真时有几段对话值得深思：

李真："听闻上面要查我时，就想把一个箱子里的钱转移到香港，但一看箱子里的钱不满，我就通过朋友通知一个想承包某工程的老板说，让他先送

来50万元人民币，等工程合同签完后，再从里面扣，否则我就要把工程承包给别人。那个老板把钱送来后，填满了这个箱子，我就把多余的钱放在了另一个箱子里。"

记者："要是不进来，会不会还要把那个箱子的钱弄满？"

李真："也许会的，人的欲望就是这样无度。"

这很像是手法夸张的电视剧表现贪官欲壑难填的典型细节，但却是李真贪欲和灵魂的真实写照。这个细节有这样几点应该引起我们注意：其一，李真在听到"上边"要查他的风声后，想把赃款转移到香港，说明他心里害怕；但这时还索贿50万元，说明他又不怕。其二，他想把箱子装满，而且真的装满了，应该说索贿十分方便；其三，那只箱子不但装满了，而且又新出现了一个不满的箱子，按李真所说，如果他仍然大权在握，那只箱子还会被装满。当然，箱子还会有第三只、第四只……

（案例来源：金强、王晨晖编著：《反腐警示录》）

（二）贪图享乐的虚荣心理

虚荣心理就是自尊心被扭曲而过分的表现，是一种追求虚表的性格缺陷。他们妄自尊大，爱慕虚荣，追求表面上的荣耀和虚名，比阔气、赶时髦、臭显摆，是其突出的特点。随着改革开放的深入，社会主义市场经济的发展，某些拥有实权的国家工作人员爱慕虚荣，一心追求个人享乐，被金钱、人情和关系所包围，成为"糖衣炮弹"袭击的对象。他们思想上逐渐放松了警惕，从拒绝吃请到逢请必到，吃喝玩乐，声色犬马，经常涉足不健康娱乐场所，寻欢作乐。甚至染上黄、赌、毒恶习，入不敷出后，便从接受一般礼品到收受巨额钱财，断送前程。

（三）蒙混过关的侥幸心理

侥幸心理是贪污贿赂犯罪人的一种很普遍心理。有的犯罪人认为自己一向做事诡秘，无人知道，不会出事；有的犯罪人认为自己是领导者，有权力，有关系，别人即使知道了，也不能把自己怎么样；有的犯罪人对专业知识及相关的法律、政策熟悉，自认为能做到天衣无缝，钻一钻法律的空子，打打擦边球，就能瞒天过海，或者即使被发现了，也能够借着手中的权力，使大事化小，小事化了；有的犯罪人认为自己是优秀党员，是劳动模范，有"大红伞"保护，别人也不会想到自己会作案。正是在这种侥幸心理的作用和影响下，很多意志薄弱的国家工作人员逐渐走向贪污贿赂犯罪的深渊。

很多贪污贿赂犯罪人在犯罪的过程中，也害怕犯事被抓，内心常常会出现紧张、压抑，不安等情绪反应，需要一种乐观的情绪来支持，而侥幸恰恰能够起到这种支撑的作用。在这种侥幸心理的作用下，他们一边放肆地聚敛财物，奢侈地享受着快乐的生活，一边以侥幸心理为精神寄托，自我欺骗，自我安慰，以减轻和缓解内心的恐惧感。其实，他们心里也非常清楚，侥幸的作用是暂时的、间断的，而且是危险的，但又期望和依赖侥幸以求得心理上的安慰或平衡，其实就是自欺欺人，妄图逃避法律的严厉制裁罢了。

（四）甚感吃亏的补偿心理

随着改革开放的深入和社会主义市场经济的发展，一些人通过诚实的劳动先富起来。有些国家工作人员在社会分配拉开差距的情况下，看到别人比自己待遇高，住房比自己好，或者原来的下级各方面都超过自己，或者看到才华、学问比自己差的暴发户发了财，便产生不平衡的补偿心理，开始用自己手中的权力补偿。特别是一些即将退休的老干部，认为自己的"政治使命"即将结束，因此，不求"奔头"只求"想头"，捞不到权就捞钱，正是这种补偿心理导致"59现象"的出现。

如果仅仅只是主观上产生了补偿心理，而不具备补偿的客观条件，这种补偿也只能是不切实际的空想，之所以能够成为现实，关键是这些官员手中还有权力，还有为自己服务的便利条件。因此，他们在"有权不用，过期作废"的补偿心理的支配下，紧紧抓住最后的机会为自己服务，疯狂地利用职权谋取私利。这种补偿心理，其实质就是贪婪与嫉妒共同作用下的贪腐前奏，是另一种形式的"报复"行为。这种心理一旦占据党政干部的思想高地，并与权势、金钱、享受结盟，无疑会成为腐败犯罪的"助推器""发动机"，后患无穷。

（五）按"劳"取"酬"的交易心理

腐败案件一半以上发生在经济领域，权钱交易成为腐败的主要形式。一些领导干部利令智昏，见利忘义，受不住清贫，耐不住寂寞，在工程建设、土地出让、产权交易、政府采购、资源开发等工作中，以权换钱，中饱私囊。一些国家工作人员为别人办了事，帮了忙，内心总希望"投桃报李"。这种国家工作人员把党和人民赋予的权力当成自己的私有财产。在"我帮他的忙，他应该感谢我""千里来做官，为了吃喝穿；做官不发财，请我也不来"这种图报心理的影响下，一朝大权在手，未办事先谈酬劳，谈妥酬劳再办事。在他们眼里，权力不过是一种待价而沽的特殊商品。在这种交易心理的驱使下，他们不送礼也不办事，甚至伸手索要所谓"辛苦费""好处费"，成为贪婪的"硕鼠"。

（六）有恃无恐的攀比心理

社会主义市场经济建立以后，我国的部分地区和部分人先富了起来。面对这一现实，少数意志薄弱的国家机关工作人员，看到别人买汽车、购洋房，心理不平衡，心想你能办到我也能，从而放任自身欲望的膨胀，与社会上的"富者"尽快"缩小差距"或者"跑步致富"成了其强烈的心理需要。一遇到适当的条件，他们可能利用职务之便或贪污，或受贿，权钱交易，逐渐走向了犯罪的道路。

职务犯罪中的攀比心理，就是指缺乏对自己的正确定位，在攀比的档次、目标和对象选择上，出现了严重错误，自我认知与现实遭遇产生了偏差。他们不是比抱负、比能力、比工作、比奉献，而是比暴富、比职务、比情妇，甚至比贪腐，结果是越比越觉得自己吃亏，越比越心里不平衡。腐败在攀比心理下萌生、升级，犯罪在攀比心理下形成、发展。由盲目攀比而产生心理失衡，为平衡而谋求补偿，为补偿而腐败犯罪。

（七）孤注一掷的赌徒心理

这种人崇尚"人为财死，鸟为食亡"的拜金主义哲学，在金钱的诱惑下，只要能捞到好处，得到经济上的利益，什么党性原则、荣誉尊严、道德良心甚至自由生命都可以置之脑后。在"有权就捞一把，逮住了自认倒霉"这种赌徒心理的驱使下，他们胆大妄为，大肆收受贿赂，顶风作案，明知以后会翻船，仍如飞蛾扑火，自毁前程。

（八）不能自控的从众心理

这是一种普遍性的贪官犯罪心理，是个体基于对社会公德、职业道德及人性的认知偏差，而丧失起码的责任心和道德感，随波逐流，乃至同流合污的一种心理状态和行为方式。在这种心理的支配下，一些贪污贿赂犯罪人大都经历了对腐败现象由"看不惯""很反感"，到"随大流""放手干"的过程，行为上从被动到主动，数额上从少到多，主观上从自私自利到贪婪成性。目前，我国的国家公职人员的贪污犯罪越来越严重。有些国家工作人员看到他人的贪污贿赂行径长期得逞并没有受到法律追究和惩罚，便产生了一种从众心理，认为"你干、他干、我也得干"，自己不做就吃了亏。正是在这种"大腐败，小腐败，人人都腐败"的从众心理驱使下，许多国家工作人员不顾国家法律法规、人民的利益，胆大妄为，铤而走险，利用手中的权力大肆收受贿赂。

（九）责任扩散心理

贪污、贿赂犯罪群体的出现会使个体产生法不责众的心理。由于行为主体分散，导致群体成员责任意识普遍下降，特别是职务级别较低的行为主体，往往认为"天塌下来有个儿高的撑着"，因而放纵自己的行为。目前，贪污、贿赂犯罪现象比较严重，于是产生"社会上贪污贿赂的也不是我一个人"的自慰心理。社会心理学认为，人有一种亲和动机。喜欢跟人交往、合群，以此来逃避孤独、恐惧和焦虑。贪污贿赂犯罪群体的出现，为每个犯罪分子提供了一个亲和的机会，从而减弱了他们的孤独感和恐惧感，产生了责任扩散心理。既增加了群体成员的安全感，又能使个体认为只需要负担其中一部分责任而不必负全责，相互壮胆，彼此解脱。责任扩散效应，是贪污贿赂犯罪群体普遍存在的心理。

辽宁一女厅官日受贿近万元全身珠光宝气

新华网沈阳 10 月 28 日新媒体专电　辽宁省本溪市中级人民法院日前一审判决辽宁省发展和改革委员会原党组书记、副主任张小普，犯贪污罪、受贿罪，数罪并罚，判处有期徒刑 15 年，并处没收财产人民币 240 万元。

在外人的眼里，张小普的人生之路可谓是一帆风顺，处处是鲜花和掌声——16 岁下乡插队，17 岁入党，21 岁任公社党委书记，30 岁走上处级领导岗位，44 岁任副厅级领导干部，49 岁走上正厅级领导岗位。此外，她还获得过"省优秀女领导干部""省优秀共产党员"和省"'五一'劳动奖章"等荣誉，头顶着太多令人美慕的光环。

然而在距离退休的最后几年，她却在金钱和权力的诱惑下，在补偿心理和侥幸心理的共同作用下，理想信念之柱轰然坍塌，思想深处发生"蜕变"，踩着腐败的滑轮，迅速地滑向违法犯罪的深渊。2014 年 9 月，其因涉嫌严重违纪问题被辽宁省纪委立案审查，后被移送司法机关起诉。

儿子结婚五星级酒店摆婚宴 9 万元餐费发改委"埋单"。

2011 年 57 岁的张小普被任命为省发改委党组书记、副主任，没能接任上发改委主任，而且退休在即，这些使她产生了极度的失落心理，人生信条也发生了急骤变化，心底的防线一朝打开，心里的贪欲便日益膨胀。

据专案组工作人员介绍，职业生涯的最后几年，张小普疯狂敛财，此时的她全身上下名牌服装，珠光宝气，名包、名鞋动辄上万元。在省发改委担任领导期间，张小普负责分管人事和财务工作，令人吃惊的是，她竟然将自己家里一应生活开支，悉数拿到单位公款报销，经查她将50余万元个人消费支出，在单位财务进行了核销，其中包括她儿子在沈阳万豪酒店结婚发生的92 000元费用，也在她本人的授意下，由相关人员以公款消费的形式进行核销。

法院经审理查明，2011年至2014年间，张小普利用职务上的便利，个人或伙同他人贪污公款，以及为亲属及他人谋取利益收受贿赂，累计金额达到近千万元。

揽权生财有捷径发改委项目发包给亲儿子。

张小普为了儿子许某某所谓的"事业"，多次亲自出马，将省发改委项目发包给许某某经营的公司，或通过他人为许某某经营的招投标代理和工程造价咨询业务承揽项目。

2012年下半年，辽宁省发改委准备开发节能评估的"能评智能监控管理软件开发服务"项目。张小普儿子知道消息后，与他人成立辽宁易普科技有限公司，自己占有一定股份。在张小普的安排下，易普公司成功中标。2013年4月，省发改委为易普公司支付合同款148.6万元。易普公司支付给张小普儿子数十万元项目提成款。

据专案组介绍，张小普利用自己的职务影响力多次收受他人贿赂，2012年，一家公司向辽宁省发改委申请企业资源综合利用项目和企业贷款贴息申报项目，负责人找到张小普，分几次送上15.8万美元。张小普受贿案件中，单笔金额最大的达到200万元，就是以她儿子收受的形式完成，请托人把这笔巨款直接打到了他儿子的个人银行卡。

任职发改委28个月，平均每天受贿近万元。

经查，张小普在辽宁省发改委党组书记、副主任岗位上共计任职28个月，合计840天，平均每天受贿近万元。

作为省发改委的党组书记，本应唯才是举，任人唯贤，可她却视公权为商品，"任人唯钱"。在这个问题上张小普一言九鼎，她认为，党委书记管干部，就应该自己说了算，不愿让别人插手，更听不进别人意见。

在本溪市女子看守所里，张小普流下了悔罪的眼泪，她说，当时自己私心、个人主义占了上风。"我的违纪违法问题，损害了发改委的集体荣誉，给发改委整体形象抹了黑，我是发改委的历史罪人。"

在发改委任职期间，熟悉张的人都有个共同印象，张小普的权力欲望非常强烈，喜欢在自己经营的小圈子里提拔干部。据了解，她安排使用干部有两个特点，一是跟她有特殊关系的人，她会安排到重要的位置，以便于她实施一些违纪违法犯罪行为；二是能力特别强，在发改委的工作中离不开的人，她也会提拔。在提拔使用干部过程中，她既受贿，又索贿，下属拿着装满现金的信封，毕恭毕敬送到她的办公桌上，成为一段时间内省发改委不正常的一幕。

据办案人员介绍，张小普把区分是不是自己人的标准，确定为"围不围着自己转，给不给自己送钱"，把正常的同事关系、上下级关系庸俗化、市场化、金钱化，丧失了一名领导干部最基本的道德准则和选人用人标准。经查，张小普在任省发改委党组书记、副主任期间，违规调入多名干部，共受贿110多万元。

（案例来源："新华网"，2015年10月29日）

张小普的案例尽管没有什么"最"，但也反映出贪污贿赂犯罪的普遍心态：贪婪自私、爱慕虚荣、自以为是、心存侥幸、权钱交易、离职前补偿、任人唯亲、任人唯财……最终一步步走向犯罪的深渊。

第三节　贪污与贿赂犯罪心理

一、贪污与贿赂犯罪人的心理特点

（一）认识方面：错误的世界观、价值观及法律意识

贪污与受贿犯罪是个体贪婪的欲求和以权谋私意志相结合的产物。他们普遍迷失了人生的方向，把为人民服务的崇高理想抛在脑后，奉行享乐主义和实用主义。他们的价值观中，个人的价值与社会的价值严重错位，片面强调个人需要和利益的满足而置社会或他人利益于不顾。把个人利益放在第一

位，把社会当作实现个人目的的手段。他们都认同"有权不用，过期作废""现在这个环境是发财的好机会""不捞白不捞，过了这个村就没这个店"等错误的观念。他们灵魂深处蕴藏着的是以权谋私与金钱至上的错误信条。

法律意识是人脑对法和法律现象的反映，是关于法和法律现象的观点、态度、的总称。就个体而言，法律意识主要包括法律知识、对法律的态度和守法的行为素养三个层次。它与道德意识相配合，调节人们的社会行为。贪污贿赂犯罪人的法律意识极为薄弱，并且存在错误的法律意识，对法律采取蔑视的态度。在错误的法律意识作用下，贪污贿赂犯罪人有恃无恐。

（二）动机方面：明显而强烈的贪利性动机，动机斗争比较强烈

贪污贿赂犯罪以非法获得大量的物质财富为主要的内心原因，其动机来源于物质性需要的推动力。他们对物质利益的无止境追求，使得他们贪得无厌，大量聚敛财富。贪污贿赂犯罪动机十分强烈。同时，贪污、受贿犯罪人多数都有一定的比较高的知识、文化水平，对与自己职务有关的法律和规章制度也相当熟悉。在复杂的动机斗争的过程中，他们寻找种种"合理化"的理由来进行自我安慰，以至于把反对动机（自尊、恐惧、名誉等）压抑下去，减少或解脱心理压力而继续指向犯罪。

（三）意志方面：明显的两极性

贪污、贿赂犯罪人对抗非法诱惑方面的意志力较差（或者逐步转变为较差），而在自己职务领域内执行实现自我欲望的犯罪行为意志力表现得非常顽固，有时甚至可以克服很大的客观障碍或抵抗其体验到的强大的风险，进行犯罪。贪污贿赂犯罪人的意志是坚持性与退缩性的矛盾结合体。因此，这种两极性的意志可以直接导致贪污贿赂犯罪行为方面的强烈侥幸性、冒险性。

（四）情绪与情感特征：隐蔽性与深刻体验性

受到该犯罪行为涉及领域，行为发生的非外显性特点及行为人独特主体生活阅历经验、智慧、地位的影响，犯罪人在犯罪预备、实施期间及犯罪后都不会明显地外显其紧张、惊慌、兴奋、欣喜等情绪、情感特征，其体验更具深刻性和隐蔽性的特征。与其他犯罪类型相比，犯罪人在实施之后也较少或较不显著流露其反常的行为反应。

（五）消极的职业人格特征

所谓职业人格，是指一个人的职业环境对其人格造成的影响。职业人格具有社会文化性。贪污、受贿的犯罪人本是国家公职人员，他们的职务表明

了所担任工作的重要性。由于职务的关系，这些人具有许多业务的经验和技能，形成了广泛的交往关系。这种职务优越感是促使其走上贪污、受贿犯罪道路的重要心理因素。因此，贪污、受贿的犯罪人很容易表现出消极的职业人格特征：金钱至上的价值观，对国家和人民利益的错误态度，惯于利用职务上的便利，富于心计，善用手段，灵活多变，狡猾奸诈等。

二、贪污贿赂犯罪人的行为特征

与贪污、贿赂犯罪人心理特点相联系，贪污贿赂犯罪人的行为特征主要表现在以下几个方面：

（一）隐蔽性

贪污贿赂犯罪人的行为有很大的隐蔽性。犯罪人精心选择犯罪时间、犯罪地点、采取多种作案手段收受贿赂，交易也是在隐秘的情况下进行的。同时，贪污、贿赂犯罪人也往往利用自己手中的权力、"保护伞"或各种光环和桂冠如"先进""劳模""代表"等各种手段掩盖自己的罪行。这些都给侦查机关的侦查、取证带来很大的困难。

（二）智能性

贪污、贿赂犯罪人的行为具有智能性。犯罪人一般都有较高的文化知识和专业水平，是各自岗位上的佼佼者。他们利用多种手段，变相地收受贿赂。有的犯罪人利用电子计算机技术进行贪污活动。近几年以来，很多犯罪人利用多种方法对贪污受贿所得的赃款进行洗钱，掩盖其犯罪事实，如很多高官到境外进行赌博，利用赌博进行洗钱。

（三）反复性

贪污、贿赂犯罪人的犯罪行为具有反复性。贪婪是这类犯罪人的主要心理特点。一旦犯罪人第一次犯罪成功后，会有很大的满足感和成功感。这种满足感和成功感强化了他们的贪婪欲望，并且这种欲望越来越膨胀。一旦遇到合适的犯罪机会，他们往往再次进行犯罪行为。有的犯罪嫌疑人在一年内进行贪污、受贿行为多达几十次。

（四）互动性

贪污、受贿行为与行贿行为具有密切的关系。国家公职人员的贪污受贿行为与行贿行为之间是相互影响的密切关系。如果国家公职人员有高度的抵抗力，不收受贿赂，行贿人也不敢轻易行贿，贪污、贿赂犯罪就会下降。如果国家公职人员意志薄弱，容易受贿，行贿人就容易行贿，贪污贿赂犯罪就会大大提高。贪污受贿行为与行贿行为互为消长而交互影响。

（五）牵连性

国家公职人员为掩饰和隐藏自身的贪污受贿犯罪行为，往往将同一部门或相互协作的工作人员也"拉下水"，形成一个收受贿赂的链条和贪污腐化的团体。如果相互协作的工作人员中有一人不同意犯罪，那么其他人就不敢肆意贪污贿赂，收受他们贿赂也难以办成所托之事。只有将相关渠道"打通"，办事才能通行无阻，贪污、受贿才能"心安理得"。因此，贪污受贿案件窝案、串案突出，牵连较广。

思考题

1. 简述当前贪污贿赂案件的新特点。
2. 影响贪污贿赂犯罪的主体因素有哪些？
3. 贪污与贿赂犯罪人具有哪些心理特点？

第六章

渎职犯罪心理

第一节　渎职犯罪概述

一、渎职犯罪的特征

渎职罪，是指国家机关工作人员，利用职务上的便利，滥用职权、玩忽职守或者徇私舞弊，妨害国家机关的正常管理活动，致使国家和人民利益遭受严重损失的行为。从字面上理解，渎职的基本含义就是不尽职，就是权力运行与职责相背离的行为。所谓不尽职，其实质就是不履行、不正确履行或违反规定行使职权的行为。

权力运行与职责相背离的渎职行为，在实践中一般表现为以下三种类型：

一是滥用职权行为。其含义是超越职权，违反规定处理公务的行为。这种行为多数表现为行为人没有明确的目的性，对某种结果的出现既可以表现为间接故意特征，也可以表现为行为人对结果的出现持直接故意的心理特征。滥用职权行为的核心是对职权行为的不节制使用。

二是玩忽职守行为。其含义是行为人严重不负责任，不履行或不正确履行职责的行为。这种行为表现为行为人虽然对可能出现的结果持排斥心理，但对其应当履行的职责不履行或不正确履行。

三是徇私舞弊行为。其含义是行为人因具有徇私、徇情的心理和情节而驱使行为人实施与职务有关的不当行为。徇私舞弊行为与渎职侵权行为是两种独立的行为，同时又是两种紧密联系的行为。前者是后者实施的动因，如徇私舞弊不移交刑事案件行为，就包括徇私行为和不移交刑事案件行为，徇私行为是不移交刑事案件行为的内在动因。"舞弊"既是对徇私和渎职行为的一种否定评价，也是指徇私和渎职行为本身。

纵观上述渎职行为，我们可以发现渎职犯罪有以下特征：

（1）侵犯的客体是国家机关的正常管理活动。国家机关的正常管理活动，是指国家机关实现其基本职能的正常工作活动。国家机关工作人员在从事公务、履行管理职能的过程中，都必须遵纪守法，廉洁奉公，恪尽职守，切实维护国家和人民的利益。这样才能使国家机关的管理活动合法、公正和高效地进行。而如果国家机关工作人员滥用人民赋予的权力，徇私舞弊，贪赃枉法，玩忽职守，则必然干扰国家机关的正常管理秩序，阻碍党和国家机关实现其基本职能，有的还会给国家和人民利益直接造成重大损失，从而大大降低国家机关的威信，严重损害人民群众对国家机关的管理活动的合法性、公正性和有效性的信赖。

（2）在客观方面表现为国家机关工作人员滥用职权、玩忽职守或者徇私舞弊，不履行或者不正确履行应当履行的职权，严重妨害国家机关的正常管理活动，损害公民对国家机关管理活动的合法性、公正性和有效性的信赖，致使国家和人民利益遭受重大损失的行为。

（3）主体是国家机关工作人员。国家机关工作人员是指在各级各类国家机关中从事公务的人员，包括在各级国家权力机关、行政机关、司法机关、军事机关中从事公务的人员，以及中国共产党和中国人民政治协商会议的各级机关中从事公务的人员。国家机关工作人员的范围不同于国家工作人员，不包括国有公司、企事业单位或者人民团体中从事公务的人员和国家机关、国有公司、企业、事业单位委派到非国有公司、企业、事业单位、社会团体从事公务的人员以及其他依照法律从事公务的人员。

（4）主观方面一般是出于故意，如滥用职权罪、徇私枉法罪、枉法裁判罪、私放在押人员罪等，少数犯罪也可以出于过失，如玩忽职守罪，国家机关工作人员签订、履行合同失职罪等。

二、当前渎职犯罪的严重性与危害性

（一）渎职犯罪的严重性

作为不作为形式的职务犯罪，渎职犯罪尽管在数量上不像贪污贿赂犯罪那么庞大，但它的严重性却远大于贪污贿赂犯罪。从近年来发生的重大食品、药品安全事件来看，几乎每一起背后都有相关公职人员职务犯罪，尤其是国家机关工作人员的渎职犯罪问题。而每一起渎职侵权案件几乎都与老百姓的健康、财产甚至生命直接相关。渎职犯罪有的甚至造成无法挽回的生命丧失和无法估量的财产损失。单从财产损失看，据有关权威性统计资料表明，渎职侵权犯罪给国家和人民群众财产造成的损失平均每件达 140 万元，有的案件造成的经济财产损失动辄千万元甚至数亿元。2011 年 7 月造成 200 多人伤亡的甬温线特大铁路交通事故，2012 年 8 月造成 40 多人死亡的四川攀枝花肖家湾煤矿特大瓦斯爆炸事故，2013 年吉林省德惠市米沙子镇宝源丰禽业有限公司发生的火灾事故，造成 120 人遇难、77 人受伤，2014 年晋济高速山西晋城段岩后隧道 "3·1" 特大道路交通危化品燃爆事故，2015 年 "8·12" 天津滨海新区爆炸事故……背后都有渎职犯罪的身影。

2014 年，各级人民检察院依法惩治渎职侵权犯罪。"积极回应人民群众反映强烈的'为官不为''为官乱为'问题，查办国家机关工作人员渎职侵权犯罪 13 864 人，同比上升 6.1%，其中行政执法人员 6067 人、司法人员 1771人。延寿看守所发生在押人员杀警脱逃、讷河监狱发生在押罪犯利用手机进行网络诈骗的恶性案件后，检察机关及时介入，依法对涉嫌玩忽职守、滥用职权犯罪的监管人员立案侦查。同步介入晋济高速特大燃爆事故、昆山特大爆炸事故等重特大安全生产事故调查，查办事故背后渎职犯罪 788 人。"

（二）渎职犯罪的危害性

国家机关公职人员渎职犯罪对于和谐社会的构建存在极大的危害性，国家机关工作人员玩忽职守、滥用职权、徇私舞弊以及利用职权侵犯公民人身权利和民主权利犯罪，具有严重的社会危害性。

1. 致使国家和人民利益遭受重大损失

从个案数额上看，因国家机关工作人员渎职失职，给国家和人民利益造成几千万、上亿元的案件屡见不鲜。

2011 年 7 月 23 日晚上 8 点 30 分左右，北京南站开往福州站的 D301 次动车组列车运行至甬温线上海铁路局管辖的永嘉站至温州南站间双屿路段，与前行的杭州站开往福州南站的 D3115 次动车组列车发生追尾事故，后车四节车厢从高架桥上坠下。这次事故造成 40 人（包括 3 名外籍人士）死亡，约200 人受伤。D301 次列车司机当场死亡，胸口被车闸刺穿，可以推断司机通过肉眼看到前面的列车时，做过刹车的处理，但是已经来不及了。温家宝总理 2011 年 7 月 28 日上午实地察看事故现场并召开中外记者会。事故遇难人员赔偿救助标准为 91.5 万元。2011 年 12 月 28 日，国务院召开常务会议，认定为一起设计缺陷、把关不严、应急处置不力等因素造成的责任事故，刘志军、张曙光负主要责任。甬温铁路客运专线，自宁波至温州，全线长 268 千米。就是这短短 268 千米的铁路，建设周期从 2005 年 10 月至 2009 年 10 月，耗时 4 年，耗资 160 亿元。

2. 严重危害社会主义市场经济秩序

国家机关工作人员不严格履行其法定职责，甚至以权谋私，轻则导致国有资产流失，重则破坏市场经济秩序，阻碍经济社会发展。

3. 侵害群众切身利益

在环境资源、医疗医药、教育管理、安全生产、食品卫生、房屋拆迁、社保资金、企业改革改制等领域的渎职犯罪，严重侵害广大人民群众的切身利益。如在一些地方先后出现的毒奶粉、地沟油等一系列食品安全重大责任事故也都与政府部门监管不到位有重大关系。

4. 践踏法律尊严

司法正义是社会正义的最后一道防线，污染司法正义，就好比污染水之源头，司法公务人员徇私枉法、枉法裁判，滥用司法权，有法不依，执法不严，弄虚作假，歪曲事实甚至充当黑恶势力的保护伞，不仅失去办案的正义性也残忍地践踏了法律的尊严，而且对于我国社会主义法治建设有着极大的危害性。

5. 严重侵犯公民人身权利、民主权利

渎职侵权犯罪往往最直接的后果就是对于公民人身权利、民主权利的侵犯，一些国家机关工作人员在执法、司法过程中，作风粗暴、耍特权、逞威风、刑讯逼供、非法拘禁，手段残忍，造成了极为恶劣的社会影响。

三、当前渎职犯罪的新特点

渎职案件发生在不同的领域、不同的行业，发生在履行职务的过程中，且犯罪嫌疑人与原案当事人之间大多具有行为的相关性和利益的一致性，由此决定了渎职犯罪具有很强的专业性、智能性、隐蔽性和欺骗性等特征：

（一）渎职案件发生在不同的领域、不同的行业，具有很强的专业性和智能性

《刑法》第九章"渎职罪"中规定的罪名多达44余种，范围涉及公、检、法、工商、税务、海关、商检、土地、林业、教育、文物、卫生防疫等诸多行业和部门。"隔行如隔山"，各行各业都有各自的行业规定和管理法规，涉及的法律法规多、领域广，技术性、专业性和政策性强，局外人一般都难以掌握。因此，发生在这些领域和行业的渎职犯罪，也难以为一般人所发现。同时，渎职案件的犯罪嫌疑人身为国家机关工作人员，或者虽无国家机关工作人员身份，但实际从事国家公务，有的甚至是掌握重权的领导干部，他们大多接受过高等教育或专业培训，有的甚至是某一方面的专家或资深人士，通晓本单位、本部门涉及的法律法规和政策，社会阅历深、见识广，处事老练，善于钻法律、政策的空子，其犯罪手段十分狡诈、绝密，呈现出很强的智能性特征。

（二）渎职案件发生在履行职务的过程中，具有很强的隐蔽性和欺骗性

一方面，渎职犯罪通常掩盖在职务行为背后，实际上就是一种"作弊"行为。如徇私舞弊，犯罪活动是在十分诡秘的情况下利用职务之便进行的，因犯罪行为与职务行为紧密地交织在一起，很难为他人所察觉。而徇私舞弊案在一般情况下，又没有可供勘查的犯罪现场，很难获取有关物证。同时，行为人在实施犯罪行为时，都是知法犯法，深知行为后果的严重性，因此，往往在实施犯罪的过程中就订立了攻守同盟，即使犯罪行为被发现，该行为也可能被伪装成符合法律规定的、正当的职务行为。另一方面，渎职犯罪特别是玩忽职守犯罪，因为发生在履行职责的过程中，与一般工作失误有时很难界定，故特别容易被"失误"或"缺乏工作经验"所掩盖，也容易引起他人的同情和"帮助"，因而具有很大的欺骗性，与其他案件相比，办案阻力更大。

（三）渎职案件的犯罪嫌疑人与原案当事人之间大多具有行为的相关性和利益的一致性

渎职案件往往都有与之相关的原案，而渎职案件的犯罪嫌疑人和原案当事人之间的利益在多数情况下是一致的，只有在少数情况下才会发生冲突。这是因为，渎职案件绝大多数都是行为人因徇私或者殉情，应原案当事人的请求实施犯罪的。双方因此结成一个利益联盟，双方的行为都是国家法律、

法规所明文禁止的，如果不被发现，都可从中获取一定利益，如果有一方行为败露，则势必危及另一方，不但既得利益保不住，而且双方都难逃脱法律的追究。所以，这类案件一般难于发现、难于突破。即使行为露出马脚，他们也会竭力掩盖真相，千方百计阻挠侦查，规避法律。

（四）渎职案件往往牵涉人员多、职权大，具有责任的分散性和背景的复杂性

如前所述，渎职案件的犯罪主体多为握有一定实权的国家机关工作人员，有的甚至是位高权重的领导干部，这些人关系网多，保护层厚，犯罪手段隐蔽狡猾，反侦查能力强。一般外围调查不能知内情，深入调查难免触及其关系而打草惊蛇，调查难以深入。加之此类犯罪特别是玩忽职守，往往涉及人员多、责任分散、背景复杂，故稍有风声，即草木皆兵。在目前执法环境不太理想的情况下，一些人从本单位、本部门的利益出发，片面强调保护干部的积极性，过多顾及单位和领导的声誉、面子，瞒案不报，内部消化的现象较为普遍。有的甚至设置障碍，阻挠办案。同时，由于职务行为引发的犯罪具有行为过程、动机、后果和责任都难以认定的特点，收集证据比较困难。

（五）渎职案件往往没有直接的被害人和相关物证，多凭言词证据定案，案件具有多变性和反复性

如前所述，一方面，多数渎职案件没有直接的被害人，办案工作缺乏积极的、稳定的，有利于控方的言词证据的支持，而渎职案件的犯罪嫌疑人与原案当事人之间利益的一致性又使得据以定案的言词证据极具消极性而缺乏稳定性。另一方面，多数渎职案件没有可供勘查的犯罪现场，这就给侦查工作中发现、收集各种物证，确定犯罪地点和场所增加了难度。不仅如此，渎职类犯罪分子特别是徇私舞弊案件的犯罪嫌疑人，大都知法懂法、具备较强的反侦查能力，通过职务上的便利，有条件接触原案的当事人和其他知情人，稍有风吹草动，便可能威胁、恐吓当事人，逼迫当事人翻供、证人翻证或者继续作虚假供述、陈述，或者毁灭证据，串供串证，制造假象，设置障碍，干扰侦查活动的进行。这一切，都给渎侦办案工作增添了很大难度，极易使案件出现反复。

再加之宣传工作不十分到位，人民群众还不能深刻认识渎职犯罪的社会危害性，因而缺乏与之作斗争的自觉性。一方面广大干部群众对刑法规定的渎职犯罪知之不多，对一些行为特别是新罪名行为，根本就没有认识到是犯

罪。同时，渎职犯罪一般也没有直接的被害人，很多人即使认识到某种行为是渎职犯罪，也因为事不关己而采取视而不见、听而不闻的漠然态度，因此，少有控告和举报。另一方面，有些人虽然也对渎职犯罪有所认识，但总认为"渎职犯罪多为过失犯罪"，犯罪嫌疑人没有中饱私囊，对其危害性认识不够，因而恨不起来。有的甚至对犯罪嫌疑人表示理解、惋惜，觉得他们"为公犯罪"划不来而感到同情。事实上，渎职犯罪与贪污贿赂犯罪一样，是最为严重的腐败现象，它的发展蔓延，已危及国家政权的稳定。而目前的司法实践也表明，渎职犯罪往往与贪污贿赂或其他经济犯罪交织在一起，也常常与其他刑事犯罪同时发生。

现行渎职侦查办案体制，各市检察院虽也派人协查案件，但实际侦查工作仍以基层检察院为主进行。所以有些犯罪嫌疑人也认为基层检察人员与同级国家机关、执法部门工作人员较为熟悉，有着千丝万缕的联系，基层检察院为了避免关系僵化，影响以后工作，自身也要注意和其他机关协调关系，因而在办案中不能完全放开手脚，遇到干扰和阻力，往往深查不下去。同时，基层渎侦部门查处案件范围窄、经验不足，加之人少力单，形不成拳头，不利于大（要）案的突破。渎侦队伍的素质与执法水平还不能很好地适应形势和任务的需要，加之办案经费紧缺，装备落后，渎职案件的侦查缺乏深入性和持久性。一方面，渎侦干警的知识水平和业务素质与实际工作需要尚有较大差距。相当一部分人缺乏对工商、税务、海关、土地、环保、森林、教育、卫生等方面专业知识的了解，在实际工作中，只熟悉司法机关工作人员中发生的渎职案件，对行政执法机关或其他专业技术领域发生的渎职案件则发现不及时，查处不力。另一方面，办案经费紧缺，办案成本提高，也束缚了办案人员的手脚，客观上造成许多复杂案件的侦查工作不能深入、不能持久、不能突破到位，往往只能草草收场，侦查案件质量不高，直接影响了办案的法律效果、政治效果和社会效果，有的甚至造成案件流失，放纵了犯罪。同时，也一定程度地挫伤了干警的办案积极性。

有的渎职侵权犯罪的被告人被作出有罪判决后，没有按规定交付监狱执行，有照顾情面留所服刑现象出现，判决没有得到应有的执行，削弱了惩罚的力度。

第二节 渎职犯罪心理分析

我国现行刑法规定的渎职犯罪，主要包括玩忽职守、滥用职权和徇私舞弊三种基本类型的渎职犯罪，被称为国家机关工作人员"不揣腰包"的犯罪，其本质是权力与责任脱节，导致权力的失用或滥用。渎职的行为和结果，严重违背了国家机关工作人员职责的公正性、廉洁性和勤勉性，妨害了国家机关正常的职能活动，严重损害了国家和人民的利益。依照现行法律规定，渎职罪属于结果型犯罪，一旦成立，往往已经造成难以挽回的重大损失或严重后果。因此，对渎职行为的事后查处固然必要，但沉重的代价要求我们必须把眼光前移：预防为先，努力从源头上遏制犯罪。所以我们拟深入分析渎职犯罪的心理诱因，以供司法实践所需。

一、影响渎职犯罪的主体外因素

渎职侵权犯罪的成因是多方面的，根据当前的客观实际和司法实践，渎职侵权犯罪产生的原因既有观念层面上的，也有制度层面上的。

（一）传统"权力私有化"观念的影响

渎职侵权犯罪在实践中具体表现为国家机关工作人员滥用国家权力或者不履行、不认真履行国家权力违反职责的行为。按照权责一致的原则，权力和责任是对等的，拥有多大的权力，必然要承担相应的责任。然而，在我们的社会文化中，官本位思想仍然很活跃，公权力的思想并未深入人心。一些封建残余思想，如"学而优则仕""千里来做官，只为吃和穿""权力不用，过期作废"等等，还在大行其道。在这种社会背景下，某些权力的拥有者会把权力私有化，并将其作为寻租的工具，使权力变成一种商品。在权力被商品化的过程中，它的作用会被发挥到极致，而与它对应的责任必然被最小化至极点，甚至为零，因为这样才符合商品社会中利益最大化的原则。也因此，才会产生滥用权力和不履行、不认真履行职责的行为。总之，权力的私有化观念是产生渎职侵权类犯罪的思想根源所在。

（二）对渎职侵权相关法律存在认识上的欠缺

渎职侵权犯罪涉及 44 个罪名，贪污贿赂犯罪只涉及 13 种罪名，但贪污贿赂犯罪的知晓度、查办力度却比渎职侵权犯罪大得多。这主要是因为对渎职侵权犯罪在认识上有欠缺：一方面，渎职侵权犯罪是国家机关工作人员在履职过程中发生的犯罪，涉及环节多，责任相对分散，人们很容易对其社会危害性认识不足，尤其是容易和"工作失误""处理不当"相混淆；另一方面，不少国家机关工作人员认为只要不贪污受贿，没有谋私利、揣腰包，就不应以犯罪论处。再加上社会公众特别是一些国家机关工作人员和领导干部，对渎职侵权犯罪的严重危害性，以及惩治渎职侵权犯罪的重要性和必要性的认知程度不高，相当多的渎职侵权犯罪案件被忽视、被容忍、被谅解。这些错误的法制观念也是导致渎职侵权犯罪高发的一个重要原因。

（三）干部管理机制与运作的弊端

尽管经过历次的人事制度改革，我国国家机构臃肿，人浮于事的状况有所改观。但是目前，干部"能上不能下、能进不能出"的用人模式导致的"干好干坏一个样"的工作评价机制依然存在。正是这样，一些国家机关工作人员对工作严重不负责任，不严格履行自己的职责，导致了上有政策，下有对策，工作只重数量，不重质量，致使发生重大工作失误，使国家、集体和人民利益遭受重大损失。比如，由于某些公职人员的玩忽职守，疏忽大意，违反科学，违章蛮干，冒险施工而造成工矿企业重大责任事故；有些公职人员严重不负责任，没有查明签约对方资金情况和履行能力，就轻信对方，支付款项或发放贷款，造成国家巨额资金被骗或难以收回的现象；有些地区和部门的领导，不经调查研究和科学论证，草率决策和盲目投资，展开大规模的基建工程而导致国家巨款资金、资源的惊人浪费等。严重的官僚主义的存在，必然会出现滥用权力或不正确行使权力的现象，必然会导致玩忽职守，徇私舞弊等渎职犯罪的产生。

（四）法律制度不完善，打击渎职侵权犯罪力度不够

一是现行刑法法条对于渎职罪构成表述普遍具有高度概括性，带来模糊性和不确定性，司法实践中不易操作。虽然最高人民检察院《关于渎职侵权犯罪案件立案标准的规定》对渎职犯罪的非物质性危害结果情形作出规定，但仍给实践中对渎职犯罪客观方面的认定留下较大自由裁量空间，而不利于贯彻罪刑法定原则和从严查处职务犯罪刑事政策之间的协调；二是渎职侵权犯罪主体规定不够全面。现行刑法规定渎职侵权犯罪的主体是国家机关工作人员，不符合国际社会对公职人员作宽泛解释的趋势；三是当前渎职犯罪刑罚单一，只是适用自由刑；四是司法机关惩治渎职犯罪缺乏有效的震慑作用，

法院对渎职侵权犯罪等职务犯罪案件判处免予刑事处罚、适用缓刑的比率逐年增加。来自最高人民检察院的数据显示，2005 年至 2009 年 6 月，被判处有罪的渎职侵权被告人中，宣告免予刑事处罚和宣告缓刑的占 85.4%。另外，刑法关于渎职犯罪构成要件和量刑标准的规定不够明确，导致司法实践中执法不统一、认识不一致，一些危害严重的渎职犯罪法定刑偏低，轻刑化的现象突出，难以起到惩治和警示作用。

（五）监督制约机制松懈，制度流于形式

孟德斯鸠曾说："一切有权力的人都容易滥用权力，这是万古不易的一条经验。"为了加强对权力的监督和制约，我国综合运用了党内监督、人大监督、政府专门机关监督、司法监督、政协的民主监督、社会监督、新闻舆论监督等多种监督形式。但是，由于各种监督机构之间的协作配合机制不完善，严重削弱了整体功能的发挥。同时，由于主要的监督机构在人、财、物上由地方党委政府管理，导致监督主体受制于监督客体，使监督制度和举措流于形式。由于对权力的监督和制约不够，特别是对领导干部尤其是对"一把手"的职务行为缺乏有效的监督和制约，给一些人滥用职权实施渎职侵权犯罪提供了方便。所以，权力过分集中而又缺乏监督，民主法制意识淡薄，很多制度成了摆设，导致了职务犯罪渎职犯罪的高发。同时，虽然各地各部门都普遍制定了相应的预防职务犯罪的规定、纪律、制度、办法等，但在具体落实上，发挥的实际效果却不够。如某地桥梁倒塌之前，就已经有市民意识到存在的隐患，但是他们或者没有向有关部门反映情况，或者反映了也没有被理睬，只能坐等悲剧的发生。缺乏有效的监督途径以及监督途径不顺畅，也增加了渎职侵权类犯罪发生的概率。

二、影响渎职犯罪的主体因素

诱发渎职犯罪的原因是多方面的，但畸形心态是其中较为重要的原因。总体看，渎职犯罪的心理诱因主要有以下几种：

（一）高人一等的特权心理

这种心理就是利用自己手中的权力和身份地位形成的势力谋取私利，又毫不惧怕的一种心理状态，这是中国历史上流行的官本位意识，至今仍在一部分领导中大有市场。他们以官为重、以官为贵、以官为尊，一旦当了官、有了权，就自以为是、高人一等、目空一切。在他们心里和眼里，少了责任、约束和顾忌，多了权力、"尊严"和地位。在这种心理驱使下，他们文过饰非，好大喜功，老虎的屁股摸不得，听不进不同意见，更不能忍受任何监督与制约，以个人好恶作为判断是非曲直的标准和决策的依据，这就必然导致权力的滥用。在特权心理的支配下，他们有的把权力作为升官发财的工具，以权谋私；有的利用权力专断独行，破坏党的民主集中制；有的在工作中不负责任，失职渎职。

传统中国人存在一种"恋权情节"，其本质就是对权力的崇拜和趋从。也就是我们上面谈到的官本位心理。恋权情节作为一把双刃剑，有着其正面和负面的影响，如果其权力能得到有效制约，社会的法律法规及权力运用的制度都比较完善，整个社会是以制度作为运行依据而非权力，那么它就可以发挥其正面的影响，起到领导社会进步、维护社会稳定及社会秩序的良好作用。如果权力不能得到有效监督，社会的运行或工作的开展是以权力的大小来进行决定的，社会对个人贡献的评价也以官位的大小来进行衡量，那么就会给官本位思想的滋生提供土壤环境，也会在一定程度上给权力滥用和权力腐化者以可乘之机。官本位心理刺激了人们的权力欲望，促使某些人把整个精力和智慧聚焦在权力上，因为有了权就有了一切，导致某些人在获得权力后，没有很好矫正自身的权力观，对权力的滥用和腐化现象层出不穷，给国家和人民的利益造成了十分严重的损害，也不利于社会的健康发展。

"铁老大"刘志军在担任原铁道部部长期间，徇私舞弊，违反规定为丁羽心及其亲属直接控股的公司获得铁路货物运输计划、获取经营动车组轮对项目公司的股权、运作铁路建设工程项目中标、解决企业经营资金提供帮助，使丁羽心及其亲属获得巨额经济利益致使公共财产、国家、人民利益遭受特别重大损失。刘志军之所以能够长期为所欲为，是因为他手里掌握着"特权"，视自己所管地区为"独立王国"，个人凌驾于人民和组织，甚至法律之上，随意损害人民利益，侵吞国家、集体财产，搞"近亲繁殖"。不可否认，刘志军在位期间，中国铁路进入了跨越式发展的时代，但也因为这种好大喜功的跨越式发展，"跨越"了中国的国情，也成为日后出现震惊国内外的胶济铁路列车撞人事故，胶济铁路列车相撞事故和"7·23"甬温线特别重大铁路交通事故的重要原因之一。

（二）"为公不犯罪"的糊涂心理

至今仍有不少人认为：只要不是为个人谋取私利，不揣进自己的腰包，即使不对，再错也不会错得太远，更不会追究自己的刑事责任。在"钱不进个人腰包不犯罪""为公不犯罪"等心理驱使下，他们即使明知自己的行为违反了职责要求和有关法规，但却为了小团体利益、地方利益，甚至劳民伤财的所谓"政绩""发展"而胆大妄为，违法操作，盲目拍板。一旦造成严重损失，就美其名曰以"好心办坏事""失误在所难免""交学费"等为其开脱责任。

在检察机关查办的渎职案件中，有的公职人员以"公土打公墙"、以个人没有中饱私囊为借口，弄权渎职；有的盲目决策，造成重大经济损失；有的玩忽职守，在经济活动中失职受骗，损失惨重；有的擅自挪用公款，使国家失去对公款的控制；有的在土地审批过程中违反有关规定，擅自改变土地性质，非法低价出让土地，造成国家土地收入巨大损失；有的在税收征管中慷国家之慨，睁一只眼闭一只眼，不征或少征税款，造成税收巨大损失。

这些渎职者尽管没有将金钱装入个人腰包，但由于他们的渎职，却造成国家和人民生命财产的巨大损失，严重损害了党和政府的形象。而在现实生活中，这种不装腰包的腐败造成的经济损失，远远大于贪污受贿等职务犯罪。玩忽职守、失职渎职的危害决不能低估，"个人不装腰包""不是故意是过失""好心办坏事"，都不能成为为渎职者开脱的理由。

（三）轻信自负的侥幸心理

通俗而言，侥幸心理指在客观情况不允许做某种事情的情况下，为了达到某种个人目的而抱着试试看的态度，即投机冒险心理侥幸。一些人认为自己见多识广，经验丰富，处事能力强，经历过"大风大浪"，从来不会也不可能"翻船"。在这种心理驱使下，他们过于自信，盲目拍板，不认真调查研究，不尊重科学知识，不遵守程序法规，听不进不同意见，最终造成重大损失。对有关的渎职案件进行分析，我们发现有些渎职犯罪嫌疑人的犯罪目的是盲目的，特别是过失类渎职罪更是如此。另外职务犯罪的人员还存在工作敷衍搪塞、马虎凑合的"敷衍"的心理；因为图新鲜，容易造成人为事故"好奇"的心理；心情急躁，草草行事，偷懒少干的"急躁"的心理，这些都是诱发事故产生的心理因素。

（四）贪图享受的虚荣心理

心理学上认为虚荣心是自尊心的过分表现，是为了取得荣誉和引起普遍注意而表现出来的一种不正常的社会情感。他不同于功名心。功名心是一种竞争意识与行为，是通过扎实的工作与劳动取得功名的心向，是现代社会提倡的健康的意识与行为。而虚荣心则是通过炫耀、显示、卖弄等不正当的手段来获取荣誉与地位。他的本质表现在于凡事爱进行比较，无论是在工作上还是物质享受、官位大小上，通过比较来取得一种心理的目的。无论用什么方法，哪怕是用不正当的手段都要达到其心理的目的，取得某种满足，而这种满足是通过不断与他人进行不正常比较得来的，是没有止境的，而一旦达不到其心理目的，就会很快产生心理不平衡感，如果不能及时得到矫正遏制及治疗帮助就会向极端方向发展，这也是握有权力者会滥用权力实施渎职犯罪及进行权力腐化的一大诱因。而一旦握有权力者因心理不平衡放纵自身走向极端，那么其对国家及人民所造成的损害将会呈扩大化发展，其损失也将难以弥补。

虚荣心理极易表现出作风漂浮不实，官僚主义严重。犯这种错误的行为人绝大多数是一个地区、一个部门、一个单位的领导干部，他们往往高高在上，不深入基层调查研究，从想当然出发，拍脑袋做决策，严重脱离实际安排工作、解决和处理问题。主要表现为：一是违反民主集中制原则，独断专行，个人说了算；二是违背客观规律，不讲科学，意气用事；三是只唯上，只唯书，不唯实，脱离实际，搞"假、大、空"。

原广州重型机械厂厂长王胜杰就是一个最典型的例子，他因自己的"政治愿望"未能实现，心理产生极度不平衡感，从而放纵自己，大肆贪污受贿、滥用职权，给国家和企业造成了巨大的经济损失，最终沦为了受人民唾弃的阶下囚。一些实权人物爱慕虚荣、炫耀权力、贪图享受。公家的钱"不用白不用，用了也白用"，在这种心理驱使下，他们挥霍公款再多也毫不心疼，给国家和单位造成巨大经济损失。

（五）得过且过的麻木心理

一些国家机关工作人员或领导，对工作严重不负责任，工作作风涣散，该审查的不审查，该把关的不把关，埋下严重问题的隐患；问题出现后，又掉以轻心，麻木不仁，不采取积极有效的措施进行补救，致使造成严重后果。

国家食品药品监督管理局原局长郑筱萸在任期间，在全国范围内统一换发药品生产文号专项工作中，严重不负责任，未做认真部署，并且擅自批准降低换发文号的审批标准。经抽查发现，郑筱萸的玩忽职守行为，致使许多不应该换发文号或应予撤销批准文号的药品获得了文号，其中6种药品竟然是假药。郑筱萸的行为，致使国家和人民的利益遭受重大损失，导致药价虚高假药泛滥，其行为已构成玩忽职守罪。2007年5月29日，北京市第一中级人民法院对郑筱萸案作出一审判决，以受贿罪判处郑筱萸死刑，以玩忽职守罪判处其有期徒刑7年，两罪并罚，执行死刑。郑筱萸在被行刑前忏悔道："我手中的权力直接关系到人民群众的生命安全！我虽然没有亲手杀人，但由于我的玩忽职守，由于我的行政不作为，使假药盛行，酿就了一起又一起惨案。这个账我是该还的。"郑筱萸的行为导致国家药品监督严重失序，严重危及人民群众的生命健康，并严重损害了国家药监机关的公信力，社会影响极为恶劣，社会危害广泛而深远。

（六）法不责众的去个性化心理

去个性化心理是指个体在群体中或与群体一起从事某种活动时，个体对群体的认同，或以群体自居，使个体的个性溶化于群体之中，从而失去了个性感。它也是一种导致渎职犯罪的常见心理，造成这种心理的原因不止一个，但造成权力被滥用的一个最主要的原因就是丧失了责任感。当一个人在单独使用权力履行职责的时候，往往就能尽量约束自己，做到谨慎行事，慎用权力，尽职尽责。可是在群体中，其成员就会感到其使用权力的行为是以整体出现的，责任落实到群体身上，或者分散到每个个体身上，责任就会难以界定。那么个人就可以避免承担群体行为造成后果所招致的惩罚。而且古人有云"法不责众"，即使需要惩罚也只能惩罚群体，而不会惩罚个人。因为个人行为的责任是由群体来承担的，这样个人的责任心就大大减少，对自己做出的行为当然也就更加不负责任，以至胆大妄为，滥用职权。目前其最典型的表现是对于明显违反规定或不属于自己职权范围内的事项越权决定或滥权作为，一些单位领导采用开会的形式，以集体决议通过的形式来使原本是自身的渎职行为转化为一个单位的集体渎职行为，从而规避自身责任，逃避制裁。或者是一些机关工作人员由于受现时社会大环境的不良影响，对工作麻木不仁，敷衍了事。集体采取不作为的方式来对待自身的工作，出了问题后，就采取相互掩护的方式来逃避处罚。

（七）责任缺失的敷衍心理

责任心的定义为：自信、有条理、可依赖性、追求成就、自律、深思熟虑。在现实的机关单位、团体中，责任心是指其对单位，对集体，对国家所负责任的认识、情感和信念，以及相应的遵守规范，履行义务和承担责任的自觉性。之所以会产生责任事故，被追究职务犯罪主要源于相关工作人员责任心缺失。如在工作中避重就轻；害怕"多做多错"，相信"少做少错"；喜欢一"躲"了之；不愿积极，只求平安等。良心是隐藏内心的道德意识，道德情感，道德意志的统一。"制恶的内控性"是良心的一大特点。不能否认的是，很多职务犯罪的工作人员就是因为忘记了良心，忘记了自身职责，工作敷衍搪塞、马虎凑合，抱着"责任分散"心理去"麻木不仁"地工作，才会引起重大安全事故的发生。

另外，目前企事业和政府管理制度讲"一票否决制"，讲"责任追究制"，但是缺乏一定的操作标准。实际工作中，工作人员因为"自保"心理，常常自扫门前雪，把自己跟他人划清界限；认为多做就是吃亏；发现别人违章不纠正、不检举、不汇报，不得罪人和怕得罪人。这种错误的岗位责任制的认识，也是引发责任事故，造成工作人员职务犯罪的原因。

（八）信口开河的随意心理

有些国家机关工作人员在履行职务中，在重大事项和经营决策过程中不遵守市场经济规律，凭感觉或经验办事，选择项目"拍脑袋"，重大决策"拍胸脯"，出现问题"拍屁股"。2002 年 3 月底 4 月初，无业人员熊某某谎称在武汉市蔡甸区姚家山开发区投资 2500 万元兴建工业项目，安置就业 400 人。时任姚家山工业开发公司经理的袁望成信以为真，以每亩价格 1.2 万元出让土地 145 亩。在区政府召开的姚家山开发区招商引资专题会上，袁望成隐瞒了熊某某等人的吾仁公司尚未成立的事实，导致区政府同意按每亩 1.2 万元出让土地给吾仁公司，并发放了《国有土地使用权证》。吾仁公司随即以每亩 3.5 万元价格将 145 亩土地出让给武汉某公司，出让金为 500 万元，造成国家直接损失土地出让金 326 万元。袁望成虽因受贿罪已入狱，但检方仍依法追诉其玩忽职守罪。

三、渎职犯罪人的心理特点

（一）认知的片面性

玩忽职守渎职犯罪典型的认知特点是盲目自信和疏忽大意，过高地估计了对自己有利的条件或夸大了安全因素的地位和作用，或二者兼而有之，正是这些片面的认识，使行为人不能全面地、客观地认识现状，对事物发展做出错误的估计，导致危害结果的发生。具体表现为工作不负责任，思想麻痹大意。这是失职渎职案件发生的最普遍原因。行为人在主观上有的表现为过失，未能发现自己工作不到位的地方或未能预见可能发生的危害后果，没有防范的心理准备；有的表现为间接故意，思想麻痹大意，明知自己的行为可能会导致某种不良后果，但听之任之，不作为或乱作为，甚至擅离职守，未尽职责，超越职权，滥用职权等。

徇私舞弊职务犯罪的认知表现为世界观缺位，特权思想严重。一些国家机关工作人员把人民赋予的权力当作个人牟私的筹码和便利条件，超越法律职权，实施徇私枉法、玩忽职守等犯罪行为；还有一些人受西方腐朽文化侵蚀，世界观、人生观发生错位，认为"有权不用，过期作废"，置党纪国法于不顾，铤而走险，滥用手中的权力干着侵犯国家财产和人民利益的勾当，实施滥用职权等违法犯罪行为。

法律、规则意识淡漠。从心理因素来说，渎职犯罪的当事人职责意识、法纪意识淡漠，权力意识、个人意识膨胀，他们或者根本不履行职责、不认真履行职责、不正确履行职责，使所担负的职责成为摆设；或者超越权限违规办事，在需要公共权力充分、正确发挥作用的时候，或不发挥作用，或乱发挥作用，从而导致社会发生功能性障碍，难以正常运转，造成难以估量的后果。

（二）动机

渎职犯罪动机的性质是多样而复杂的。其中既可能有某种程度的积极动机（即所谓好心办坏事），如为赶工期而加班加点，疲劳作业；也有消极动机，如为谋取私利、争强好胜造成损失等。还有一些属于消极动机与积极动机兼而有之的类型。

贪利型动机。这是当前许多重大失职渎职犯罪的动机类型，在巨大的利益驱动下，行为人可能对结果的发生疏于认识或者置危害结果发生的可能性不顾，心存侥幸。贪图晋升或名誉。不顾客观实际，不管条件是否允许，拍脑袋，做决策，好大喜功。如有的地方拍脑袋上项目、关起门来做规划，不征求专家意见；有的地方违法征地或者违规强制拆迁，不注意听取反对意见。某市建设的一个机场，由于当初缺乏科学的论证和效益分析，该机场2001年竣工通航当年就亏损3800多万元，并且还有1亿多元工程款没付清。据审计部门的调查，该机场目前未发挥或未完全发挥投资效益的资产高达2.2亿多元。

（三）压力与情绪

首先社会压力导致部分公职人员产生一些不健康心理。加之浮躁气氛的存在，可能在工作中出现"麻痹"的心理，"敷衍""无关"等心理。其次，严格现代管理制度，较高的技能的要求，严厉考核奖罚制度的存在，也易使人的心理变得复杂。工作人员为了完成任务，或者逃避责任，很可能产生"侥幸""惧怕"的心理。加之情绪波动、过度疲劳或受到外界环境的干扰等，可能出现短暂的"注意受累"，更易引发责任事故。

人情社会也是徇私舞弊的一个压力源，比如同事间、亲朋间的面子、人情、关系等带来的心理压力。使得一些人难以区分私人情义关系和公共事务关系，导致在实践上很难抵御基于关系和面子等带来的不正当人情压力，徇私徇情或睁一只眼闭一只眼，包庇纵容或同流合污，滥用职权，导致失职渎职。

（四）性格和气质

影响渎职犯罪的性格因素主要有傲慢虚荣、自以为是、妄自尊大、目空一切、任性、固执己见、一切以自我为中心、表现欲较强、常喜欢炫耀自己等。有些人在这样的性格主导下不顾主客观条件和法律法规，冒险行事或一意孤行，造成危险后果。

还有人表现为贪利、自私，在巨大的利益驱动下，行为人可能对结果的发生疏于认识或心存侥幸。比如，某些地方的煤矿企业，明知道在安全条件不达标的情况下强令工人违章冒险作业可能会发生重大人员伤亡的后果，但是为了经济利益仍把国家的法规和工人的生命安全抛到脑后，挣黑心钱。有些地方的监督部门同样也是为了经济利益官煤勾结，不履行自己的监督职责，玩忽职守，致使矿难事故发生，造成人员的伤亡事故。

第三节　为官不为、为官乱为与渎职犯罪

党的十八大以来，中央通过出台八项规定，深入开展群众路线教育实践活动，深入反腐倡廉等多种措施，领导干部作风建设已有了明显改观。但我们也要清楚地看到，个别领导干部感到官不好做了，日子不好过了，感到"为官不易"，进而出现了"为官不为"的现象。在 2014 年 4 月 20 日召开的第二批党的群众路线教育实践活动推进会上，中共中央政治局常委、中央党

的群众路线教育实践活动领导小组组长刘云山提出一个鲜明的观点："为官不易"不能"为官不为"，更不能"为官乱为"，要引导党员干部增强深化改革的思想自觉，增强攻坚克难的责任担当，增强一心为民的公仆情怀，保持昂扬向上的进取心，保持干事创业的精气神。

一、为官不为的表现及危害

为官不为，是部分政府官员工作上不作为、不负责的一种现象。为官不为本身就是"四风"的体现，是享乐主义、形式主义、官僚主义的集中表现，一些人以"为官不易"作为"为官不为"的借口，严重损害了党和人民群众的利益。2015年3月5日，中央提出对这种现象要公开曝光、坚决追究责任。

（一）为官不为具体表现

1. 形式主义

为官不为首先是形式主义，主要表现在抓工作只重表面、不切实际的"虚为"。抓工作只靠开会发文件，做戏作秀不做事，热衷于做表面文章，把口号当成绩，把准备做的说成已经做的，把布置的说成落实的。调研走马观花，下去就是为了出镜头、露露脸，身下心不下、隔靴搔痒，坐在车上转、隔着玻璃看，只看"门面"和"窗口"，不看"后院"和"角落"，群众说是"调查研究隔层纸，政策执行隔座山"。

有的追求轰动效应，哗众取宠，挖空心思编造"新思路"、杜撰"新经验"，热衷于造声势、出风头，把安排领导出场讲话、组织发新闻、上电视作为头等大事，最后工作却不了了之。

2. 官僚主义

为官不为也是官僚主义，主要表现在高高在上，脱离群众，遇到难题就"不为"。下基层架子很大，不关心群众，对群众的疾苦和诉求麻木不仁，对实际情况不了解不关注，不愿深入困难艰苦地区，不愿帮助基层和群众解决实际问题，甚至不愿同基层和普通群众打交道，怕给自己添麻烦。工作上敷衍搪塞、推诿扯皮、得过且过。

有的饱食终日、无所用心，在位不在岗、在岗不尽责，见到荣誉抢着要，碰到难题往外推，遇到矛盾绕着走。奉行"好人主义"，回避矛盾、是非不分，只栽花不栽刺，把批评和自我批评变成了表扬和自我表扬，貌似批评、实则表扬。有的不敢抓、不敢管，碍于情面、怕丢选票，上捧下拉、左右逢源。

3. 享乐主义

为官不为更是享乐主义，主要表现在慵懒松散，不思进取，遇到事情就"拖为"。做事拈轻怕重，安于现状，不愿吃苦出力，满足于现有学识和见解，陶醉于已经取得的成绩，不立新目标，缺乏新动力，"清茶报纸二郎腿，闲聊旁观混光阴"。

有的心思不在工作上，"当一天和尚撞一天钟"，得过且过，群众反映的问题一日拖一日，明日复明日，整天浑浑噩噩混日子。

（二）为官不为的主要危害

危害一，百姓的事该解决的没有解决，脱离了群众路线。老百姓的事，"大事小事"都是事。对官员来说，这是"小事"，也许你说句话的时间就办了，可是对普通百姓来说就是大事，也许就等着办了这个事才能解决他的难题。因为推延、不作为，群众的问题没有解决，反而加大了群众的困难，这与我们的群众路线是相悖的。

危害二，浪费政府资源，加深党群矛盾。我们的政府承担着为民办事，为民解忧的责任。作为政府行为的行使者，如果不作为，该做的没有做，那就是对政府资源极大的浪费。这样容易让群众对政府不满意，对行使政府权力的党不满意，进而加深党群矛盾，更是离群众路线越来越远。

危害三，损害国家、人民利益，危害江山社稷。对于一些比较普遍的违法行为不制止或制止不力，必然会导致违法事实长期存在，这样会损害了人民的利益，甚至会损害社会公共利益，国家利益。更严重的会造成国家的政令不通、执政不力，动摇国家根本，危害江山社稷。

为官不为就是在其位不谋其政的失职行为，堪比贪污腐败。它影响党群关系、社会稳定、国家的发展，我们不能小觑它的危害。

二、"为官乱为"的表现及治理

"为官乱为"主要表现为：一是目无章程乱作为。政府事宜都是有法可依有章可循的，然而即使如此，一些党员干部仍不讲规矩不按章程办事，而且在决策和行政的过程中不善于听取群众的意见，难免产生民怨。二是变换方式乱作为。十八大以来，作风建设不断加强改进，"四风"现象明显减少，但仍有一些干部走旁门左道，换着更加隐蔽巧妙的方式行国家明令禁止之事。

三是掩盖矛盾乱作为。部分单位领导为了不影响自己升迁，千方百计地将单位的一些违纪违规问题捂住，或者为了完成任务，不顾后果擅自做主，企图掩盖矛盾蒙混过关。

针对"为官乱为"的治理，将以解决滥用职权、办事不公作为工作重点，着重治理执法部门执法不严、暗箱操作、权力寻租，为违法行为充当"保护伞"等问题；不按照权力清单及行政执法程序开展工作，随意设立处罚条件、种类和幅度，违规行使自由裁量权等问题；违反规定在审批和服务中吃拿卡要，乱检查、乱收费、乱罚款、乱摊派，滥评比、滥培训，增加群众、企业和基层负担的行为；收回扣、拿红包，不给好处不办事、给了好处乱办事，惠民富民政策执行走样、与民争利、"伤民""坑民"等问题；其他"为官乱为"问题。

三、"为官不为"离渎职犯罪仅一步之遥

2015 年两会，中央释放出强烈的信号，向为官不为亮剑。这一现象已经引起高度警觉和强烈关注，治理庸官懒政，已从口头强调上升到国家治理层面，中央马上要对为官不为者开刀了。从惩治乱作为延伸到反对不作为，标志着反腐败正向深度推进。全国人大代表、安徽省安庆市委书记虞爱华总结出为官不为"五型"："打盹型"，精神萎靡不振，遇事装聋作哑；"木偶型"，工作不推不动，甚至推而不动；"太极型"，有问题左躲右闪，遇矛盾上推下卸；"比划型"，用会议贯彻会议，以文件落实文件；"说唱型"，动口不动手，务虚不务实。结合实践分析，为官不为的四种不良心态值得警惕：

其一，畏惧。党的十八大以来，高压反腐成为新常态，"打虎拍蝇"战果丰硕。这在极大震慑腐败分子的同时，也让一些领导干部患上了"反腐恐惧症"：有问题的人惶惶不可终日，无心推进工作；没问题的人则抱着"明哲保身"的错误观念，把反腐倡廉和干事创业对立起来，不去推进工作。比如争资立项，以前是千方百计跑资金、全力以赴争项目，现在却以"风声紧了，要求严了"为借口，不跑不争了，甚至有些资金给了、项目批了，也拖着不落实甚至设法推掉。

其二，迷茫。当前，我国经济发展进入新常态，旧体制没有完全废除，新体制尚未完全建立。一些领导干部不学习、不钻研，对新常态严重不适应，思想迷茫、行动失据，于是就抱着"不干事不出事"的心态，尸位素餐、等

待观望。

其三，撒娇。正如中国社科院廉政研究中心副秘书长高波所说，过去，一些干部无利不起早，没利不当官；如今，他们对"新底线""新规矩"表现出不适应，大谈所谓"为官不易"，"这其实是在撒娇"。现实中这种状况确实不罕见。一些官员眼看制度笼子越织越密、作风管束越来越严、违规成本越来越高，索性满地打滚、为官不为，该抓的不抓、该管的不管、该改的不改。

其四，顶牛。本届政府不遗余力地推动简政放权，一年多来，国务院提前完成了行政审批事项削减三分之一的目标，一些地方行政权力最多减掉了近七成。简政放权，原本是既突出"放"又强调"管"，一些患有权力"依赖症"的官员却因为对"放"心怀不满，于是便任性地"一放了之"，以怠行职责的方式搞消极对抗，跟中央顶牛。结果是，乱伸的手缩回来了，监管的眼也闭上了……

以上分析不难看出，"为官不为"在行为特征和心理表现上与渎职犯罪心理非常形似，也可以说就是渎职犯罪的萌芽阶段，更应该引起我们高度重视。为官一任，不担当，不做事，反而推诿拖沓、尸位素餐，"为官不为"者想的是逃避责任，混混日子。然而，"为官不为"虽然表现为"庸、懒、慢"，本质上同样是对国家权力的滥用——手握国家权力，却怠于行使、疏于行使，不负责任，玩忽职守。根据行为所造成的后果，轻则行政处分；重则触犯刑法，导致渎职犯罪。近年来许多造成严重损失的突发性事故，相关责任人依法被追究刑事责任，其中不乏监管不力、把关不严之因。从这个意义上说，"为官不为"离渎职犯罪仅一步之遥。防微方能杜渐，"庸、懒、慢"不可小视，"为官不为"者当敲响警钟。

政府工作报告也为治理"为官不为"开出了药方：一是完善政绩考核评价机制，"对实绩突出的，要大力褒奖"；二是加强监督问责，"对工作不力的，要约谈诫勉；对"为官不为"、懒政怠政的，要公开曝光、坚决追究责任"。

四、解决"为官不为"与"为官乱为"问题的对策建议

当前，"为官不为""为官乱为"的消极影响与危害逐渐显现，也成为全党、全社会共同关注的热点问题。解决不作为和乱作为的问题不是一蹴而就

的，需要各级党委、政府和组织、人事等部门高度重视，切实加强领导，落实责任，坚持多措并举、标本兼治，从思想上、制度上、组织上等各个方面，采取有力措施，切实把这一问题解决好。

首先，培育核心价值观，解决干部"不想为""不愿为"的问题。要强化对党员干部的教育引导，形成其干事创业的良好氛围。不断加强对领导干部的理想信念和勤政教育，促进其树立正确的世界观、人生观和价值观。要通过多种形式，加大对诸如焦裕禄、杨善洲式的勤政廉政党员干部的榜样宣传力度，在全社会树立对党员干部的认同感、信任感、尊敬感，努力提高党员干部的社会公信力。同时，也要进一步加强现代法治宣传教育，依法规范党员干部的行为。

其次，从干部的选拔任用上，要树立正确的用人导向，大力选拔党和人民需要的好干部。选好干部，关键要看科学的选人机制来保障，要全面准确的识别干部，多在基层干部群众中，百姓口碑中去了解干部，多渠道、多层次、多侧面地去观察干部。选出真正心中有百姓、敢担当、有魄力、有能力、效率高的好干部。

再次，从制度上，完善激励机制，建立权责对等的评价机制，解决干部"敢不为""乱作为"的问题。在完善激励机制方面，要疏通晋升通道，让干事者能干出前途干出希望。注重干部的工作实绩、群众口碑，实行绩效工资，以激励先进、鞭策落后。与此同时，建立权责对等的评价机制，按照权责对等、权责清晰的原则，合理划分各部门、各单位的职权和工作任务。只有这样才能做到权力和责任相辅相成，既不会出现权大于责乱作为的现象，也不会出现责大于权不作为的现象。

最后，要定期、不定期地进行专项整治，强化问责追究。要结合目前正在进行的"三严三实"专题教育实践活动，不断对其进行深化，针对"为官不为"和"为官乱为"的突出问题，进行专项治理，进一步挖掘自身存在的缺点和不足。通过自查自纠，上级排查、下级反映、群众社会监督的多种方式，强化对领导干部不作为、乱作为的问责追究。

只有从思想上、制度上、组织上、社会舆论监督上等方面多管齐下、多措并举，才能从根本上杜绝基层领导干部不作为、乱作为的问题，才能形成积极向上的竞争激励机制，让不作为、乱作为、不敢担当的党员干部没有位子、没有市场，才能惩恶扬善，调动起广大党员干部干事创业的主动性、积极性、创造性，使他们真正做到把人民群众的利益当大事，全心全意为人民服务，以人民群众满意不满意来作为自己的行政标准。

思考题

1. 简述渎职犯罪的基本特征。
2. 影响渎职犯罪的主体外因素有哪些？
3. 简述渎职犯罪的心理诱因。
4. 如何理解为官不为离渎职犯罪仅一步之遥？

第七章

初查阶段的职务犯罪心理

第一节　职务犯罪多阶段心理机制

职务犯罪，在不同的阶段有不同的心理活动，其犯罪心理轨迹在很大程度上是由其自身的社会经历和个性特点所决定的。职务犯罪的犯罪嫌疑人在不同阶段的心理状态各不相同，深入了解犯罪个体心理发展、变化轨迹，准确把握犯罪嫌疑人在实施犯罪的过程中和案发后的心理状态，对于办好具体案件，探寻犯罪特点、规律，搞好职务犯罪预防都具有十分重要的现实意义。

一、犯罪预备阶段的心理机制

犯罪预备是犯罪行为的开始，这一阶段犯罪人的心理活动相当复杂激烈，特别是公职人员犯罪智能性很强，犯罪人为实现自己的犯罪意图，必然要处心积虑地寻找和创造实施犯罪的条件，谋划实现犯罪目的的方法，并力求逃避法律制裁。这一阶段犯罪心理表现为矛盾、投机和掩饰。

（一）攀比心理

改革开放以来，我国一部分地区和一部分人先富裕起来了，面对现实，少数公职人员心理极不平衡，尤其是看到自己的同事或身边的人比自己富有心里更难受，心想："我不比他们差，为什么要比他们穷""别人有的我也不能少"，严重的心理失衡使他们产生强烈的攀比心理，总是想利用手中的权力来为自己谋取利益，于是千方百计地捞取好处，吃拿卡要。索贿受贿，私分国有资产，徇私枉法，甚至于铤而走险，只要能够富起来，不择手段，以身试法，为的只是和别人一般高低。从经济领域的职务犯罪来看，因攀比心理而身陷囹圄比比皆是，尤其是那些经济收入低而又身居一官半职的城镇国家工作人员。

（二）实用心理

持这种心理的人是典型的实用主义者。他们信奉"有权不用，过期作废""人生在世，享乐二字"的信条，不择手段地利用手中的职权，一切为了自己的私利，"权""利"是他们的命根子。只要有"权"就会有"利"，于是他们拼命争权夺利，哪怕是蝇头小利，也决不放弃。他们一心追求个人享乐，被金钱、人情和美女所包围，思想上逐渐放松了警惕，从拒绝吃请到逢请必到、寻欢作乐；从接受一般礼品到收受巨额钱财，从小心翼翼到有恃无恐，如成克杰、李嘉廷等人。

（三）贪婪心理

贪婪是一切职务犯罪中贪利性犯罪的共有心态，是贪污贿赂等职务犯罪的共同心理，是走向犯罪道路的主要思想基础。具有贪婪心理的人，为了钱财，可以不择手段，铤而走险，采取各种形式，甚至冒着生命的代价，肆意收受贿赂、挪用侵吞公款。为了达到贪财图利的目的，利用职务之便。疯狂地贪污、挪用公款，用于个人挥霍。

（四）补偿心理

补偿心理，这是一种不能正确对待自己和社会的非健康心理。其主要表现：一是总抱怨自己付出的太多，得到的太少。因此，当有贿赂时就泰然取之，并认为这是社会对自己工作没有得到应有报酬的一种补偿。二是以偏概全，认为"举世浑浊""为官即食""清官没有""不要白不要""不拿白不拿""大家都要，自己不要也不好"，于是毫不顾忌地接受人家的钱物。有些公职人员在社会分配拉开差距的情况下，看到别人待遇比自己高、住房比自己好，或者原来的下级各方面都超过自己，或者看到才华、学问比自己差的暴发户发了财，便产生不平衡的补偿心理；有些公职人员在犯罪最初阶段，不具有利用职务非法牟利的积极性、主动性，而是处于消极、被动的状态。当陷入犯罪的泥潭时，错误地认为这是对自己工作多年的补偿。

（五）交易心理

交易利用心理是一种利己的社会交换心理。即利用对方的某种条件，通过一定的交换方式，以实现个人的某种欲望，达到不可告人的目的。其主要表现：第一，权权交易。其实质是相互借权谋私，认为"人情换人情，交叉用权，各得其所，天经地义"；第二，权钱交易。有权者想要钱，认为自己身居高位就应多得报酬，"有权不用""过期作废"；有钱者需要权，用钱去买权，再用权赚大钱，权钱两得。

（六）矛盾心理

职务犯罪行为是一种严重的反社会行为，除临时起意实施的犯罪以外，犯罪人在着手实施犯罪时，一般思想斗争相当激烈。一方面，主观上存在着对财物非法占有的强烈欲望，且这种欲望不断强化并上升成为犯罪人的第一需要，一旦条件具备，便决意实施犯罪行为；另一方面，作为一个心智健全的人，又清楚地了解实施该行为可能使其本人处于一种随时因案发而将受到法律制裁的境地。这种患得患失的矛盾心理，在相当一批贪污贿赂犯罪中，特别是初犯的身上都有所体现。违纪者在心理上往往发生一种正义与邪恶的矛盾冲突，如明知要办的事是违纪的，要办风险挺大可能葬送自己的前途，又不能摆脱私欲的诱惑，抱着"试一试""博一博""就干这一回"的心理以身试法。同时又找出一些理由来自宽自解，"现在是市场经济时代，干什么都讲效益""你用我的权，我得你的钱；谁也不怨谁，谁也不欠谁"，况且只有"天知、地知、你知、我知，谁也不可能告发谁"。在这种心理支配下，越陷越深，不可自拔。

（七）掩饰心理

职务犯罪者在犯罪目的确定后，一般都要对将要实施的犯罪行为进行周密的思考和准备。其中，最为常见的心理状态就是掩饰心理，即以种种方法伪装自己，防止轻易被怀疑。检察部门查办的许多犯罪人都有这种表现，有的甚至案发前因其表现突出，而获得各种奖励，得到广泛的信任。

（八）投机心理

作为一种职务性犯罪，犯罪人在职务行为方面的连续性为其重复或连续实施此类犯罪创造了较大的便利条件。贪污贿赂犯罪的智能性特点，决定了犯罪人较其他人具有更强的甄别和选择作案机会的能力。大多数贪污贿赂犯罪人在犯罪预备阶段，都具有这样一种投机心理，即充分利用自以为隐蔽性强、不易被发觉的作案机会从事犯罪活动。这种心理比较典型地体现在挪用公款炒股、炒作期货案件中。一般来说，具有这种犯罪心理者在行为初始阶段并无明显的直接占有公共财物的故意，而是希望借此获得"利润"。只是在行为过程中，出现失误或意外，才开始"拆东墙，补西墙"，越陷越深。职务犯罪分子在行为中都怀有可以依仗自己的权力，花很少的成本获得超值的回报，且被检举和查处的可能性很低的投机心理，这种对以权谋私具有高信心指数的心理便成为支撑职务犯罪行为普遍化的高心理预期。

二、犯罪实施阶段的心理机制

在犯罪实施阶段，犯罪人以积极的方式实施犯罪行为，追求犯罪目的的实现。这一阶段，犯罪人的心理状态与预备阶段有所不同，归纳起来主要有以下几种：

（一）侥幸心理

侥幸心理是犯罪人明知实施犯罪行为可能会受到惩罚，却试图蒙混过关的一种心理体验。从某种意义上说，侥幸心理具有自慰和自我欺骗性。这种心理是一切犯罪分子的共同特征，但职务犯罪者的侥幸心理与一般刑事犯罪相比更为突出。职务犯罪者侥幸心理的产生和存在可能与下列因素有关：一是犯罪人在过去的经历中有过违法行为却未被发现；二是犯罪人周围有过违法犯罪案件而未被破获；三是犯罪人具有利用其职权或合法身份掩护的条件；四是犯罪人具有特殊专业本领作为依赖；五是犯罪人具有利用职权或身份编织起来的保护网作屏障；六是犯罪人只看到社会的黑暗面，具有一种"法不责众"的安全心理。虽然以上因素对每个职务犯罪者形成侥幸心理的作用不同，但可以说，犯罪人的侥幸心理几乎在贪污贿赂犯罪行为的各个阶段都有所体现，甚至可以说，正是这种侥幸心理使其犯罪意图更趋坚定，犯罪欲望不断膨胀。持有侥幸心理的职务犯罪者，在不同的阶段表现出两种个性特征。第一种是作案前的"自信心"强，对成功估计过高，很少考虑到失败。形成这种心理机制，大多数是因为这些公职人员对犯罪的目标、方案已经有了充分的了解，有利条件比较多。第二种是案发后自我"鼓励"，自我安慰，自以为可以瞒天过海；或者是实施反侦查和"兵不厌诈"的手段，"交芝麻不交西瓜"，企图蒙混过关。

不少公职人员犯罪，都是在侥幸心理占上风时陷进去的。一方面，他们有固定的经济收入，生活上有保障，并不愿意因贪污贿赂而丢掉公职，希望"鱼与熊掌"兼得；另一方面，他们都有一定的文化水平，智商较高，往往自认为身份特殊，见多识广，且行为隐蔽、方法巧妙、手段高明、藏赃匿证天衣无缝，或相信朋友不会出卖自己，或相信自己有强硬的后台作保护伞，在自信能侥幸过关的情况下走上犯罪道路的。这种人崇尚"人为财死，鸟为食亡"的拜金主义哲学，在金钱的诱惑下，只要能捞到好处，得到经济利益，什么党性原则、荣誉尊严、道德良心甚至自由生命都可以置之脑后。在"有权时捞一把，逮住了自认倒霉"这种赌徒心理驱使下，他们胆大妄为，顶风作案，明知早晚要翻船，仍如飞蛾扑火，自毁前程。

总之，侥幸心理的出现有其深刻的现实原因。首先，客观事物的复杂性和多层次性，制约职务犯罪案件的侦破；其次，执法人员的业务水平和办案能力制约了职务犯罪案件的破获。制约因素越大，未侦破的案件越多，就越会强化公职人员的侥幸心理。可以讲，侥幸心理是职务犯罪中最难根治的顽症。

（二）冒险心理

犯罪是一种触犯刑律的行为，必须依法承担刑事责任。但是贪污贿赂犯罪人在其个人物质需要极度膨胀的情况下，一旦外部条件具备，就要冒着被道德谴责和法律制裁的风险去实施犯罪行为。一般来说，贪污贿赂犯比普通刑事犯的冒险心理更为突出，危害也更大。大多数学者都认为，贪污贿赂犯罪人具有较常人更高的智力，表现得更加精明、狡猾、奸诈、敢于冒险，具有唯利是图的习性以及强烈的双重道德观等人格特征。这些人对自己的智力和能力充满自信，因而犯罪意志也格外坚定。他们大多知法懂法，但在强烈物质欲望的驱使下，公然蔑视国家法律，不惜以身试法。有的犯罪人在谈到自己实施犯罪的思想活动时说：在我把手伸向国家财产的时候，我知道自己行为的法律后果，但我还是冒险去干了。

（三）紧张心理

这是犯罪人在实施犯罪时难以自抑的一种心理状态。尽管他们为自己实施犯罪作了充分的准备，但在实施犯罪这一特定的情境中，越理智的案犯越能意识到其行为后果的严重性，其心理也就更加紧张。公职人员此时出现的紧张心理是一种最主要的、最普遍的心理状态，其内容由两个方面所构成：一是当事人明明知道自己的行为是不合法的，不能被人知晓而只能暗度陈仓，并因此产生压抑感；二是当事人因为缺乏技能或条件，恐怕事后被人发现、侦破而受到惩处。有了这种紧张的心理，当事人在形成犯罪意向，准备进行犯罪的过程中，就会胆战心惊，畏首畏尾。当紧张心理不断地被强化并处于支配地位时，公职人员有减少或中止犯罪的可能；当紧张心理被求胜心理所克服和取代的时候，公职人员就会继续实施犯罪行为。

三、犯罪后的心理特征

我们把全部犯罪行为实行终了、犯罪尚未被揭露出来的阶段，称为犯罪终结阶段。犯罪人在这一阶段的心理状态更为复杂，既有作案后的恐惧，也有成功后的满足。

（一）矛盾心理

"做贼心虚"正是这种犯罪心理的真实写照。有的人作案后犯罪的快乐情感体验与担心犯罪被察觉后得不偿失的心理相互矛盾，从而感到耳鸣、心悸、胸闷、呼吸急促、咽喉干燥、无饥饿感、无睡意、坐立不安。在此情况下，外界的各种刺激信号会对许多犯罪人员的心理发生导向作用。如果在犯罪人员能够感知的范围内，出现其他同类人员被司法机关抓获的刺激信号，往往会抑制其继续犯罪的心理，促使其短时期内打消犯罪的欲念，甚至会真正就此作罢，洗手不干。如果在犯罪者能够感知的范围内，得知其他同样有职务犯罪经历的人未被查处，就会强化他们继续犯罪的心理。有些犯罪人员若同时收到上述两种刺激信号，矛盾的心理会异常激烈，如果继续犯罪的心理占了上风，则犯罪者会进一步巧妙地设计继续犯罪的手段，使之更加诡秘和难以察觉。

当罪行败露，犯罪者认为最安全、最可靠的"保护法则"就是出逃。然而，在逃亡路上，他们的内心仍旧不能感到平静和安全。职务犯罪嫌疑人负案在逃后初到陌生的环境里，白天身边没有可信赖的亲友交谈，夜间无妻儿老小围坐叙天伦之乐；出门举目无亲，闭门孤独难熬，想家的欲望随着出逃岁月的延长而越发强烈，常常渴望与家人团聚的场面重演。"天网恢恢，疏而不漏"，在逃期间，犯罪嫌疑人可谓惶惶不可终日，整天心惊肉跳，饱尝心灵的煎熬，也曾想立刻回去投案自首以求宽大，却又惧怕惩罚，突然由舒适、自由的日子转为"蹲狱"，思想上一时难以接受。因此从内心深处讲，他们是不情愿回去投案自首的。于是，他们不止一次变换落脚点，平时东躲西藏，极少抛头露面，千方百计掩盖真实身份，在继续逃跑还是回去投案的问题上始终摇摆不定，最终丧失了投案自首的良机。其实，犯罪嫌疑人选择出逃非但不能躲避处罚，减轻自己的罪过，反而会加重思想压力和负担，随之而来的心脑血管疾病又使健康大受影响。2014 年以来，中国发起了声势浩大的海外追逃追赃行动，"猎狐 2014""天网 2015""红色通缉令"等一系列行动，让外逃贪官认识到"只有早日回来投案自首，才是出逃后的唯一出路"，这也是职务犯罪嫌疑人被抓获判处刑罚后的普遍心声。

<h2 style="text-align:center">多方围猎把外逃贪官逼向穷途末路</h2>

2014 年 12 月 22 日，涉嫌严重违纪违法潜逃美国两年半的辽宁省凤城市委原书记王国强，回国向我国纪检监察机关投案自首。据中央纪委监察部网站消息，日前，王国强在接受调查的过程中，写下自述，真实地记述了自己异国逃亡的生活。这份自述是一份生动的"教材"，它警示着那些违纪违法后妄图以外逃逃避党纪国法制裁的党员干部，"外逃就是一条不归路"！

透过王国强的自述材料，我们看到，贪官即便侥幸逃到海外，也依然处于被全方位围猎的境地，强大的合围之势把外逃贪官逼向穷途末路。

外逃贪官难以避免心理上的自我围猎。贪官外逃，在心理上已经把自己看成了罪犯。在海外逃亡的路上，多数贪官依然有如惊弓之鸟、丧家之犬，长期陷于高度紧张、惶恐难安、沮丧失落的情绪之中。在与国内亲友完全隔绝的陌生环境中，外逃贪官承受着无比巨大的心理压力，随时进行着回国自首与不自首的思想斗争。在难以承受巨大心理压力的情况下，回国自首自然成为外逃贪官重要选择。王国强从美国回国投案自首，在机场竟然面带微笑，说明其自首后，长期紧张压抑的心情终于得到了放松和解脱。

外逃贪官难以避免当地社会的围猎。外逃贪官在海外的日子，并没有他们想象中那样潇洒自如，过上梦幻般的新生活。许多外逃贪官由于没有合法的居住手续，没有参加当地社会保险，不适应当地的文化传统、风俗习惯，加之语言不通，害怕被人发现是逃犯等原因，不得不频繁搬家，不能正常就业，难有稳定收入，无法正常看病就医，甚至经常遇到抢劫、诈骗、骚扰，完全融入不了当地的社会生活。王国强描述自己在国外"整天惊恐不安，设想和准备着发生不测"。"度日如年，生不如死"，就是许多外逃贪官海外流亡生活的真实写照。外逃贪官难以避免当地社会的围猎，也是促成许多贪官回国自首的重要原因。

外逃贪官难以避免国内外法律的围猎。我国追逃工作很早就已经开始，去年发起了"猎狐行动"，更是掀起了从内到外的追逃旋风，不让腐败分子逍遥法外。一方面，国内检察、公安、国安、外交、海关、银行等部门纷纷将打击外逃贪官列为反腐败重点工作；另一方面，加强国际交流与合作，加大国际追逃追赃力度。通过内联外合，布下了对外逃贪官的天罗地网，让外逃贪官难有藏身之地。

海外不是贪官法外之地。王国强的自述是一份生动的"教材"，既警告贪官不要把海外当成避罪的天堂，更警示官员们"手莫伸"，"乱伸手"后无论逃到哪里，都有被逮住接受惩罚的那一天。

（案例来源："和讯网"，2015 年 3 月 20 日）

（二）逃避心理

在犯罪的预备阶段和实施阶段，贪污贿赂犯罪人主要是考虑如何使自己的犯罪意图得到实现，而在终结阶段，犯罪人出于保护自己的本能反应，更多的是考虑：千方百计地逃避打击。主要表现在：一是努力回忆作案时的每一个细节，寻找可能出现的疏忽和遗漏，想方设法加以弥补；二是积极伪装，遮人耳目；三是全力为自己编织保护网，以备万一；四是得手后并不马上使用非法占有的财物，而是静观事态发展，以求一旦败露后能够有足够的回旋余地。

（三）满足心理

国家公职人员因为职务犯罪而未被发现，或虽然被发现了蛛丝马迹却又侥幸蒙混过关，未受到应有的制裁，当事人很快就会因此产生一种兴奋、满足的愉悦心理。此时再回首往事，当事人自然会感觉这种犯罪并不危险，巨额财物又唾手可得。先前曾有的恐惧感、矛盾心理都会被逐渐淡忘，再一次的犯罪心理会随之强化。此时，如果仍没有健全的岗位防范机制监控的话，当事人在已实施了犯罪行为的满足心理支配下还会继续实施该行为。巨贪郭曼鹏供述："一开始我还不是很胆大，只是抱着尝试和谨慎的态度，但是后来，每次作案都是有惊无险，我的胆子便大了，而且越来越大，结果总额像滚雪球一样了（他贪污共计 34 笔合计人民币 798.46 万元）。"

职务犯罪者与其他刑事犯一样。每一次作案成功，都使犯罪人的欲望得到满足，产生愉快的心理体验，且这种体验能够极大地强化犯罪心理，使其犯罪心理结构更趋巩固和发展，形成犯罪动力定型。如双城市政府办公室原主任陈某贪污公款后，总是喜不自禁，经常在夜深人静之时取出其贪污的公款查点、欣赏。

（四）恐惧心理

贪污贿赂犯罪人作案后的恐惧心理往往要比作案时更加强烈，犯罪人地位越高，罪行越重，心理负担越大。许多人作案后担惊受怕，疑神疑鬼，到了草木皆兵的程度。如哈市工商银行储蓄员白某某在贪污30万元公款案发后交代说："贪污30万元以后，真是惶惶不可终日，每次储蓄所盘点，我都以为在查我，最后不得不选择出逃的方法以逃避恐惧。逃跑时还带上了刀片等工具，准备如果被抓就自杀。"贪污贿赂犯罪人的这种恐惧心理，不仅包括害怕案发后受到法律的制裁，更害怕犯罪行为被揭露出来，给自己几十年辛辛苦苦建立起来的名誉、地位以及家庭带来严重危害。

（五）投机心理

这种人深谙为人处世之道，善于投机钻营，见风使舵，对上竭力投其所好，对下无原则地一团和气。在作案前或作案时就准备好了后路。他们并不打算在一个地方或一个单位长期做下去，只要认为把钱捞到一定程度后，就携款潜逃，或申请调动到另外的单位去另谋出路，打一枪换一个地方。当然，有些是听到查处的风声后才跑的。

四、犯罪嫌疑人在接受调查过程中的心理特征

在案件的初查阶段，犯罪人的犯罪行为或已全部败露或已被纳入侦查视线，即将面临被调查、被拘留、逮捕及刑事处罚的后果。此时，犯罪人对前途、地位、名誉、家庭的忧虑和外部环境造成的刺激与压力，种种因素交织在一起，使犯罪人的心理产生十分复杂的反应。

（一）侥幸心理

作为职务犯罪主体的国家机关工作人员，犯罪行为都是和其职务有关的，即利用手中掌握的权力进行"权钱"交易或"权情"交易，由于这些"交易"都是在特殊场合进行的，一般没有第三者在场，知情人很少，因此，此类犯罪嫌疑人大都抱有较强的侥幸心理。具体表现为：①自认为作案手法高明，手段隐蔽，而且双方在交易过程中都获得了"好处"，不容易事发；②自认为对方一般不会告发，因为一旦告发，对方的既得利益也会遭到损失；③认为即使"第三者"告发，单凭推想判断，不掌握直接证据也不会有什么危险；④这些犯罪嫌疑人一般具有较高的法律知识和反侦查经验，事情一旦

败露，知道怎样逃避检察机关的调查，消灭罪证和订立攻守同盟。因此，职务犯罪嫌疑人总是抱着事情不可能败露，即使败露后，"你"也抓不住"我"的侥幸心理。

（二）抗拒心理

职务犯罪嫌疑人之所以能够实施犯罪，就因为他们手中掌握一定的权力，在社会上有一定的威信和地位。因此，检察机关对其进行初查时，极易使他们产生对抗心理，这是职务犯罪人在初查阶段的一般心理状态。由于犯罪人在筹划犯罪行为的同时，就精心设计了反侦查措施，为逃避法律制裁进行掩盖，因而在侦查期间，犯罪人决不肯轻易交代自己的罪行。为逃避法律的制裁，他们会千方百计利用自身的影响、手中的职权、多年的经验、足够的法律知识和复杂的"关系网"负隅顽抗，而且强烈的"求生"本能也促使他们不惜一切代价地顽抗下去，竭尽全力与调查人员周旋，尽最大可能不使自己的行为暴露或不全部曝光。一是自恃手段隐蔽狡猾，没有疏漏，反侦查措施完整严密，藐视侦查机关的侦破能力，以为"只要不开口，神仙难下手"；二是觉得自己有一定的身份、地位和影响，司法机关也没有办法；三是自以为有"关系网""保护层"，根本不把办案人员放在眼里。还有的犯罪人在案发后，为了逃避或减轻罪责，积极采取转移赃物、毁灭证据、与同案犯订立攻守同盟等手段，阻碍侦查工作的顺利进行，抗拒心态暴露无遗。这种对抗心理表现为：①行为消极。因为许多犯罪嫌疑人非常清楚"传唤、拘传时间最长不得超过 12 小时"这一点，所以，不与办案人员配合，故意拖延讯问时间。②行为积极。为对抗侦查，或故意弄虚作假，把事实搞乱，把问题复杂化；或恶意串通，设置障碍，销毁证据，企图颠倒是非，浑水摸鱼，给检察机关侦查工作带来困难；或利用"关系网"，拉关系、走后门、请客送礼，利用各种关系轮番"轰炸"检察人员，甚至不惜重金，妄想用糖弹进攻、买通办案人员，以逃避打击。

（三）戒备心理

职务犯罪嫌疑人与一般罪犯相比，大都在重要部门、重要岗位工作，如果承认罪行，不但要丢乌纱，甚至连饭碗都保不住。因此，总是想办法回避实质问题，或避重就轻。因此，职务犯罪者对司法机关的工作都存有戒备心理。知识水平、社会阅历等方面层次越高的犯罪人，在初查阶段的戒备心理就越强。其表现一是回答侦查人员的讯问字斟句酌，用心琢磨，不立即作出反应，试图从中了解和掌握侦查人员的意图，然后再作出有利于自己的回答；二是想方设法探听虚实，有的避重就轻，有的以攻为守，进行反侦查活动。如佳木斯市某公司供销处副处长于某某在案发后，步步为营，对侦查人员的每一句问话都不从正面回答，或闪烁其词，或顾左右而言他。在不得不交代的情况下，也是点一说一，不点不供，表现出极强的戒备心理。

（四）悔恨心理

职务犯罪者虽然在权衡利弊得失之后，选择和采取了犯罪这一严重的反社会行为，但道德、良心及其所受的正面教育，在其心中所留下的印痕绝不可能立即消失殆尽。因此大多数犯罪人在罪行败露后，受环境等各方面因素的刺激，在回顾自己犯罪过程时，都或多或少地有悔罪心理。但是，也有极少数犯罪人主观恶性极深，其悔恨心理不是源于其罪责感、愧疚感，而是对自己犯罪手段不够高明，作案前、作案时有所疏漏而产生悔恨心理。

（五）矛盾心理

有的职务犯罪嫌疑人一方面后悔当初的行为造成了今天的后果，想将犯罪事实彻底交代清楚，争取坦白从宽，以免受精神上的痛苦和折磨；另一方面又不知道办案人员到底掌握自己多少证据，怕交代越多，判刑越重，使自己辛辛苦苦建立起来的事业和成就前功尽弃，并连累家庭子女。还有的职务犯罪案件和其他各种违法犯罪活动交织在一起，案中套案，案案相连，这种特性使一些犯罪嫌疑人不得不考虑各种关系、后果，权衡各种利弊。由于害怕牵连他人招致日后的"难以见人"或希冀他人在"外面"的营救，而徘徊、犹豫、观望、心事重重，表现为语言吞吞吐吐，目光游离不定，主动与办案人员接触并渴望得到某种承诺后一吐为快；同时又想利用自己的反侦查经验摸清办案人员对其犯罪事实的掌握程度，以便避重就轻，应付讯问。

从接受调查的各个阶段上看，当犯罪嫌疑人被传讯后，虽然思想极度紧张，但其内心并不感到突然。总的来说，在一段时间内行为表现尚能正常。但随着与外界联系中断的延续和检察机关审讯工作的开展，其心理压力增大，开始意识到自己罪行严重，料到一旦罪行败露将受到法律的严厉制裁，地位、职务、前途、家庭等一切都完了，有大祸临头的感觉，内心极度恐慌、精神也临近崩溃。但此时对检察机关究竟掌握自己多少罪行和证据情况还不清楚，侥幸、对抗心理上升，便会绞尽脑汁，竭尽所能，多方试探，揣摩应对之策。此阶段的行为表现多为沉默少语，佯装镇定以掩饰内心恐慌；精神高度紧张且亢奋，聆听侦查人员谈话注意力异常集中，试图从谈话中探得对自己罪行的掌握情况；针对讯问只作回避罪行的一般回答，不公开对抗。也有个别人表现为丧心病狂，大吵大叫，污言秽语，甚至口出狂言威胁侦查人员，企图动摇侦查人员的决心，误导侦查人员的判断，达到自己蒙混过关的目的。

在突审深入阶段，随着突审的深入，犯罪嫌疑人对身处环境及侦查人员的审讯方式逐渐适应，通过与侦查人员交谈，自认为摸到了"底"，同时又自恃作案时行动诡秘，手法巧妙，无人知晓，原有的侥幸心理急剧增长，恐惧心理有所减弱，便会集中全部精力对付审讯，抱着与侦查人员比耐心，拼意志力的决心，企图在心理战的较量中取胜。此阶段犯罪嫌疑人的行为表现多为：对自己拒供或谎供表露出沾沾自喜和庆幸的轻松感；对侦查人员的讯问，有时答非所问，有时罗列种种客观原因和条件，强调自己即使有意作案也无法得逞的情况，有的涉案人还反诘发问，同时又花言巧语，假作诚恳，称冤道屈，妄想骗取侦查人员的好感和同情，有的涉案人还大侃其工作政绩和获得的各种荣誉，妄想使侦查人员丧失对已获取的犯罪信息的正确判断和继续审讯的信心，达到抵赖罪行，对抗审查的目的。

当审讯工作进一步深入和强化时，涉案人的种种"表演"如皆未奏效，则其心理压力陡增。面对强大的法律攻势和政策攻心，侥幸心理筑就的防御体系受到攻击，赖以抗拒的主客观基础被动摇。由于自料罪行严重，法网难逃，对过去的犯罪行为懊悔不已，同时也对自己的前途、地位、家庭等患得患失，因此在坦白与抗拒之间徘徊不定。想顽抗，又怕按证据定罪；想摆脱审讯的缠扰，又怕因拒不认罪使审讯持续不断；想认罪，又怕受到法律的严厉制裁，使犹豫动摇的心理逐渐上升。随着审讯白热化，涉案人心理压力达到极限，精神一蹶不振，无法组织起有效的抵御，心理防线崩溃，对抗心理消失，开始有条件地配合侦查人员工作，坦白交代部分或全部犯罪事实。此后，涉案人心理压力虽然得到释放，但其畏罪心理随之上升，后悔招供但又回天乏术，对侦查人员的刨根问底，如果继续交代，就要牵涉到自己的同事、朋友和领导，可能使他们也受到法律追究，觉得这样做对不起人；然而再抗拒交代也已不可能，赃款已部分或全部挥霍，退赃时又要涉及家人和亲属，将来被判刑更无脸见人。有的犯罪嫌疑人会产生"不如一死了之"的想法。

第二节　职务犯罪的反侦查心理

职务犯罪是一种国家工作人员利用职权进行的犯罪，该类犯罪的主体不像普通犯罪个体，他们都拥有一定的权力，一旦他们发现检察机关对其犯罪进行侦查，就会行使自己所掌握的权力进行干预和破坏，阻挠侦查活动的进行。另一方面，国家工作人员由于社会交往广泛，在社会上编织了一定的关系网来保护自己，如果其罪行被发现，他们就会动用各种关系，对检察机关施加压力，干扰和阻挠检察机关的侦查活动。此外，由于职务犯罪的主体多为国家机关的领导干部，因而知情的国家工作人员因怕得罪领导通常不愿作证，而普通群众因害怕打击报复往往不敢作证。由此可见，与普通犯罪案件相比，职务犯罪案件的侦查具有更大的难度和风险。

一、职务犯罪侦查过程的特殊性

职务犯罪案件的侦查是指检察机关为了查明案情，收集职务犯罪的证据和查获职务犯罪分子，依照法律规定进行的专门调查工作和有关的强制性措施。职务犯罪案件的侦查不同于其他刑事案件的侦查，它具有自身的特殊性。

检察机关对职务犯罪案件的侦查与公安机关对刑事案件的侦查有很大的区别，主要表现在侦查的范围、对象、方式和强制措施上。公安机关主要负责杀人、放火、爆炸、抢劫、强奸等直接危害社会治安的刑事案件以及一般主体实施的盗窃、诈骗、走私等经济犯罪案件的侦查工作。这些犯罪行为都有犯罪现场，大多具备相当具体的犯罪构成要件，留下使人的感官可以发现的犯罪物品或痕迹（如尸体、弹痕、刀伤、血迹、凌乱的现场等），一般无须进行更多的调查即可确定是犯罪行为。因此，这类案件发生后，通常能及时发现和立案，但在侦查开始时，作案人往往不明朗，甚至难以查明。所以侦查的任务主要是收集证据，查获犯罪人或确定嫌疑犯。换言之，就是根据犯罪行为及其危害结果以及通过被侵犯的客体，去查明犯罪主体。

职务犯罪案件侦查的对象是利用职务之便进行贪污、受贿、挪用公款等犯罪活动的国家工作人员。由于他们作案时有合法的身份和形式作掩护，因而其犯罪行为的不法征象极不明显，容易加以伪装而不为他人所察觉，检察机关侦查人员必须仔细研究复杂的法律事实与关系之后才能确定是否有犯罪行为发生。所以对于职务犯罪的追诉，必须事先进行一定的调查活动以发现犯罪事实，然后才能立案和着手进行侦查工作。另一方面，这类犯罪一经发现，就有明显的被告人，特别是有关部门或发案单位事先作过调查，被告人在"案"。因此，侦查的重点是按照《刑事诉讼法》的规定，搞好调查取证，全面搜集证据，证明犯罪之有无和罪责之轻重，即围绕犯罪主体，查明其危害行为和危害结果以及两者之间的因果关系，弄清被侵犯的客体以及犯罪主体的真实身份。

由于职务犯罪的特殊性，因而也决定了职务犯罪的证据亦有其自身的特点，主要表现为四个方面[1]。

(一) 职务犯罪证据的隐蔽性

实施职务犯罪的犯罪分子智商高，反侦查能力强，他们犯罪都是预谋作案，事先精心策划，事后极力伪装；他们利用职务之便进行作案，往往可以用合法身份和形式掩盖自己的犯罪行为。加之，职务犯罪案件发案时间一般都比较晚，物证书证容易消失或销毁，知情人记忆模糊；这类案件一般没有现场，没有直接证人，没有被害人，知情者大都是职务犯罪分子的亲朋或部下，通常不愿意提供情况。由此可见，职务犯罪的证据往往不会自我暴露，也不易被发现，难于收集。

(二) 职务犯罪证据的复杂性

职务犯罪分子进行贪污、受贿、挪用公款等活动，往往时间长，次数多，有的长达几个月甚至几年，次数多达几次甚至几十次。职务犯罪大都属于经济犯罪，各种经济往来及反映这些往来的票据、报表、账册数量众多，纷繁复杂；各种职务犯罪往往互相交织，案中有案，如有的既贪污又受贿，有的为掩盖贪污、逃税行为或进行走私活动而行贿等。职务犯罪分子大都有一定的地位和实权，发案前编织了关系网，形成了保护层。因此，职务犯罪案件的证据通常量大面广、真假难辨，而且专业性强，因此收集的难度大，技术要求高。

(三) 职务犯罪证据的财物性

职务犯罪分子常常滥用职权，其目的是中饱私囊，获取公私财物，而且职务犯罪的构成和量刑轻重与获取财物的数量有直接的关系，因此，职务犯

---

[1] 谭世贵：《廉政学》，法律出版社1995年版，第317~318页。

罪的案件都必然有赃款、赃物这种证据；职务犯罪分子要进行贪污、挪用、偷税等犯罪活动，又必须在财务上做文章，涂改伪造，弄虚作假，这样与之有关的票据、账目、报表等会计资料就成了其犯罪的证据。因此，职务犯罪案件一般都有物证、书证这两种证据。为证实这些物证、书证的真实性，有时需要进行技术鉴定或会计鉴定，从而又有鉴定意见这种证据。

（四）职务犯罪中人证的特殊性

从证据分类的角度，被告人口供、证人证言、被害人陈述属于人证的范围，都是通过人的陈述所表现出来的证据。职务犯罪案件的人证与一般案件人证有明显的差异，这表现在以下三点。首先，被告人口供的重要性。通过腐败分子的供述和辩解，可以找到赃款赃物；职务犯罪分子利用职务之便，作案比较诡秘，没有第三人在场，因此被告人的口供住往成为最主要的直接证据之一。据此我们才能了解其作案的动机、目的、手段、过程，特别是"一对一"的职务犯罪案件，被告人的口供在定案证据中处于关键地位。没有口供一般就无法定案。其次，表现在证人证言的间接性上。由于职务犯罪分子作案有合法身份作掩护，其犯罪活动很难为第三者所亲见亲闻，因此职务犯罪案件一般都没有直接的知情人，即使事前或事后其亲戚或部下有所发觉，但由于他们同被告人有利害关系，因而大都不愿意向司法机关提供真实情况。但是，犯罪活动的某些环节、某一阶段的知情人还是有的，特别是对于职务犯罪分子的"暴富"情况，周围群众是清楚的。再有，被害人陈述的缺乏性，即职务犯罪侵犯的对象是国家、集体的财物，因而职务犯罪案件一般很少或没有被害人陈述这种证据。

二、职务犯罪嫌疑人的反侦查心理

在多数情况下，职务犯罪嫌疑人往往既要趋利，即实施犯罪行为；又要避害，即实施反侦查行为。能否既获取犯罪行为的利益，又避免刑罚惩罚等害处，这是摆在犯罪者面前的永恒的矛盾，而趋利避害的人性存在，决定了作案人必然进行自我保护和防御侦查。因此说，犯罪者的"趋利避害"心理是其形成反侦查心理的人性根源，这一根源的存在意味着反侦查心理的出现不可避免。

趋利避害就是趋向快乐、避免痛苦，故又称趋乐避苦。"趋利避害，作为人之本性，是导致职务犯罪的起因，这种看法在中国和外国的古籍中均可察见。"[1]我国春秋战国时期墨家和法家就有关于"趋利避害"的人性的论述，如墨子在《大取》中说："于所体之中而权轻重之谓权。……利之中取大，害之中取小也。"韩非在《难二》中说："好利恶害，夫人之所有也。……喜利畏罪，人莫不然。"古希腊的哲学家则认为，人的本性是追求快乐，快乐是支配人类行为的原则。西方功利主义法学认为，人的一切行为，都是人在掂量各种行为的可见后果后予以选择的。著名法学家边沁和贝卡利亚等即持这种观点。边沁说："自然把人类置于两个至上的主人——'苦'与'乐'的系统之下。只有它们两个才能够指出我们应该做些什么，以及决定我们将要怎样做。在它们的宝座上紧紧系着的，一边是是非的标准，一边是因果的环链。举凡我们之所为、所言和所思，都受它们支配。"[2]由此可见，边沁的学说以为："趋利避害"支配着人的一切行为，这是"人生的规律"。贝卡利亚更直接地认为："人之所以犯罪，是趋利避害本能作用的结果；在利与害面前，人在'利'的诱惑下去犯罪，在'害'——刑罚的威慑下不去犯罪，都是自由意志的结果。"[3]实际上，贝卡利亚只道出了作案人趋利避害的一种理想表现方式。职务犯罪是与法律和社会道德相抵触的，犯罪罪行一旦暴露，犯罪行为人就要对其行为承担法律责任，行为人还会因受法律制裁而失去自己的地位、荣誉、人身自由和亲人的信任等。

综上可见，趋利避害是人的天性，职务犯罪嫌疑人出现的反侦查性是本能的一种反应。一切反侦查行为，都源于其行为主体的趋利避害心理，是犯罪者心理的反映。换言之，"趋利避害"心理是反侦查行为之所以形成的前提，反侦查行为是犯罪者的"趋利避害"心理在犯罪活动与具体案件环境中的必然结果。只有认识到这一点，才能深刻理解在职务犯罪案件中形形色色反侦查行为出现的必然性，也才能在侦查中设法加以利用，以防范部分反侦查心理和行为的出现。因而，侦查中严格保密是最重要的。非出于特殊目的的"打草惊蛇"，是侦查工作的大忌。一旦"打草惊蛇"，作案人觉察到侦查的触角正在逐渐逼向自己，他们必然会抛出各种反侦查措施，设置或重新设置侦查障碍，转移侦查视线，干扰和破坏侦查，甚至狗急跳墙、负隅顽抗。

---

〔1〕 储槐植等撰：《犯罪学》，法律出版社1997年版，第164页。

〔2〕 张宏生、谷春德主编：《西方法律思想史》，北京大学出版社1990年版，第308页。

〔3〕 陈兴良：《刑法的人性基础》，中国方正出版社1996年版，第37页。

对侦查中的一切有关案件信息，侦查人员应当严格保密，禁止任何形式的泄露。即使是为开辟案件嫌疑线索来源而公开案情，也要做到"有控制"地进行，即凡是对定案有影响的案件细节，凡是不利于侦查破案的案件情况，一律不要公开，并且公开案情还要在一定范围内进行。此外，还要求侦查人员"施计用谋，必须示假隐真、扬长避短，既有利于揭露犯罪，同时又要迷惑对手，转移其注意力，消除其戒备，迟滞和减弱对方的反揭露能力"[1]。侦查实践中，许多侦查谋略属于攻心型侦查谋略，即侦查人员在法律许可的范围内，采取适当方法刺激作案人，以瓦解其抗拒意识，促其走上认罪伏法的道路。攻心的方式可分为威慑攻心、情感攻心、法律（政策）攻心等。也有一些著名侦查谋略，如声东击西、暗度陈仓、明撤暗侦等，都强调迷惑性，要求侦查人员隐匿真实的侦查意图，通过一定方式造成犯罪嫌疑人的错觉，使其不知不觉中暴露犯罪证据。

第三节　职务犯罪的心理侦查法

从目前我国法律规定看，检察机关拥有的侦查措施主要包括询问证人、讯问犯罪嫌疑人、搜查或扣押物证和书证、进行鉴定等。由于搜查、扣押、鉴定是针对实物证据进行的，而职务犯罪却很少留下实物证据，所以检察机关很难使用搜查、扣押和鉴定，通常只能采取询问证人、讯问犯罪嫌疑人的侦查措施。在侦查问讯的过程中，心理学方法的运用为及早发现问题和解决问题发挥了重要作用。

一、初查过程中的证据收集及策略方法

犯罪心理学研究表明，一个案件的突破过程从犯罪嫌疑人的心理历程角度来透视，往往会呈现出防御、动摇和反复三个阶段。因此，办案人员应紧紧围绕这三个阶段，抓住几个关键性突破口。总的来说，"在对同类案件的发展、侦破规律有了大体了解、把握的前提下，主动运用系统论、控制论的思想和方法，全程关注具体案件的进展过程，将对手的行为趋势牢牢把握在可

---

[1] 王传道主编：《刑事侦查学》，中国政法大学出版社1996年版，第42页。

以预知的范围内，这就要首先从初查开始。"[1]

对职务案件的初查，是指根据举报线索对案件嫌疑人进行调查，以其可能"罪行"的轻重来决定是否正式立案侦查的过程。因此，在收集证据时一定要全面，既要收集嫌疑人有罪、罪重之证据，又要收集其无罪、罪轻之证据，切忌带有主观偏见。如果没有可靠的证据作为基础，或仅凭所掌握的单一材料做突破口，将很难在以后有限的讯问时限内深入案件。一遇阻力势必出现停顿甚或造成错捕、错拘的局面，以致放纵罪犯或误伤好人。

其次，初查与正式侦查的区别之处还在于由于没有决定是否立案，因此办案人员无权采取强制措施，一般都是在外围取证。因而在收集证据过程中要本着"快""秘"二字原则。即一要隐蔽初查意图，对外不暴露案情，尤其在接触初查对象前对其绝对保密；二要对内部人员也要严控知情范围，举报线索设专人受理登记，初查计划、进度、内容由承办人和主管领导制定、掌握，严禁对其他人谈及；三要对大案、要案的初查除按规定向有关党政领导汇报外，一般人均不得告知；四要教育举报人、控告人积极配合，严格保密，不得向无关人员谈及案情。同时，在初查情况绝对保密的前提下，运用技术手段，快速作好证据的全面收集工作，以防打草惊蛇，导致犯罪嫌疑人转移、销毁罪证，从而影响、阻碍案件的侦破。实践证明，只有快查快办，雷厉风行，发扬不怕疲劳，连续作战的作风，才不致坐失良机，才能人赃俱获。

再次，那种认为案件初查不是正式侦查，马虎一点儿也无所谓，有点儿漏洞等到案件全面铺开时再补查也不晚的观念是完全错误的。应该看到，正因为是初查，很多证人尚来不及细细琢磨，假如说谎或说的有出入，办案人也会较容易发现，进而进行仔细查问。所以，办案人员应重视初查的证言、证据质量，绝不可马马虎虎、粗枝大叶。另外，能否取到符合事实、有证明力的证言及其他证据，主要靠办案人员能否在初查过程中查微析疑，以小见大，不放过与案件有关的蛛丝马迹，善于发现问题和提出问题，并且对涉及案情的关键处问全、问准、问深、查透。反之，如果轻视初查工作，问得不得要领，查得不明不白，漏洞许多，回头再调查时，往往已时过境迁。个别

---

[1] 李玥："贪污、贿赂案件中犯罪嫌疑人对抗侦查心理及对策研究"，载《国家检察官学院学报》2001年第4期。

证人由于各种干扰，很可能对办案人员敷衍塞责，从而影响取证效果。

最后，还要明确初查目的是为了收集证据，为今后通过讯问让犯罪嫌疑人供述自己的犯罪事实打下基础。由此可见，初查阶段工作准备的周密与否对以后案件的顺利进展影响极大，故应转变观念，充分强化证据意识，重视初查工作，将取证前移，以提高首次讯问的成功率。因此，在初查工作中要不失时机地获取和固定证据，以避免因初查人员证据意识不强给对方留下空子，造成立案侦查后难以弥补的损失。

对于初查的方法，首先，要以收集书证、物证为重点，抓住发案单位不放，坚决果断地调阅发案单位的有关材料，以确定证人范围为侧重点，广泛寻找证人、知情人。其次，要以摸清犯罪嫌疑人的基本情况为初查中心，尽量了解、把握其社会关系、社交能力、性格、嗜好、活动规律及优缺点，特别是犯罪嫌疑人的种种弱点，以便突破口供和证言。最后，根据对案件线索的分析及所了解、掌握的被举报的情况，灵活具体地应用以下几种初查方法：[1]

（1）直接初查法。即由办案人员采取直接接触案件当事人或单位的方式，通过谈话、查证以及运用其他调查行为的初查方法。它适用于宜快速调查的案件、线索内容事实化的案件或成案概率低的案件等。

（2）明暗结合初查法。即通过线索分类，将难于成案的部分，作为明查内容及佯攻方向，对外公开进行；而将成案率大的部分，作为暗查内容及主攻方向，对外不公开。它适用于被调查人身份特殊的案件。

（3）"借装"初查法。即为保证初查前期工作秘密进行，侦查人员不以自己的身份而以审计、税务、纪检等部门的面目出现，进行查账、谈话以及其他调查行为。其适用于一些检察机关前期不宜公开调查的案件。

（4）伪装初查法。即在初查过程中，侦查人员可化装成各种社会职业身份接触当事人，收集信息，获取证据。

（5）内线初查法。即侦查人员通过可靠人员或者利用矛盾控制有关当事人充当内线，积极接触目标，获取信息和证据的方法。所谓内线，是指为促进案件得以迅速、及时的侦破，而聘请的不公开暴露身份、秘密收集证据、

---

〔1〕　李玥："贪污、贿赂案件中犯罪嫌疑人对抗侦查心理及对策研究"，载《国家检察官学院学报》2001 年第 9 期。

提供各种信息和线索的人员。根据检察机关办理自侦案件的特点，应将物色线人重点放在以下方面：一是会计、司机、保管员、公关、经营等有机会接触和掌握某一单位财经情况及其实权领导核心内容的人员；二是正义感和责任感较强，且交往面较为广泛的举报人员；三是纪检办案人员和审计、税务等部门的稽查人员；四是金融部门工作人员，通过他们可了解非正常存款的情况；五是报纸、电台、电视台等有机会接触群众来访的大众传媒人员，通过他们可摸清近期社会群众反映的热点人物；六是易发案单位、部门和领域的工作人员；七是也可从信息量多、社会交往复杂的场所，如饭店、旅馆、娱乐场合物色人员，通过他们掌握街谈巷议的重点人物。总之，选择线人要注意选择那些思想觉悟高，心理素质及自我控制能力、应变能力强的人，并作好保密工作，平时保持"单线"联系。另外，公安机关从有劣迹人员中物色"灰色线人"的做法，原则上不适用于检察机关。

（6）联合初查法。即侦查部门与其他部门，如纪检、审计等联合进行调查，以形成合力，增强攻势。

（7）委托初查法。指检察机关委托相关职能部门或单位对案件线索进行调查的办法。其适用于不宜以检察机关名义出现的案件或需要大量人力、物力、财力的案件等。

（8）借力初查法。有些案件初查要借助上级侦查部门的力量，以他们的身份进行调查，以便进一步排除干扰，大多适用于被调查人身份特殊的案件。

总之，在办案实践中不可能单纯采用一种初查方法，而应根据实际情况，灵活地综合运用上述多种方法。鉴于目前尚没有具有法律效力的初查法规，所以更应在实践中摸索总结出一套行之有效的初查办法使之规范化，以带动初查水平的整体提高。

二、侦查过程中职务犯罪嫌疑人的典型性格分析

"性格"这个词汇来自于希腊文，原意是"特征""标志""属性"或"特性"，是人的个性心理特征的重要方面，人的个性差异首先表现在性格上。那么什么是"性格"呢，它是指一个人在个体生活过程中所形成的，对现实稳固的态度以及与之相适应的习惯了的行为方式方面的个性心理特征。性格的个别差异是很大的，有的人傲气、泼辣，有的人热情、开朗、活泼、外向，有的人深沉、多思，有的人胆大自信而又细心不足。这种稳固的、定型化的

态度体系就是他的性格。一个人的性格形成之后就具有了稳定性，很难进行更改，尽管性格也具有可塑性，但是其稳定性也是不容忽视的，了解了这些，对于侦查人员在侦查过程中更好地开展工作是大有益处的。

由于性格是十分复杂的心理构成物，为了理解性格的结构，我们可以将其分解为不同的特征。对现实态度方面的特征是人对现实的态度体系的组成，这主要是在处理各种社会关系方面的性格特征，比如有的国家公职人员对社会、对集体、对他人表现出富有同情心、善于交际、诚实、直率，有的则孤僻、拘谨、虚伪和粗暴等；在对工作和学习上，有的公职人员勤政，有的懒惰，有的认真，有的粗心，有的创新，有的墨守成规等，这些都是一个人对于现实的态度特征。人对自己行为的自觉调节方式和水平也是一大特征，这就是意志的特征，它在公职人员的行为活动中以习惯方式表现出来，比如表现其是否具有明确行为目标并使行为受社会约束的独立性、组织性、纪律性和冲动性、盲目性、散漫性等。另外，性格具有情绪的特征，一个人经常表现的情绪活动的强度、稳定性、持久性和主导心境方面的特征就是性格的情绪特征。有的公职人员情绪活动一经引起就十分强烈，情绪不受意志支配，而有的人情绪体现比较弱，有的人容易激动，而有的人比较稳定和善于自我控制。此外，性格还具备理智的特征，比如感知、记忆、想象和思维等认知方向的差异也是存在的。因而针对不同的性格特征的职务犯罪嫌疑人在侦查过程中应采取不同的手段和心理方法。

实际上，从侦查人员一接手案件，便展开了与犯罪嫌疑人的较量，不论是台前的还是幕后的。在侦查活动中，侦查与职务犯罪之间是一次次正义与邪恶的较量。在犯罪案件中，犯罪人多采用其认为较为隐蔽和"安全"的方法进行犯罪，并尽可能地施行各种各样的反侦查行为，从而对抗和干扰侦查，给侦查工作设置巨大的阻力和障碍。侦查人员的任务就在于排除干扰，化解阻力和障碍，从而揭露和查证案情。因此可以说，任何一起职务犯罪案件的侦查过程，往往就是侦查与反侦查、揭露与反揭露、查证与反查证的尖锐斗争。侦查人员对犯罪嫌疑人有关的信息把握越多，便越能做到"知己知彼，百战不殆"。因此，在侦查讯问犯罪嫌疑人过程中，要注意观察、分析犯罪嫌疑人的性格特征及表现，并据此制订、调整突破对策。

（1）刚愎冲动型。这类犯罪嫌疑人大多自以为是、脾气暴躁、心境多变、好冲动、易感情用事。在接受侦查讯问时，常常表现为盛气凌人，吃软不吃硬。针对这类人情绪色彩较重的特点，可采用迂回战术，对其坚持全面教育，多做思想工作，以打消其敌对心理。交谈通常应以较轻松的话题开始，避免使其激动，产生"无所谓"的消极心理。然后再据其父母、子女、个人前途等情况动之以情，晓之以理，言明利弊，使其认识到只有配合查清问题才有出路，从而引导其走向坦白从宽之路。

（2）老谋深算型。这类犯罪嫌疑人大多智商较高，阅历丰富，不易为情绪所左右，内心活动较为隐蔽。在接受侦查讯问时，常常表现为高傲自大、态度顽固，对讯问人员不屑一顾。针对这种人反侦查能力较强的特点，应注意证据的应用，采用单刀直入的战术，集中兵力，连续作战，不给其喘息之机，直接触及问题实质，造成一种严肃、紧张、大兵压境的气氛，挫其锐气，迫其交代犯罪事实。

（3）恐惧畏罪型。这类犯罪嫌疑人大多社会经验较少，心理承受能力较弱，畏罪心理较强。在接受讯问时，易惊慌失措，手忙脚乱。针对这种人反侦查能力较差的特点，可采用先发制人、刚柔并济等策略，在讯问中适当增加压力，讲明政策，利用取得的证据，主动发起进攻，步步紧逼，造成证据已被全部掌握的态势，使其感到大势已去，只有坦白交代才是唯一出路。

（4）狡诈多疑型。这类犯罪嫌疑人遇事多思多虑，疑虑重重，处事犹豫不决，信心不足。不轻信人言，却易受他人暗示，常常以表面的糊涂掩盖内心的狡猾。在接受讯问时往往极力狡辩，假装糊涂，不断揣测讯问人员的意思，最大限度地开脱自己的责任。针对这种人疑心较重的特点，可运用先发制人、利用矛盾等策略，有意识地任其狡辩，充分表演，待其得意忘形之际，适时运用部分证据揭穿其谎言，或及时捕捉其在狡辩时的矛盾点，借言推理，迫其就范。

那么，怎样才能尽快发现犯罪嫌疑人的上述性格特征及表现呢？一般说来有两种方法：一是通过侦查，了解其身世和经历；二是在侦查讯问时从第一眼见到犯罪嫌疑人起，就要仔细观察其表情变化，走路快慢，乃至坐姿的变化，再通过简单的提问，观察其回答问题时语言的特点，语调的高低、缓急等。

三、侦查过程中讯问的心理压力源

根据《刑事诉讼法》的规定，讯问犯罪嫌疑人、被告人是侦查的主要方法之一，也是检察机关侦查职务犯罪案件的一种基本手段。正确、充分运用刑事诉讼法赋予的这一手段是检察机关的侦查员必须具备的基本功，它对侦查破案、提高办案效率具有十分重要的意义。虽然讯问只是侦查活动的一个组成部分，但却是打击职务犯罪的有力武器。同时，也应看到，职务犯罪嫌疑人往往较为复杂，犯罪主体层次高，手段狡猾，反侦抗审能力都较强，因此，如何运用侦查心理来驾驭证据，在法定时间内突破罪嫌疑人，便成为检察机关当前亟需研究解决的现实问题。面对讯问，犯罪嫌疑人都会产生一定的心理阻抗力，尽量不交代或少交代自己的犯罪事实。因此，必须巧妙利用心理压力，使犯罪嫌疑人产生畏罪感，增加其心理压力，才能变被动为主动，提高案件突破率。

（一）心理压力源之一：侦查讯问中场景的选择

首先，侦查讯问离不开场景。场景的差异，体现着不同的讯问气氛，显示出不同的讯问态度。在被讯问者办公室里面对面的谈话，显示了讯问者的漫不经心，给被讯问者一种轻松感；宾馆里的促膝而坐，显示了讯问者的随和，给被讯问者一种亲近感；而检察机关讯问室里的居高临下，则显示了讯问者的威严，给被讯问者一种压抑感。可以说，一幕精心布置的场景，可以起到攻心之用。因此，决不能小看讯问环境的选择及设计问题。与犯罪嫌疑人的心理战一旦拉开，就必须时时处处留意，点点滴滴的细节都应纳入侦查人员的有效控制范围，充分利用一切可以利用、能够利用的条件去消除对方的心理屏障，争取有力的战机迅速突破其口供。

在侦查讯问过程中，侦查人员可以不断制造出高度紧张的审讯氛围，态度严肃，声音严厉，目光逼视，突然出示有力证据，或用节奏短促连珠炮式的提问，使犯罪嫌疑人不能编造谎言和组织反攻的思考时间，同时向其指出对抗讯问的后果，造成犯罪嫌疑人情绪上的慌乱及压力。也可以适时减压，用缓和的语气，亲切的态度与之进行谈话，或摆家常或对其犯罪原因表示理解，以促其交代。从而达到紧紧控制、操纵着侦查讯问的整体氛围的目的。

值得注意的是，场景的布置不但包括陈设装饰环境和气氛控制，还包括讯问人员的姿态等，这些均属无声语言的控制。其中身体语言运用较为广泛，这就要求侦查人员不但要善于利用自身身体语言去影响对方，以争取讯问的主动权，还要善于观察犯罪嫌疑人的身体语言，以把握其稍纵即逝的心态变化，找到解决问题的切入点。

一是观察行为人的情绪波动。一个有罪或无罪之人，一个与案件有牵连或无瓜葛的人，在侦查过程中，对同样的环境气氛和侦查措施，其心理状态、情绪及其外部表情就会截然迥异。尽管人的心理素质、学识、修养、学历等对其情绪会产生一定的影响作用，但"做贼心虚"是共同的基本心理特征。所以在职务犯罪案件侦查中，要特别留意观察行为人的情绪，哪怕是稍纵即逝的异常表现，都会证明行为人的真实意向。学会捕捉并驾驭这种心理事实，将会给案件的突破带来契机。

二是观察行为人的目光眼神。瞳孔暗淡无光或目光呆滞，表明强烈的情绪持续过长，内在心理疲惫困倦；目光游移，神不守舍，表明内心恐惧和有重大隐瞒；目光左顾右盼不专注，表明精力不集中或另有所思；目光轻蔑或斜视，表明具有轻视或小看某人或某事的心理；目光专注乃至"目不转睛"，表明心理相容又高度重视；目光乞求悲哀，表明希望得到宽容和帮助，具有哀求之心等。

三是观察行为人的举止行态。抱头弓腰，表明行为人可能正为案情发愁，或正进行激烈的思想斗争，也可能是在耍无赖；一会抓耳挠腮，一会摸膝搓腿，表明行为人正在盘算着什么或者是在体验某种心理活动；突然发愣、打寒战或突然神情沮丧，沉默不语，往往表明被击中要害，内心世界受到强烈刺激；行走和缓，速度平稳，一般是行为人心情舒畅；行走急，速度快，往往表明行为人处于紧张、恐慌的心情等。

四是观察行为人的语言变化。一般而言，犯罪嫌疑人在侦查讯问过程中，会因其内心的恐惧、紧张，思维和表达能力会受到一定的影响，往往被突然的问话惊吓，出现语音、语调异常。有的人为了开脱罪责而捏造事实，制造谎言，其陈述往往漏洞百出。实践证明，行为人语言上不理直气壮，往往表明内有隐情；语无伦次，说明内心矛盾，思绪混乱；语调高低差距小，或者说话断断续续，通常表明有悔恨情绪；语调高，速度快，高低差别大，通常表明自以为是；语音高而尖，忽高忽低，通常表明内心紧张，情绪急躁等。尤其对要害问题要特别注意观察犯罪嫌疑人的语调变化，捕捉并驾驭这种瞬息变化的心理事实，往往会为解决问题找准切入点。

（二）心理压力源之二：侦查讯问中语言的选择

侦查讯问过程是一个十分复杂的动态过程，为了更好地实现侦查讯问的预定计划，防止偏离既定方向，避免讯问语言不能准确体现讯问意图和有效表现讯问策略的情况出现，讯问人在讯问时，必须对讯问语言进行有效的控制，始终坚持"以我为主"的思想，有意识地占据讯问的主动权，以便整体驾驭讯问活动，而避免被犯罪嫌疑人的无理辩解和抵抗牵着走，使讯问走入死胡同。

在讯问中，讯问人员要求被讯问人对针对自己提出的问题进行回答时，被讯问人可能出于趋利避害的心理，或避重就轻，或遮遮掩掩，或似供非供，不甘心全面供述问题，甚至拒绝回答。还有的讯问人表面态度好，抓住一个问题就口若悬河，结果越说离题越远，企图用虚实难辨的回答引诱讯问人员偏离讯问方向。这就要求讯问人员必须采取主动出击，选用步步引导的讯问方式，主动控制局面，通过深挖细问，启发并调动被讯问人的回答，此为主动控制。被动控制指在讯问中，当被讯问人提出难以作出明确回答的问题时，讯问人员故意采取答非所问的语式，或不作正面回答，或在不违背政策、法律原则的前提下，采用一些被讯问人愿意接受的语言和满足一些被讯问人提出的合理要求来驾驭讯问过程，使讯问避免出现僵局，从而达到有效控制讯问进程的效果。对被动控制的认识和有意把握，体现了侦查人员的随机应变力。

在讯问过程中，有的被讯问人气焰嚣张，无理发难，甚至反唇相讥，妄图破坏讯问。这时讯问人员应该以短促、强硬的语言，针锋相对地予以回击，以此来打击和抑制被讯问人的气势，用硬碰硬的办法来控制局面，驾驭讯问进程。在回击过程中，注意不要用蛮力，更忌用简单、粗暴、虚张声势的恐吓方法，而是要把事实和法律有机结合起来，做到有理有据，环环相扣，结论必然。运用不可辩驳的逻辑力量再加上威严的气势，从心理上彻底打消对方的侥幸心理。当讯问人员发现由于自己不慎，问话出现漏洞时，在被讯问人还没作出反应的情况下，用后续语及时补救前语漏洞的方法。

讯问犯罪嫌疑人的过程，实质上是一场斗智斗勇的过程，侦查人员的任何一点疏漏都很可能被其利用而给讯问的突破带来障碍。因此在讯问中，侦查人员一定要有全局观，有配合意识，注意统一思路、统一口径，避免讯问内容自相矛盾。否则不但抓不住犯罪嫌疑人的要害之处，反而会暴露自己的意图，让犯罪嫌疑人钻了空子，从而增强其抗拒之心。

（三）心理压力源之三：侦查讯问中有效证据的利用

对于不合作或心存侥幸的犯罪嫌疑人，在侦查讯问中要适时、适量、适度地出示证据，可以起到刺激犯罪嫌疑人，摧毁其心理防线的作用。利用有力证据，直接揭露受讯人自认为最为隐蔽的问题，可以使其认为审讯者已明真相，自己的罪行已经败露而产生心理上的压力，从而打开僵局，促使其老实交待罪行。使用证据要适时、适度，虚实结合，力求以最少的证据达到最佳的讯问效果。同时还要坚持讯问和查证同时进行，及时沟通信息，使相关问题得以迅速印证。为突破案件，根据实际需要，对于长期身居要职，工作在执法部门、执法岗位，经初查涉嫌犯罪数额较大的职务犯罪嫌疑人，应在拘传或传唤时同步进行搜查。搜查过程中可不让犯罪嫌疑人到达现场，以便利用所发现的证据，在审讯中适时出示，突破其口供。也可以让其到达搜查现场，中途再令其离开，只让其知道搜查而不知道搜查结果，给其制造一定的心理错觉。还要注意在搜查过程中观察犯罪嫌疑人的情绪变化，以便从中发现可供利用的破绽。

作为某个案件灵魂的证据，其具体应用的时机选择也非常重要，而且这一问题从始至终贯穿在讯问过程之中。下列几个关键时间点正是犯罪嫌疑人的心理防御薄弱之时，敏锐的观察，及时、有效地运用证据，恰恰可以从容不迫地突破其心理防线。第一，来不及防备时。此时乘机使用证据使犯罪嫌疑人紧张情绪加剧，感到防御效果希望甚微，进而可采取启发、引导和政策攻心，不断施加心理影响，逐步使其情绪稳定，如实交代罪行。第二，某些弱点被抓住或暴露时。此时，及时使用证据可以打掉犯罪嫌疑人的侥幸幻想，扩大防御漏洞，促使其坦白交代。第三，思想动摇时。抓住犯罪嫌疑人动摇阶段的心理状态，及时使用证据，使其感到预审人员掌握了他的罪证，只有交代才是唯一出路。第四，口供自相矛盾时。此时应及时使用证据，揭穿其幻想，可使犯罪嫌疑人感到应付是过不了关的。第五，顽固抵抗、态度嚣张时。这时使用强有力的证据，需要进行充分的准备，周密的分析，有绝对取证的把握，才可能使犯罪嫌疑人的嚣张气焰一落千丈，一蹶不振，再也鼓不起反抗的勇气。第六，案情已有突破，且犯罪嫌疑人态度仍不老实，妄图就此止步时。此时使用证据，是为了巩固已取得成果，使犯罪嫌疑人感到我们不但了解其已供的罪行，对其未作交代的犯罪事实也洞如观火，从而促使其交代其他犯罪事实。第七，开始作假供、乱供、翻供时。此时使用证据主要是针对犯罪嫌疑人的态度，使其认识到这样下去只有受到从严处理。

职务犯罪嫌疑人与一般刑事犯罪嫌疑人不同，他们多数人在犯罪之初就已经预设了反侦查的心理，因此很多人几乎都是带着事先备好的心理状态来接受侦查讯问的。这种定势心理时间越久越不易改变，并会因反复在大脑中进行思维循环而被加固。在诸多的侦查实践中，此类犯罪嫌疑人几乎没有在刚开始就交代自己的犯罪事实的。因此，如果没有刑法处罚的威慑力和侦查人员以刑法处罚为后盾，通过交流造势、语言刺激、心理暗示和证据对客观事实的证明，破坏犯罪嫌疑人的心理平衡，对其产生极强的心理压力和心理限制，此类犯罪嫌疑人是不会轻易供述的。

四、侦查过程中讯问突破的合理选择

侦查讯问突破口是指在侦查讯问过程中容易突破犯罪嫌疑人的切入点。选择好讯问的突破口是侦查讯问成功与否的关键，在职务犯罪案件中，被告人的口供是一种重要的证据，成为不可或缺的定案证据。通过讯问被告人，可以查明被告人是否成为本案的被告人，以及其犯罪的时间、地点、目的、动机、手段、结果等犯罪事实，可以追查同案犯或其他犯罪行为，也可以据此找到隐匿的赃款、赃物。由于案件的被告人是国家公职人员，因此，对其进行讯问，应注意特殊的心理方法和心理计谋。选择案件的突破口要在全面吃透案情的基础上，选择职务犯罪嫌疑人的薄弱环节进行突破，尽快获取口供。

（一）从职务犯罪嫌疑人心理上选择突破口

职务犯罪嫌疑人被立案调查后，其心理特点多种多样，同时，在侦查阶段，随着案情的不断深入，强制措施的变化，心理特点也各不相同。从职务犯罪嫌疑人心理特点上选择突破口以更好地达到目的。

1. 选择侥幸心理为突破口

侥幸心理是职务犯罪嫌疑人对自己能够逃避法律追究的自信想象或可能逃避法律制裁的赌注心态。侥幸心理是绝大多数职务犯罪嫌疑人共有的心理特征，而且他们比一般的刑事案件中的犯罪嫌疑人在此特点上更为明显。他们的侥幸心理主要有几个原因：第一，过去曾有过违法行为，但未被发现，自信这次依旧不会被发现；第二，认为自己的犯罪活动计划周密，实施谨慎，没有留下任何蛛丝马迹；第三，对案件的知情人做好了必要的工作，自信绝对隐蔽；第四，共同犯罪的多个犯罪嫌疑人之间已经订立了攻守同盟；第五，犯罪嫌疑人迷信自己的地位和关系网络，认为自己是有"靠山"的；第六，

低估检察机关的破案水平，认为侦查人员根本找不到任何有价值的证据。职务犯罪嫌疑人正是依赖这种侥幸的心理而拒不认罪，而很少考虑其所依赖的因素发生变化后该如何处置，只要讯问人员认真分析出犯罪嫌疑人存在侥幸心理的成因，正确运用讯问策略，巧妙地使用证据，就会使犯罪嫌疑人走投无路，促使犯罪嫌疑人的侥幸心理向供认心理的转化。

2. 选择畏罪心理为突破口

畏罪心理是指职务犯罪嫌疑人对自己所犯罪行将要受到法律制裁的恐惧感。畏罪心理是犯罪嫌疑人接受讯问的一种最基本的抗拒心理，产生畏罪心理主要有几个方面的原因：第一，害怕失去地位，毁掉前途；第二，担心失去自由；第三，害怕剥夺生命。其本质是求生、求轻的心理。分析出职务犯罪嫌疑人的畏罪心理后，对症下药，进行政策教育，使犯罪嫌疑人在继续对抗还是坦白交代争取从轻处罚的矛盾中向交代犯罪的心理转化。

3. 选择犯罪嫌疑人的顾虑心理为突破口

职务犯罪嫌疑人在交代犯罪事实前，往往只考虑到如果如实交代，会给自己带来哪些不利的影响，因而顾虑重重，如害怕自己的亲属受到牵连，害怕个人的隐私被完全暴露。有的职务犯罪嫌疑人大肆贪污受贿，然后去赌博、嫖娼、包养情人，有的甚至参与吸食毒品等违法活动。一旦犯罪事实暴露后，感到无脸面对自己的家人和子女，为了顾及面子而不愿意供述。一些职务犯罪嫌疑人有一定的社会地位，考虑到如果受到法律的制裁将成为阶下囚，这种巨大的心理落差无疑对其是一个沉重的打击。这些顾虑往往会使职务犯罪嫌疑人在接受讯问时，思前想后，总是权衡供认与否的利弊。讯问人员应认真分析出犯罪嫌疑人的心理顾虑，有的放矢地进行案例教育，适当缓解其思想压力，使其认识到坦白交代才是唯一的出路。

（二）从案件的事实和情节上选择突破口

在侦查讯问过程中，职务犯罪嫌疑人一般都千方百计地否认犯罪的事实和情节，但只要选准容易突破的案件事实和情节，就可以实现部分突破，使犯罪嫌疑人从拒绝认罪转变为部分交代，再转变为彻底交代罪行。

1. 选择有确凿证据证明的职务犯罪的事实或情节

职务犯罪手段具有较强的隐蔽性，但也会留下蛛丝马迹。利用侦查过程中获取的一些证据，选择适当的时机，出示证据，可以使犯罪嫌疑人打消认为检察机关没有任何证据的侥幸心理，同时也使犯罪嫌疑人感到检察机关已经掌握了充分的证据，坦白交代还有一线从轻发落的希望，从而交代全部罪行。

2. 选择职务犯罪嫌疑人犯罪过程中的一些特殊细节

职务犯罪嫌疑人在实施职务犯罪过程中，有一些特殊的情节只有犯罪嫌疑人自己知道，其他人不知道或无法推测，如果讯问人员掌握了这些特殊的细节，就会使犯罪嫌疑人认为检察机关连这样的事实、情节都查得很清楚了，如果再抗拒下去已没有用处了，从而交代自己的犯罪事实。比如，在办理一起收受贿赂的案件时，检察机关通过银行查询，查出王某用伪造的身份证在银行存款 10 万元人民币的情况。讯问中，当讯问人问到你是不是还有另外一张身份证时，王某立刻脸色苍白，心理防线彻底瓦解，然后立刻交代出用伪造身份证存在银行的受贿款额 400 万的犯罪事实。

3. 选择职务犯罪嫌疑人认为最保险也最容易忽略的事实或情节

职务犯罪嫌疑人在讯问中拒不认罪，认为自己实施的犯罪活动计划得周密而妥当，实施又十分谨慎，事后又做好了“善后”工作，检察机关不会查明事实。这是讯问中的一个难点，但在一定的条件下，难点也可以转化为职务犯罪嫌疑人的薄弱点，因为犯罪嫌疑人一旦过于自信就会放松警惕。讯问人员选择犯罪嫌疑人认为最放心也最容易疏忽的事实或情节，采取合适的讯问方法和策略。重炮攻击，则可以彻底摧毁犯罪嫌疑人的心理防线，实现全面突破。

（三）从共同实施职务犯罪的犯罪嫌疑人中选择突破口

在共同犯罪的案件中，每个职务犯罪嫌疑人的犯罪动机并不一定完全相同，在犯罪过程中所处地位、身份和作用也不同，获取的非法利益也不同，他们所顾虑的事情也不同，而且其对抗侦查讯问的能力也是不同的。职务犯罪嫌疑人在接受调查的过程中，常常是与外界相对隔离的，相互之间很难互通消息，这是分化和瓦解犯罪嫌疑人的最好时机。首先，可以选择以从犯突破口，因为从犯在共同的犯罪中处于从属地位，罪行较轻，很多人又是本身被要挟或强迫的，他们对抗侦查讯问的心理通常不太坚决，容易成为突破口。另外，可以选择主观恶性小，认罪态度较好的犯罪嫌疑人为突破口，对他们进行强有力的思想教育，进行开导感化，唤起他们内心的良知，指出他们的希望所在，就比较容易突破他们的攻守同盟。此外，利用犯罪嫌疑人之间的矛盾和利益冲突来互相分化瓦解也可以成为侦查讯问的突破口。比如，让犯罪嫌疑人陈述犯罪的细节，各个犯罪嫌疑人为了弱化自己的犯罪行为往往强化他人的行为和意图，这样他们彼此之间就出现了矛盾。讯问人员可以对有矛盾的供词认真分析，辨别真伪，对作虚假陈述的犯罪嫌疑人加大侦查讯问的力度，继续利用矛盾找出真相。讯问人员还可以利用犯罪嫌疑人之间因为实施犯罪过程中存在的原有矛盾来分化瓦解，或通过各个犯罪嫌疑人之间的猜疑心理，设计计谋，制造矛盾，使犯罪嫌疑人误以为其他犯罪嫌疑人已经交代，从而动摇其心理防线，如实交代犯罪事实。最后，从年龄特征上，可以选择年纪较轻的犯罪嫌疑人作为突破口，因为一般年纪较轻的犯罪嫌疑人社会经历和阅历较浅，接受讯问后，认为自己的前程被毁，容易破罐破摔，但是他们的抵抗侦查讯问的能力和经验有限，通过正确的教育和帮助使他们认识到今后的道路还很长，因此容易动摇他们的心理防线，使其如实交代罪行。

（四）从职务犯罪嫌疑人自身特点上突破

每个实施职务犯罪的犯罪嫌疑人都会有自身的一些与众不同的特殊之处，讯问人员应该注意观察和分析他们各自的特点，利用这些特点打破他们的心理防线，使其供认不讳。比如，可以从分析犯罪嫌疑人的性格特点出发，对性格外向的人，让其充分表演，尽量让其表述得具体、细致，然后抓住矛盾和疑点发动攻势；对性格内向的人，要找出其沉默的原因，触及其痛处，并帮助其分析犯罪的原因，使其悔悟，认识到只有彻底交代才是唯一的出路；对性格暴躁的人则可以采用"激将法"，刺激其心理，促其坦白。另外，有些犯罪嫌疑人事业心较重，很想成就一番大的事业，可以选择犯罪嫌疑人对事业的重视为突破口；还有的犯罪嫌疑人在事业上曾经受到过挫折，可以选择那些挫折来刺激犯罪嫌疑人坦白交代；有的犯罪嫌疑人重视家庭、亲人，可以利用这些亲缘对其进行感化和规劝。

总之，只要是职务犯罪嫌疑人实施了犯罪行为，就一定可以找到突破的路径，但是在选择这些突破口的时候，要注意灵活多变，见机行事，要有层次，有联系，不要过多过乱，才能达到理想效果。

（五）心理动摇时机的把握

有些职务犯罪嫌疑人经过侦查讯问，往往进入心理动摇阶段，此时畏罪心理表现突出，想交代罪行摆脱讯问，又怕交代了自己受到惩罚，心理交锋较为激烈。此时，侦查人员应该因势利导，及时进行攻心，不厌其烦地讲述法律和政策，用劝导的方式促使他尽快说出真相，同时要及时录取口供，提取证据。那么怎样把握犯罪嫌疑人的心理动摇时机呢？在实践中，主要从以下几个方面进行细微的观察。第一，看犯罪嫌疑人的畏罪心态，当心理防线动摇后，犯罪嫌疑人常表现为恐慌、反常、疑虑、坐立不安。这些行动不仅反映出他们的畏罪心理，而且从另一侧面也暴露了其心理防线已经出现缺口。第二，看犯罪嫌疑人的悔罪之心。当犯罪嫌疑人悔罪心理在动摇阶段占上风时，往往会显示出自责、悲观的现象。这说明其犹豫、徘徊之念未除。第三，看犯罪嫌疑人的交代之意。随着审讯进程的深入，犯罪嫌疑人面临抉择关头，想交代又下不了决心时，他们的神态往往会流露出交代之意。一是静听，表现为沉默不语，回答问题欲言又止，或下意识地用点头或摇头来表示；二是提出"让我想想"等要求；三是要求从宽。他们心存疑虑，怕交代了得不到从宽处理，常问"交代了、钱退了，能不能叫走"等之类的话。显然，此时他们的交代心理已占上风，但仍有某种顾虑有待消除。

　　总的来说，犯罪嫌疑人的心理动摇时机很可能转瞬即逝，这就要求侦查人员在讯问过程中始终坚持细微观察，不断训练自身敏锐的洞察力以及及时的把握力，抓住时机予以引导，促使犯罪嫌疑人放弃抵触、对抗心理而坦白交代。如果使用方法不当或未能敏感地把握住犯罪嫌疑人的心理变化时机，很可能会延长僵持时间，使犯罪人重新萌发畏罪、侥幸、抵触等心理，修补或重构防御体系，进行更加顽固的对抗。

思考题

1. 职务犯罪人在犯罪实施阶段有什么心理机制？
2. 职务犯罪嫌疑人在接受调查过程中有什么心理特征？
3. 简述侦查过程中讯问的心理压力源。
4. 在侦查过程中如何合理地选择讯问突破口？

第八章

审讯进程中的职务犯罪心理

研究职务犯罪中的审讯心理是从心理学的角度对审讯活动中的行为进行分析和研究，探索犯罪公职人员在审讯活动中各种行为产生的心理依据和心理特点，使从事审讯工作的人员能够掌握审讯活动中的各种行为特点和规律，转化不利的消极因素，变消极因素为积极因素。[1]它的重点是以研究犯罪嫌疑人的心理规律为手段，以使职务犯罪嫌疑人认罪伏法，如实交代自己的犯罪事实为目的。

第一节　审讯阶段中的心理变化与识别

一、职务犯罪嫌疑人在审讯各阶段中的心理变化

在审讯中的不同阶段，职务犯罪嫌疑人的心理活动是有发展变化的。这种发展变化，大体可以分为四个阶段。

（一）试探摸底阶段（初审阶段）

这个阶段一般出现在职务犯罪嫌疑人刚被拘捕、进入审讯初期的较短时间内。究其原因，主要有：第一，犯罪嫌疑人不真正了解被拘捕的原因；第二，被拘捕后，由于隔断了与外界信息的来源，其竭力想了解案发后一切与自己有关的情况和信息；第三，关心自己的前途和命运，想竭力了解审讯员对案件的态度和对证据掌握的情况。因而，职务犯罪嫌疑人在此阶段常表现

---

〔1〕 吴克利：《审讯心理攻略》，中国检察出版社 2004 年版，第 1 页。

得情绪激动、心慌意乱、猜疑焦急、坐卧不安。心理的外在表现为自制力较强、注意力较集中的犯罪嫌疑人，警惕性和戒备心较突出，与审讯员保持一定距离，采取以静观动的方式，进行试探摸底，尽量让审讯员多讲，而自己少讲；索要证据、投石问路，犯罪嫌疑人自己不供述罪行，而向审讯员索要证据，或向审讯员供述其他有关或无关情况，以投石问路；以假乱真或真假混供；以要求接见、送东西和写信为由，目的在于了解外界情况、决定对策。有的犯罪嫌疑人急于在监号内搜集信息，利用放风等机会发出特殊信息进行观察，确定措施。

在这个阶段，职务犯罪嫌疑人的侥幸心理表现明显。他们多采取以静观动、以虚代实的策略，设想编造几套假口供，并且表面上装出老实悔过的样子，以求赢得审讯员的好感。经过与审讯员的初步接触，因了解到审讯员已大体知道了案情，职务犯罪嫌疑人便出现了明显的戒备心理，表现在供述时处处设防，步步戒备，注意供述是否前后矛盾、是否有漏洞，这是"自我防御"的一种表现。因而，在这一阶段，审讯人员要全面收集掌握犯罪嫌疑人在试探摸底阶段中的言行，找出影响职务犯罪嫌疑人如实供述的心理障碍，有针对性地使用证据和策略、方法；对职务犯罪嫌疑人所作表述不要立即表态或反驳，以防止暴露讯问意图和所掌握证据的情况；对罪行严重、思想动向不清的职务犯罪嫌疑人，可采取布置耳目，开展狱侦，多方了解情况。总之，在试探摸底阶段，职务犯罪嫌疑人的思想是非常活跃的，审讯员要做好反犯罪嫌疑人试探摸底的对策和准备工作。

（二）对抗相持阶段（续审阶段）

经过试探摸底，随着审讯和侦查工作的逐步深入和职务犯罪嫌疑人心理上的适应，其心理状态开始进入相持阶段。这一阶段的持续时间因人、因案件情况和其他状况而异，如证据的获取状况等。这一阶段审讯工作最为艰苦，有些案件即使时间拖得很长，审讯次数很多，也难于使犯罪嫌疑人说出真话。当然，这也是嫌疑人心理活动最为剧烈的阶段。此时的嫌疑人已大体适应了监所环境，知道一时结不了案，抱着"打持久战"的态度，集中精力对付审讯。在审讯中一接触到实际问题，便可能抵赖、搪塞、隐瞒、狡辩、否认，甚至对抗，审讯中的窘迫与抵赖、批驳与辩解、揭露与回避、进攻与防守，斗争的一来一往，时起时伏，若明若暗，成了这一阶段的审讯特色。犯罪嫌疑人在这一阶段的对抗行为表现得很充分。为了向审讯员探听案情消息，他们可能采取投石问路、指鹿为马、浑水摸鱼、索要证据等手法。为了影响和破坏审讯员的判断，他们还可能无中生有、嫁祸于人、丢车保帅、偷梁换柱；为了影响和动摇审讯员的情绪、意志，他们可能会胡搅蛮缠、故意挑逗、赌咒发誓、沉默不语等。

职务犯罪嫌疑人是一个特殊的主体，这些人在案发前手中有权，身居要职，有的甚至是在位的高级领导干部，每天工作的任务是指挥别人去工作。一旦这些人成为犯罪嫌疑人，成为检察机关的打击对象，心理就会发生变化，从变化的规律来看，多数犯罪嫌疑人处于矛盾的心理状态，既不甘心如实交代，也不敢一味地对抗。随着审讯工作的不断发展变化，其心理状态也在不断地变化。有的可能从消极的状态向积极心理状态转化，也有的可能从积极的心理状态向消极心理状态转化。实质上，在审讯中消极心理的具体表现就是抗拒心理。审讯的全过程就是从消极的心理向积极的心理转化的过程，也是讯问人员消除其对抗心理的全过程。从案件的具体情况看，犯罪嫌疑人面对审讯其心理的紧张和恐惧状态比较突出，为了平衡这一心理状态，常常采取自我安慰的方法来平衡自己。尤其是职务犯罪的案件的犯罪嫌疑人，他们经常从情理方面来平衡自己。例如，有的犯罪嫌疑人称："我帮助别人办点事情，别人表示感谢送我些钱。这也是情理中的事情，况且人家送来，我不收，太不给人家面子了，我也是劳动所得啊，没有我在中间牵线搭桥，他们怎能做成生意呢"。另外，在他们心理也产生了自我安慰的错觉，不对细节加以回忆，在接受审讯时总是设法让自己头脑保持空白，对外来的信息加以排斥和否定。

此时，职务犯罪嫌疑人一般会表现为拒供和谎供。例如，审讯人员多次提讯，就是不开口供述，常是审讯人员问一句，答一句，不问不答。更对审讯员提出的发问，驴唇不对马嘴，或问东答西，或只说无关紧要的皮毛现象，对重要的问题予以回避。再就是保持缄默，一言不发，抗拒供述。有的在审讯人员提问紧迫，尤其是连续提问时作出谎供，要么查无证据，要么证据虚假，罪行仍得不到证实。

因而，在对抗相持阶段，要求审讯人员要深入摸清犯罪嫌疑人抗拒的原因，针对不同情况，制定讯问计划。摸清犯罪嫌疑人抗拒的原因，可从审讯员、犯罪嫌疑人双方来分析，通过提讯犯罪嫌疑人、与其对话，从其言语行动上可观察分析出拒供的迹象和原因，也可从讯问人员的工作周密性、有否暴露讯问意图、证据、工作是否有问题等方面分析。比如由于证据缺乏，或证据缺乏情况已被犯罪嫌疑人所知，就可能导致对抗相持。其次，要善于认识有罪顽抗与确有冤情而激烈对抗的犯罪嫌疑人，依法审讯，区别对待。对于对抗相持阶段的犯罪嫌疑人的表现必须采取分析的态度，必须从事实和实际出发，不要一概把当时所有拒绝交代罪行的人都看作是对抗相持，这有时也是不科学的，如，有的确有冤情而激愤对抗，这需要具体情况具体分析，依法审讯，区别对待。此外，审讯人员要严格控制自己的情感，以沉着冷静的态度来扼制其气焰，从意志、气势上压倒犯罪嫌疑人，从而使其产生供述的动机和行动。

（三）动摇反复阶段（相持阶段）

有的学者把犯罪嫌疑人趋向动摇的供述心理状态称为"临界心理"[1]，在审讯实践中，根据审讯人员的讯问方法，这种心理状态会向两个方面转化：一种是向供述的方向转化，另一种是向拒供的方面转化。这种被称为"临界心理"的状态特点是可变性极强。犯罪嫌疑人一旦进入这种心理状态，总要权衡利弊，反复寻找选择对自己有利的方向，一旦选准了方向，这种临界心理状态便会立即消失。这一特点表明动摇阶段的临界心理来得慢，走得快，注意对这种心理状态控制，可以收到事半功倍的效果。

在这个阶段，职务犯罪嫌疑人的心理防线随着审讯的深入而开始崩溃，意识到侥幸心理因难以蒙混过关而有所减弱和收敛，而供罪与不供罪之间的矛盾日益突出。具体表现在想顽抗又抵挡不住摆在面前的证据，想回避又躲不过审讯员的穷追，不交代又怕抗拒从严，想狡辩又感到理屈词穷。此时，职务犯罪嫌疑人已进入权衡利弊的阶段。如果审讯员能够抓住时机，因势利导，及时利用政策、法律攻心，配合使用证据，则可促使犯罪嫌疑人供认罪行。动摇反复阶段是犯罪嫌疑人在审讯中的必经的心理历程。此时，职务犯罪嫌疑人的态度会突然间由硬变软，露出要交代问题的口气。犯罪嫌疑人通过讯问与审讯人员对话。或借助同监号其他人之口，传言要交代问题，并且说话口吻、对审讯员的态度与以前大有不同，由硬变软。有的人甚至讨价还价，竭力为自己的行为辩护，试探能否从轻处理。在审讯员的讯问中，其交代罪行时，还多方为自己辩解，强调其他犯罪嫌疑人的罪责，减轻自己的罪

---

[1]　吴克利：《审讯心理攻略》，中国检察出版社 2004 年版，第 115 页。

责，以求从轻处理。由于犯罪嫌疑人心理冲突加剧，在供述与拒供之间矛盾斗争激烈，反映在情绪和行动上，就是情绪的紧张、慌乱，下意识动作增多，如无意中抓衣角，手、腿乱动，用手抹汗或手无意中揉搓小物体等。

犯罪嫌疑人经过相持对抗，拒供心理激奋期已过，拒供的心理障碍开始瓦解、动摇。而在审讯员一方，由于犯罪嫌疑人的相持与对抗，不得不进一步深入调查证据，掌握新的情况。审讯一方工作的新进展和掌握的新情况，对于犯罪嫌疑人来讲是未料到的。在这种审讯员、犯罪嫌疑人双方发生变化了的情况下，犯罪嫌疑人在是否如实交代犯罪事实问题上动摇、矛盾的心理开始上升，在交代与否的问题上动摇不定，反复很大，思想上的剧烈斗争和矛盾变化反映在犯罪嫌疑人的行动上，就产生了动摇反复。

在动摇反复阶段的审讯工作中，要求审讯人员首先要抓住战机，动用各种手段，推动犯罪嫌疑人的心理向供述动机的方向转化。此时，犯罪嫌疑人心理上的动摇反复，必然在其言语、行为上表现出来，审讯人员要根据犯罪嫌疑人心理、心态的这种变化规律，及时捕捉心态变化信息，并动用各种讯问和侦查审讯手段，促使犯罪嫌疑人的心理由动摇、反复，向供述罪行的动机方向转化。其次，要积极进行法律、政策教育，强化政策攻心，尽量减少情感上的对立。思想是行动的先导，进行法律和政策教育，利用政策的威力、政策攻心促使犯罪嫌疑人交代罪行，是克服审讯中犯罪嫌疑人犹豫、反复、动摇的重要方法。通过法律、政策教育，还可以减少与犯罪嫌疑人情感上的对立，也是克服动摇、反复的必备条件。再次，要积极捕捉、深挖犯罪嫌疑人残余的心理障碍，促其认罪态度坚定。抗拒心理、畏罪心理、侥幸心理、悲观心理等，实际都是犯罪嫌疑人供述罪行中的心理障碍。在经过上述三个阶段后，随着犯罪嫌疑人对罪行的逐步交代及对审讯环境的逐步熟悉，以上主要心理障碍已基本解除。但心灵深处的心理障碍残余还存在，比如畏罪心理、抗拒心理等，在一般情况下不表现出来。但在某些时候和适当的条件下，还会表现出来，此即心理障碍的残余。要克服犯罪嫌疑人动摇、反复的供罪心理和供述行为，深挖潜藏在犯罪嫌疑人心灵深处的心理障碍残余是非常必要的。最后，切忌因初步胜利而急于求成。

（四）交代供述阶段（终结阶段）

职务犯罪嫌疑人在第三阶段经过动摇反复、思想矛盾斗争，终于转入第四阶段——供述罪行阶段。审讯员与职务犯罪嫌疑人双方经过多次面对面的较量，其自慰防御已经崩溃，精神颓丧，无法重新唤起继续抗拒的意志力，感到除了交代认罪，别无出路。由于经过较长时间的、反复的心理接触，职务犯罪嫌疑人主要罪行被揭露，心理防范体系部分或全部崩溃，在审讯人员主体条件积极影响下，只好转入供述罪行的过程。此时的犯罪嫌疑人交代问题比较轻松，对审讯员的讯问有一定的兴趣和热情，思想障碍解除，对法律政策有了一定的认识，加之审讯员有力、完备的客观条件，交代犯罪事实上，就比初、中期轻松得多。有的犯罪嫌疑人在交代问题上仍有幻想，避重就轻、避近就远、避己就他等现象时有发生。当然，由于案情和职务犯罪嫌疑人的个性特征的差异，此时心理活动也有差别。这是犯罪嫌疑人在审讯中心理变化的最后阶段。

在供述罪行阶段中，要求审讯人员认真对待，切勿掉以轻心。在供罪阶段，不要以为犯罪嫌疑人确实全部改变了以往拒供、抗供、谎供的狡猾手法，这是不对的，因为犯罪嫌疑人也清楚地知道犯罪事实与判刑之间的关系，虽然态度对判刑有很大影响，但犯罪事实才是起决定性作用的因素。此外，要防止犯罪嫌疑人可能出现的反复。在供述罪行阶段，出尔反尔，承认的犯罪事实又否定，否定后，经审讯又承认等，是常有的事。审讯人员在审讯中，对审讯的每一个犯罪事实要做到犯罪嫌疑人的口供、证人证言、书证、物证等统一，并签字盖章，以防止其翻供或供述反复。最后，对犯罪情节要深追、细查，不给犯罪嫌疑人留下翻供的借口。在审讯中，对案情的每一个方面，都要有符合法律手续的档案材料、卷宗材料，以防犯罪嫌疑人翻供。

二、职务犯罪嫌疑人在审讯中的心理识别

(一) 畏罪心理的识别

畏罪是职务犯罪嫌疑人害怕揭露其罪行而受到惩罚的一种心理。一般犯罪人在实施犯罪时胆大妄为、铤而走险，但犯罪后冷静下来，都会产会生严重的畏罪感，在畏罪心理支配下，可能会形成一种逃避现实的"防御机能"。为逃避罪责，他们在供述中，常避重就轻地交代罪行，即使愿意认罪的人也不例外。因为他们认为，交代的罪行越多，判刑就会越重。畏罪心理使被告人要么认罪伏法，要么赖罪顽抗。他们此时情绪紧张、波动显著。他们在供述中有时口气很硬，有时又闪烁其词，支支吾吾。他们在罪责问题上反应敏感、迅速，对关键的犯罪情节言辞谨慎，而且总在揣摩审讯员的问话意图，

估计对方掌握了自己什么材料，以决定自己的回答。

畏罪心理与侥幸心理关系密切，是犯罪嫌疑人（除了激情、过失犯罪）普遍具有的一种心理。[1]职务犯罪嫌疑人在实施犯罪行为前都具有一定的畏罪心理，但经过或多或少，或深或浅的利弊权衡，最终推动其犯罪的除了通过犯罪所要达到的目的以外，就是基于犯罪后不会被公安机关、检察机关发现、揭露并承担刑事责任的盲目自信即侥幸心理。而逮捕、收监的后果却摧毁或动摇了其侥幸心理，使其直接面对刑事处罚时，畏罪心理便会重新出现。因为基于极端利己主义的职务犯罪嫌疑人，对刑事处罚所持的必然是否定态度，畏罪心理是其在确认已无法逃避刑罚后必然产生的心理。但是畏罪心理与犯罪嫌疑人在审讯阶段仍保留的侥幸心理不同，后者是犯罪前的侥幸心理的延续，其盲目自信虽因被捕、收监而受到一定的打击，但尚未被摧毁，仍自信在关键问题上司法机关不会拿出过硬的证据，畏罪心理与恐惧心理有一定关系，犯罪嫌疑人因其犯罪前的盲目自信的丧失，面临的处境自己无法加以控制，便产生恐惧心理。思维等心理活动受到一定程度的抑制，但又不甘心自己的失败，妄图以对抗求得解脱，这样又从恐惧心理中抽身出来，稳定情绪，全力对付讯问。

由于职务犯罪嫌疑人畏罪心理的存在，他们在行为上会表现为以下几点：[2]

1. 矢口否认

这是犯罪嫌疑人在黔驴技穷的情况下所能采取的唯一的办法，是其在"趋利避害"的本能推动下，妄图以拒不供认罪行来逃避刑罚的必然表现。具有畏罪心理的职务犯罪嫌疑人，其防御体系比较薄弱，方法比较单一。其推测自己的罪行可能已被各种证据所证实，自己无法提出反证，因此只能"死守"，以顽固对抗来暂时麻醉自己，回避现实，表现多为直接否认罪行或死抱住一个假供反复表白自己无罪，但又提不出任何有力的证据。

2. 避重就轻

畏罪心理产生的原因之一，就是由于职务犯罪嫌疑人推翻了自己的侥幸心理。但这一推翻也是盲目的，职务犯罪嫌疑人通过在受讯时的观察、试探

---

〔1〕 罗大华主编：《刑事司法心理学理论与实践》，群众出版社 2002 年版，第 181 页。

〔2〕 罗大华主编：《刑事司法心理学理论与实践》，群众出版社 2002 年版，第 194 页。

或经其他途径了解到或自以为了解到审讯员并没有掌握其全部罪行或能证明其犯罪的全部证据时，其侥幸心理又在畏罪心理的推动下复活，其目的是"丢车保帅"，以避免其较重罪行的暴露。审讯实践中，一些被当场抓获的职务犯罪嫌疑人只谈现行不及历史，或未经过多讯问便如实供认出一些较轻的罪行，以制造"认罪态度较好"的假象，企图蒙混过关。有反讯问经验的职务犯罪嫌疑人还会在供认中故意混淆某些关键情节，以便为以后的翻供创造条件。

3. 语无伦次、矛盾百出

在法律震慑的压力下，职务犯罪嫌疑人一时难以从中摆脱。感到逃脱无望，但因尚未形成完整的防御体系，或者在如实供认还是抗拒到底之间举棋不定；或者内心过度恐惧，因此受讯时常常会出现语言或表达上的障碍；或者由于总想开脱自己，而有意歪曲事实，可一时又不知如何取舍，以至于前后矛盾，无法自圆其说。

4. 急于了解可能被判处的刑罚，学习反讯问伎俩

监号就像一间病房，住在那里的"病人"（职务犯罪嫌疑人）既可能经过政策、法律教育被治愈而洗心革面，重新做人。但也可能交叉感染。犯罪嫌疑人在摆脱了刚入监时的孤独、恐慌后，具有畏罪心理的那些犯罪嫌疑人便会主动和有前科或反讯问经验的监号人员接触，以了解自己可能被判处的刑罚，学习反讯问的伎俩，甚至会了解审讯员的人品、性格、办案水平，以便在讯问中加以运用。

5. 容易产生过激行为

畏罪心理严重的职务犯罪嫌疑人，在自以为无论如何也无法在审讯中开脱自己后，因对刑罚的强烈畏惧感或求生愿望强烈时，便可能出现过激行为。有的会以自杀抗拒审判，有的会在讯问中行凶、脱逃，也有的在看守所寻找一切机会企图脱逃。因此，对这类犯罪嫌疑人，除了要严密掌握其心理动向，还要在适当的时候，以适当的办法缓解其内心压力，以防发生意外。

（二）侥幸心理的识别

有侥幸心理的职务犯罪嫌疑人，自恃作案手段高明，行动诡秘，攻守同盟牢固，蔑视检察机关的侦破能力。此时职务犯罪嫌疑人的侥幸心理实际上是建立在主观臆想的基础上。有时，侥幸心理的出现其实是用侥幸来减少恐惧感。存有侥幸心理的职务犯罪嫌疑人在受审中极力试探审讯员掌握证据的

情况和分析审讯员的经验，以制定防御措施。他们或者寻找空隙，主动反击，或者以攻为守进行狡辩。

具有这种侥幸心理的职务犯罪嫌疑人在讯问时会反复强调自己是无辜、被冤枉的，客观表现上有的以大喊大叫和公然抗拒审讯向审讯员施加压力；有的则是装作顺从，态度较缓和，甚至哭诉自己是被冤枉的，要求审讯员尽快查明案件，还其"清白"；有的则是漫不经心，满不在乎，所答非所问，对与其主要罪行或关键情节无关的某些证据并不在乎等，但无论是何种表现，都说明其内心紧张程度较小，专心对付讯问。

存有侥幸心理的职务犯罪嫌疑人，在讯问中的表现多为外向的，具有进攻性，注意力集中。无论是开口或是沉默，其在未发现检察机关掌握关键证据以前，内心对审讯员的言行是十分关注的。侥幸心理的产生，是与犯罪嫌疑人在犯罪前充分的准备、犯罪时多方掩盖以及犯罪后所订立的周密的反讯问计划、攻守同盟等分不开的。所以，讯问中会表现出反常的冷静，这种冷静不是表现在他的行动上（有许多具有这种心理的职务犯罪嫌疑人会以司法机关冤枉好人为借口大吵大闹），而是表现在他的思维上，如有的犯罪嫌疑人在案发后很久才被捕受讯，但却能很清楚的讲明（当然是利用各种手段加以掩盖以后）自己是如何的清白和无辜，指出许多真正的证人和经历过的许多事，以证明自己不在现场或没有违法的可能；有的犯罪嫌疑人在知道无法推卸自己的职务犯罪情况时，又会编造出一个无法调查的假情节来开脱自己，他们对这个假情节中的许多细节都描绘得异乎寻常地清楚，但一旦审讯员提出反证时又对这些细节的解释难以自圆其说；有的犯罪嫌疑人在讯问中始终坚持索要证据，并以错拘错捕的后果对审讯员进行威胁，试图在精神上压垮审讯员；而有的犯罪嫌疑人利用在供述时的真假参半的手法，以查明审讯员是否掌握关键证据等。但无论是哪一种表现，职务犯罪嫌疑人始终是围绕着关键证据不存在这一思路在进行表演，目的就是以自己的表演来动摇审讯员的信心，试探审讯员所获证据的质和量，巩固自己的盲目自信。但同时对关键证据，特别是其自以为司法机关根本不可能掌握到的关键证据非常敏感，一旦发现罪证被掌握，盲目自信被打破后，其言行必然与以前极不相同。反讯问经验少、自制力差的职务犯罪嫌疑人表现为惊慌失措，神情极度紧张，思维、语言发生障碍，有的甚至转化为绝望的歇斯底里；反讯问经验丰富，心理承受能力、自制力较强的职务犯罪嫌疑人表面上虽然能够控制自己，但其内心紧张程度也不亚于自制力差的犯罪嫌疑人，由于事出突然，没有精神准备，其原有的防御体系支柱崩溃后，又需要根据变化了的情况重新加以调整，虽然表面上平静，但由于思想高度集中于对关键证据的分析加工上，语言表述必然出现障碍，下意识的活动开始增多，比如不由自主地拉衣角、摸鼻子、摆弄手指等。

（三）恐慌心理的识别

恐慌心理与畏罪密切相关。恐慌是一种情绪状态。它的出现使职务犯罪嫌疑人思维发生紊乱，造成回忆犯罪事实、供述犯罪事实或辨认与犯罪有关的人和事物出现困难，判断能力下降。此类职务犯罪嫌疑人在供述时常出现语无伦次、吞吞吐吐、否定罪行。他们在审讯中还可以出现些多余动作，手足无措，自控能力下降等现象。当然，由于恐慌，供述中会出现前后矛盾，或是"不慎"吐露真情。即使本人觉察到后再进行狡辩，也常因心虚而无法自圆其说。

恐慌心理的形成原因是多方面的，主要有职务犯罪嫌疑人自身罪行情况、职务犯罪嫌疑人自身认为执法机关掌握其罪行情况、个体自身受审经验、检察机关讯问环境特点、执法人员执法素质和工作情况等，都可能成为犯罪嫌疑人产生恐惧心理的主、客观因素。犯罪嫌疑人被审讯，因偏重于一般情况的讯问，或只是对案情一般讯问，因而并无恐惧，而当其了解重大案情已被司法机关人员掌握，并难逃重刑或死刑时，便产生恐惧心理。也有初犯刚一受审便产生恐惧心理，他们的表现大都会手足颤抖、神情紧张、面部肌肉下意识抽动，有的犯罪嫌疑人甚至出现短时间休克，或者语言声调低弱、颤抖，目光低垂，不敢与审讯员对视等。此外，在思维上出现障碍，思路也变得十分混乱。

（四）对立心理的识别

有些职务犯罪嫌疑人自知罪行严重，难以逃脱罪责，在求生愿望支配下作垂死挣扎，以抗拒来求一线生机。抗拒行为来源于情绪上的对立，职务犯罪嫌疑人易冲动、自制力减弱，甚至行为暴躁而缺乏理智。表现在审讯中的抗拒行为是"顶牛"赌气、出言不逊、反话顶撞，或者漫不经心，使审讯陷于僵局。对立心理的形成原因，也同样具有主观、客观两个方面的因素。主观方面的因素主要是职务犯罪嫌疑人的反对立场和观点，决定了其审讯中必然视审讯员为敌方而采取抗拒手段。客观方面主要是因为侦查、看守或审讯人员言辞过激或有违纪违规行为，或对犯罪嫌疑人合理的要求不予理睬，损伤了犯罪嫌疑人的人格和自尊心，使对方产生敌对情绪。

由于对立心理的形成是职务犯罪嫌疑人的价值观、世界观、法制观同审讯员或法律相抵触，或是因审讯员的违纪违规等有损其自尊心的行为所引起的，所以具有对立心理的犯罪嫌疑人往往多是在立场、观念或评价标准上与审讯员发生激烈冲突，而不像畏罪、侥幸心理那样为具体的罪行狡辩或争执，但也正因为他们不认为自己是犯罪，也就不会很顺利地交代罪行。在对立心理的支配下，他们有的表现为态度顽固，无视国家法律、公开对抗讯问人员或在监号内公然宣讲反社会言论，气焰嚣张。有的在讯问中，情绪激动，缺乏理智，对审讯员讽刺挖苦，或装疯卖傻，胡搅蛮缠，以发泄不满。具有这种表现的犯罪嫌疑人多是由于自感拘捕严重损害了自己的尊严，在家人、朋友、同事等面前没了面子，而又没有意识到审讯员履行的是公务而非个人行为，反而认为审讯员执法水平低下，是非不分，错误拘捕或是在故意整人；或由于审讯、看守、侦查人员的言行挫伤了其自尊心，或对法律缺乏信任感，因此态度很不冷静，在审讯中甚至会高声叫嚷，拒不服从审讯员的命令。有的犯罪嫌疑人则是情绪压抑、反应冷淡，对讯问故作漫不经心或确有反感，不予理睬，甚至始终拒不开口。具有这种表现的犯罪嫌疑人与怀有侥幸、畏罪心理的犯罪嫌疑人不同的是，他们并不是想通过抗拒讯问来达到试探摸底以蒙混过关的目的，而是由于他们认为讯问本身便是对其人格或世界观的侮辱与贬低，但又因身陷监房无法摆脱讯问，所以便采取了极不合作的态度。

（五）悔罪心理的识别

悔罪心理只能产生于犯罪之后，但时间上却有不同，这体现了职务犯罪嫌疑人主观恶性和其对自己行为的内心谴责及愿意承担责任意识的深浅程度。自首是犯罪嫌疑人悔罪心理的最初表现，但在具有悔罪心理的犯罪嫌疑人中所占比例是很小的。多数犯罪嫌疑人的悔罪心理是在被捕收监后的反审讯阶段，因环境的变故，在审讯员的政策、法律教育下逐步形成的。具有这种心理的犯罪嫌疑人多为初犯或偶犯，主观恶意并不十分深重，只是由于一时冲动或失误而犯罪，他们在犯罪时并没考虑或预见到危害结果的严重性，特别是那些过失渎职犯罪嫌疑人，危害结果则与其主观意向相违背。犯罪后，在他们心目中罪行的轻重已不重要，重要的是如何恢复自己的人格尊严。所以，一旦他们认识到了危害结果给国家或集体带来的不幸，便首先产生自责，对于将受到的相应的刑罚也持认可态度，这样也就必然产生供述动机。

具有强烈悔罪心理的职务犯罪嫌疑人一般会对犯罪行为追悔莫及，自责、羞愧、唉声叹气甚至痛哭不止，一再表示对不起国家或自己的亲友、家人。对审讯员宣讲的政策、法律也表示肯定并自愿接受。但是也要注意，犯罪嫌疑人有悔罪心理并愿意如实供述，并不意味着在初审中能一次将所有罪行、情节全部交代清楚。但只要供认了主要犯罪事实、承认有罪，并愿意积极回忆并主动补充、继续交代的，特别是那些供认出审讯员并不掌握的重要情节并经查证属实后，就应认定其认罪态度较好，而不能因其忽略了某些非关键性的罪行、情节，就认定其没有全部如实交代。对于这一点，需要原则性与灵活性相结合，决不能一叶障目，以偏概全。

审讯实践中，有些受过多次处理，具有反讯问经验的犯罪嫌疑人，在询问中也会"主动"地避重就轻地交代一些罪行甚至也会痛哭流涕，表示要悔过自新，并会检举一些别人的罪行，但与真诚的悔罪心理相比，他们又有以下几点破绽：比如，他们供认的罪行多是司法机关已经掌握或较轻的罪行，就事论事，不及其余，对讯问到的余罪较敏感。他们检举他人以减轻自己的罪责，是一种投机行为，所以一般不会检举同案犯罪嫌疑人的罪行，这样既可以防止暴露自己，也可以避免同案犯罪嫌疑人心怀报复，反过来揭发自己的罪行。再有，在背地里自诩有本事，急于同外界取得联系，或在讯问中了解同案犯罪嫌疑人是否被抓，供认情况、罪行暴露程度，试图通过各种渠道与在押同案犯罪嫌疑人串供，巩固或制定新的攻守同盟等，这些都是需要审讯人员在工作中注意的细节。

（六）戒备心理的识别

职务犯罪嫌疑人出于多种原因都会对审讯工作产生戒备心理，比如，出于对法律的无知，对法律、政策最终是否能够兑现持怀疑或否定态度；对审讯员个人信誉、执法水平的怀疑；被拘捕后与外界隔绝，无法作出正确判断，为图自保，便持普遍怀疑态度；由于与审讯员相互地位的对立性，将审讯员正确的政策规劝，理解为套取口供而下的诱饵或怀有侥幸、畏罪心理，为避免在讯问中陷入被动而处处戒备等。

具有强烈戒备心理的职务犯罪嫌疑人一般会表现为疑心较重，对审讯员的话字斟句酌，反复推敲答话。这多存在于怀有侥幸、畏罪心理的职务犯罪嫌疑人身上，他们既希望通过讯问试探摸底，又不想被审讯员找出破绽，抓住漏洞，因此，讯问中对问答都十分留意，有的甚至怀疑审讯员送来的水、烟里有麻醉、致幻药品而予以拒绝，生怕讲出对自己不利的话等。其次，在核实罪行时能够供认，但只是就事论事，不及其余，这种犯罪嫌疑人往往出于两种考虑：其一是自知被核实的罪行难以推卸，便顺水推舟，以骗取审讯员的好感，掩盖余罪；其二是对某些罪行愿意供认，但又认为时机不到，所以像挤牙膏一样，缺乏主动性。再有，在监号中谨言慎行，对自己的经历缄口不言，自制力较强，或打听有一定反侦查经验的犯罪嫌疑人，不像有些犯罪嫌疑人那样容易激动，争强好胜。在监号中很少谈论自己的罪行，或只谈自己被查明却绝对不谈未查明的事实，更不会胡乱吹嘘，以免露出口风，暴露余罪。

（七）求生心理的识别

求生心理是罪行严重的职务犯罪嫌疑人产生的心理，它的形成是由于人具有对生命的保护本能的需要。职务犯罪嫌疑人的极端利己主义决定了其对死亡持否定态度。在侥幸心理等的驱使下，犯罪嫌疑人自认为可以通过某种手段来实现自我拯救。其他使犯罪嫌疑人产生希望能继续活下去的原因，比如为家庭、子女着想等。

具有求生心理的职务犯罪嫌疑人对自己的罪行缄口不语，却对他人的罪行积极检举揭发。这是因为犯罪嫌疑人自知罪行严重，可能会被判处极刑，所以不供述自己的罪行，存在幻想通过检举他人罪行捞取资本，企图以"有立功表现"获取从轻判决。同时，有的人密谋策划、寻找各种机会越狱逃跑。他们只有在不作供述便无法捞取任何从轻资本的情况下，才可能作出有罪供述。犯罪嫌疑人在侥幸心理被彻底摧垮后，经反复权衡利弊，认为即使不供认也无法摆脱被处重刑的命运，只有争取"认罪态度较好"才可能有一线生机以后，求生心理开始再次出现。为了争取可以从轻处理的资本，便对自己的罪行作出无奈的供述。但应当看到，这种供述并非出于悔罪心理的真诚坦白，其中也会含有虚假成分，在取得这种口供后，切不可产生松懈情绪，应当充分分析，深入调查，扩大战果，避免出现反复。

（八）猜忌心理的识别

职务犯罪嫌疑人之所以存在强烈的猜忌心理，是由于共同犯罪嫌疑人在犯罪中的地位、作用的不同面临不同程度的刑罚处罚，"攻守同盟"极不稳固而形成的。同时，政策、法律对共同犯罪嫌疑人产生分化瓦解作用；共犯原有的矛盾在审讯阶段被进一步激化；职务犯罪嫌疑人由于信息隔绝，也无法掌握共犯的供认程度。这些情况使职务犯罪嫌疑人在一定程度产生了猜忌的心理。具有这种心理的犯罪嫌疑人一般在讯问中，对自己参与的主要罪行并不否认，但在其中的预谋、组织、策划、分配等法定从重情节上相互推诿，混淆彼此界限，企图以推卸责任的办法为自己开脱。在自己的怀疑被证实，确认同案犯已作供述后，许多犯罪嫌疑人往往出现很强的供述动机。一是因为惧怕"立功机会"被同伙捡走，自己得不偿失；二是对同伙的报复，"他们能讲，我比他们更能讲"。"攻守同盟"往往是许多犯罪嫌疑人防御体系上的唯一支撑点，由于对"同盟"的盲目自信，缺乏向纵深防御的准备或伎俩，心理防线薄弱，一旦防线被突破，出于急功近利的思想，便难以继续坚持顽抗到底。这一切都可以说明犯罪嫌疑人怀有猜忌心理。这一点可以用来突破"同盟"，分化瓦解，各个击破。

（九）悲观心理的识别

在审讯工作进行过程中，职务犯罪嫌疑人会表现出强烈的悲观心理。是因为他们深知自己罪行严重，自感求生无望或对将面临的漫长的监狱生涯恐惧而形成"前途无望"的心理。他们多数人想到以后的生活境遇和过去的生活的巨大的反差，也会失去生活的勇气。在审讯中，具有这种心理的职务犯罪嫌疑人对讯问反应迟钝，仍停留在对自己行为的反思中，考虑问题比较狭隘而又难以自我排解。讯问中往往心不在焉，这是其有心理压力的自然流露。有的人会心情烦躁，坐卧不宁，甚至歇斯底里。罪行严重的犯罪嫌疑人在被拘、被捕后，自知将被判处重刑甚至死刑，前途未卜，其各种幻想和自我否定同时并存，想暂时摆脱，但关押环境和讯问又使其不得不面对现实。所以，他们心情沉重，唉声叹气，茶饭不思，不愿交往。有一定社会地位或知名度的犯罪嫌疑人，在罪责感的压力下或因境遇的改变，认为自己的前途渺茫，无脸见人，或自知局面已无法挽回，因此心情沉重，而一时又不愿同周围的人沟通，却又无从排解心中的郁闷。也有的人甚至出现极端的自我否定，蓄意暴力破坏或自伤、自杀。悲观心理严重的职务犯罪嫌疑人在充分证明自己的罪行已无法逃避法律制裁以后，所存的各种幻想破灭，或者由于得悉家庭发生变故、不幸时，又将这一责任完全归于自己，从而"破罐破摔"，以暴力破坏、自残来发泄自己的郁闷，甚至以自杀来摆脱目前的困境，应当引起办案人员的高度重视。

第二节 职务犯罪心理审讯法

一、针对职务犯罪嫌疑人的观察技巧

在接触职务犯罪嫌疑人的过程中，首先介入的是眼睛，眼睛是全身接受非语言交流的重要组成部分，这表明了它具有反映深层次心理的功能，这要求审讯人员在审讯工作中应该注意观察。

（一）对职务犯罪嫌疑人外部气质特征的观察

审讯人员应该观察不同的职务犯罪嫌疑人不同的外在气质特征，以决定采取不同的审讯对策。气质特征实质是人的较为稳定的心理特征。人的情感活动产生的速度、强度、注意力集中时间的长短、思维的灵活程度、心理活动的倾向性以及情感的外部表现都是由于心理活动引起的。但是每个人的心理和生理的素质以及受到外界环境的影响的不同，其心理动力的特点也不同，表现为内向型、外向型、性情急躁型。由于这种人格特点的不同，学者将其分为胆汁质型、多血质型、粘液质型和抑郁质型。更为详细的描述是将其类型分为英雄型气质、外露型气质、理智型气质和内省型气质四种。在审讯工作中对不同的气质特征的职务犯罪嫌疑人要不同对待。

英雄型气质的人动作迅猛，性情急躁，有强烈的兴奋过程，抑制能力差，喜欢引人注意，容易激动，容易为情感左右，语言直率，不瞻前顾后，反应迅速，但是耐力差。审讯工作中可以利用其情感容易冲动、抑制能力较差的特点，采取强弱、快慢相结合的方法，引其激动，盯准一个目标不放，让其暴露耐力差的弱点，并对其弱点施加心理压力不放松，直到交代为止。注意在利用矛盾、发现谎言的时候，掌握好力度，保持在对方心理可以承受的压力范围内，不能过强也不能过弱，太弱达不到效果，太强容易出现僵局。

外露型气质的职务犯罪嫌疑人，他们大都适应性强，领会意图快，能言善辩，应变能力强，好动不好静，注意力不容易集中，主见差，善于顺从他人意见，感情容易表露。审讯中，审讯人员应有意放慢速度，违反其反应快的思维习惯，逐步使其放松戒备，找准矛盾的空缺，迫使其交代，为了打乱其较强的防御体系，可以采取跳跃式的发问方法，找准目标，对要害问题不要急于涉及，转移注意目标。摸准对方的防御"工事"，出其不意攻其要害，有时也可以搞"火力侦查"，故意刺激对方的情绪，使其激动，暴露其心理特点即定势心理的环境，然后给对方"面子"，让其自己转变。

理智型气质的职务犯罪嫌疑人循规蹈矩，不轻易回答讯问，说话时都要反复思考，对外来的信息反应较慢，动作迟缓，但有比较强的耐力和韧性，好固执己见，其防御体系强，态度十分顽固。对于这种慢节奏特点的犯罪嫌疑人，审讯时要耐心沉着，不可以急于求成，从一件事情过渡到另一件事情，前后要有铺垫的过程。这类人不容易激动，但是一旦被激怒，是不计后果的，一时也不容易缓和下来，在进行心理限制的时候应一步一步跟上，但是速度不能过快，在达到一定限制范围和紧张程度时，用形势来逼迫对方交代。

内省型气质的职务犯罪嫌疑人情感怯懦，瞻前顾后，多愁善感，对外界的刺激冷漠，戒备心理强，适应性差，思想偏执，爱钻牛角尖。此类人胆子小，容易紧张，性情孤僻，适应性差，讯问时应从一些比较容易回答、感兴趣的事入手，消除其紧张的心理、也可以用自由交谈的方法，逐步进入实质性的内容。这类人悲观情绪来得很快，对自己始终是缺乏信心的，这就必须为其指明前途，鼓励其认清形势，其目的在于利用对方感情上的脆弱点，如家庭、社会、工作、前途等，进行一定量的信息输入，促使其产生内疚感。

（二）对职务犯罪嫌疑人神态动作的观察

神态和动作的变化常常反映人内心的变化，对这些外部信息的了解有助于审讯人员很好地开展工作。其中，面部表情是人的内心心理活动的外部表现，也是思想情感的外显，是一种传递"心理活动"的媒介。在审讯工作中，职务犯罪嫌疑人常常利用面部表情来作为掩饰和伪装其真实思想和犯罪事实的"假面具"。一般而言，面部表情可以提供给我们两类信息：一类是犯罪嫌疑人想让审讯人员知道的信息，另一类是犯罪嫌疑人想隐瞒的信息。因而在表情动作中，常常会出现两种不同的反应，一种是情不自禁的、下意识的自然反应，另一种是人为加以控制的、干扰真实情绪的外在表演，而要分清这两种不同的反应，需要审讯人员大量的工作实践经验和细致入微的观察。不过要想通过控制面部表情来隐瞒真实的情绪并不是件容易的事，其面部表情和真实感受之间是难以和谐的，常会被人看出隐瞒的痕迹，这是因为情绪发生时，生理上所发生的某些变化是自然的，而且往往来得极快，人是无法加以控制的，只能被动地加以接受。如果人为地要隐瞒自己的真实情感，那么其面部表情也会明显地暴露出来。职务犯罪嫌疑人从抗拒到交代，要经过错综复杂的心理过程，这种过程可以通过面部表情细微的变化表现出来。有经验的审讯人员大多是"少说多看"，注意观察和揣摩对方的变化。

此外，形成面部表情的肌肉是多种多样的，有些还是测谎的依据。因为装出来的表情是不可能使其面部肌肉正常地运动，当它们正常运动的时候，想要加以控制也是不太可能的。这些极难人为控制的面部肌肉只有在人感受到某种情况的时候，才会自然地有所动作，由于它们难以用意志力来控制，情绪心理学家常常称其为"可靠肌肉"。在审讯中，犯罪嫌疑人眼睛注视审讯人员的时间与说话的时间的比例均占全部说话时间的 1/3～2/3，如果高于这个平均值，则表明犯罪嫌疑人对涉及的内容是感兴趣的，这有可能是犯罪嫌疑人感到这部分内容对其是利大于弊的。如果低于这个平均值，这表示对手想隐瞒事情，或有恐惧心理和敌对情绪，他不敢正视审讯人员，此时应设法判断对手隐瞒了什么具体实情。

在审讯工作中，与对方的细微之处的交流务必要懂得对方的行为动作不是无缘无故地表现出来的，而是经历了复杂的心理反应并在大脑的支配下，通过他的主观意识的取舍后才注入其行为中的。如眼睛闪烁不定反映其精神上的不稳定；眼光呆滞是由于紧张的心情和思想的矛盾造成的，有时也是急剧思考的结果；眼睛转动较快是一种索求的眼神，这时其心理多半是猜疑多虑的；眼睛睁大是一种激动的表情；眉毛紧锁，有时下意识地抿嘴咬牙是紧张的表情；眉毛上耸表现出惊恐、惊讶、激动和否定；眉毛下拉表现为恐慌和思考；双眉舒展是轻松的表情；双眉微皱是不满的情绪表现；嘴唇颤动是内心激动的表现，嘴角上提是蔑视审讯人员的表情；嘴唇前伸是询问的表情；舔嘴唇是恐惧的表情。从体态上看，头向后微仰、两眼半闭是优势心理的信号；歪头，将头从一侧倾斜到另外一侧，表明其对审讯人员提的问题感兴趣，愿意回答；摇头和点头不仅是反对和赞同，也常常是内心心理的反应；手臂交叉胸前是态度消极的信号；双手搓后脖颈是自行谴责的信号；搓手掌是急切而期待的信号；十指交叉是焦虑和沮丧的心理反应；塔尖式手势是心理高傲的表现；双腿底位交叉、双脚相别是控制消极思维外流，控制紧张情绪和恐惧心理的姿势；摇足抖腿是焦躁和不安的表现；大腿交叉、小腿相别表明对方虽认真倾听，神态庄重，但并没有入心；双腿交叠在右腿上，双手交叉放在左腿跟一侧，表明其带有很强的优势心理自信心；两腿和两脚后跟紧紧并拢，双手放在膝盖上端正坐好，表明其心理的顺从状态等。对于通过观察职务犯罪嫌疑人的微小动作变化，判断其内心世界的方法，要求审讯人员集中思想注意观察，不放过任何蛛丝马迹，只有这样才能掌握审讯的主动权。

二、审讯中的言语使用技巧

(一) 用语技巧

审讯用语是很有讲究的。在审讯中，有时可因用语不当而导致审讯失败。一般说来，审讯用语应当准确、清晰，不但要使受审者理解，而且能在心理上产生积极影响，使其如实回答问题。比较恰当的用语有：

1. 简单用语

犯罪嫌疑人对审讯员的行为举止很敏感，并常加戒备，因而审讯用语应简单明了。如果一句问话包含的内容太多或者难懂，容易产生误解，被告则可能答非所问或茫然不知所措。

2. 婉转用语

即减少刺激性，以免由于犯罪嫌疑人自尊心受到过分伤害而增添反感或畏惧情绪，使审讯难以顺利进行。在审讯中应尽量避免使用"狡猾""死有余辜""色胆包天"等刺激性较强的词汇，以免招致消极审讯结果。

3. 平凡用语

审讯中法律用语及专业名词不宜过多，而应多用犯罪嫌疑人能够较好理解的语言。也可使用犯罪人常用的"行话"。这样能使被告人感到检察机关深知他们内部的情况，增加了心理压力，有利于交代罪行。

(二) 发问技巧

审讯通常以问答方式进行。侦查人员在讯问犯罪嫌疑人的时候，应当首先讯问犯罪嫌疑人是否有犯罪行为，让他陈述有罪的情节或者无罪的辩解，然后向他提出问题。审讯时发问是否得当，直接影响犯罪嫌疑人的心理变化及其反应。

在我国，有的学者根据审讯工作实践，把发问方式归纳为五种：

1. 板条式发问

一般用于初审和初次追审新的重大问题时，审讯双方互不了解，通过侦查式发问，可探明犯罪嫌疑人对其罪行的态度和可能采取的对付办法，为深入追审主要问题创造有利条件。

2. 迂回发问

通常用于案情比较复杂，犯罪嫌疑人狡猾、有严密的防御计划等情形中。发问时，先提出一些与主要罪行在表面上无明显联系，实则有内在联系的小问题，使犯罪嫌疑人在不明审讯意图的情况下，对这些小问题作出真实供述，从而堵死其推卸主要罪行的退路，不得不如实供认。

3. 直接发问

这种发问主要是针对要害问题，在犯罪嫌疑人毫无准备的情况下，突然进行发问，使其没有回旋的余地。这种发问方法根据不同的情况以不同的方式出现。通常有揭发式、启发式、驳斥式、质问式等四种。例如，假定作案时间为 7 月 20 日，揭发式发问是："你将 7 月 20 日干的事交代清楚!"启发式发问是："7 月 20 日的问题你已经瞒不住了，还是主动坦白为好!"驳斥式发问是："7 月 20 日那天根本不像你自己所说的'一直待在家里'。"质问式发问是："7 月 20 日那天你真的是一直待在家里吗?"

4. 跳跃式发问

这种发问方法是在审讯员已经掌握了证据，犯罪嫌疑人不认罪，又早有防御，并对一般的审讯方法有所了解时采取的发问方式。这种发问是在审讯中打破常规的问话方法，跳过其防线，突然搜到中心，使之措手不及，无法狡辩。

5. 命题发问

审讯员向犯罪嫌疑人提出一个总题目，让他得到一个尽量陈述的机会，这样可以较全面地听取犯罪嫌疑人的有罪供述或无罪辩解，有利于鉴别案情真伪。由于这种发问不在中间加以追问，而是由犯罪嫌疑人自由陈述，所以尽管可能陈述中涉及罪行不多，但也可以从陈述中了解犯罪嫌疑人的一些情况及他的个性心理特点。这方面的内容，对于了解案情是有用的。

一些在一线工作的工作人员也将审讯的方法总结为八法：过细法、调动法、迂回法、突袭法、造势法、攻心法、矛盾法和打弱法。需要说明的是，并不是一个案件或一次讯问只能使用一种讯问方法。应当针对具体案情，灵活处置，使用一种或综合使用几种审讯方法，以达到突破被审讯人的目的。

三、审讯中的心理计谋

（一）出其不意，攻其不备

在审讯中利用犯罪嫌疑人在防御中的疏忽或出现的漏洞，突然进攻，使他处于惊慌失措的被动地位。犯罪嫌疑人出现慌乱情绪，就可能在审讯中再次出现漏洞，审讯人员紧追不舍，就可能迫使其交代罪行。在审讯中，即使是诡计多端、老谋深算的犯罪嫌疑人，也会有疏于防备、有失周全的地方。这是因为，犯罪嫌疑人处于被动受审的地位，不掌握主动权，很难完全预料到司法机关已经了解了什么材料，也不能完全预料到审讯员会提出什么问题。审讯中，如果审讯员突然提出被告人未曾预料到的问题或是展示某种证据（尤其是被告人自认为审讯员不可能掌握的证据），往往会使犯罪嫌疑人来不及把这些问题或证据同自己事先编好的口供联系起来进行供述，很有可能在供述中出现前后矛盾、不能自圆其说的地方。应用出其不意、攻其不备这个心理计谋，重要的一点在于审讯员通过初步审讯摸底，了解嫌疑人的防御手段。确定嫌疑人"有备"和"无备"之处后，才能在审讯中抓住被告人的"无备"之处，穷追不放。

（二）顺水推舟，将计就计

犯罪嫌疑人在供述中，一面力图为自己辩解，一面又会无意中说出一些他本来并没有打算要说的话。这时，审讯员不要以为这些话是离题的，因而随意打断犯罪嫌疑人的供述，而是要耐心地听下去。然后，在不使犯罪嫌疑人觉察提问意图的情况下顺水推舟，把谈话引向某种实质性问题上去。例如，从抽象的不相关的问题引向与犯罪有关的具体问题上。因为犯罪嫌疑人一般总是在畏罪心理支配下思想高度戒备，言行谨慎，回答多经过思考。犯罪嫌疑人在供述中常确信自己已经做到了自圆其说，骗得了审讯员的信任，把原来的恐惧感变成为某种程度的安全感，心理防线势必有所松弛。这样便很可能会形成俗话所说的"说漏了嘴"的情形。犯罪嫌疑人说漏了嘴而自己又不知道，审讯员正是利用这个时机顺水推舟，为犯罪嫌疑人进一步暴露自己创造条件。

（三）形成错觉，改变认识

之所以说审讯是一场"心理战"，原因之一在于审讯中双方都在揣摩对方的态度、情绪：审讯员在了解犯罪嫌疑人妄图采取什么策略对抗审讯，寻找可以利用的缺口；而犯罪嫌疑人也在分析审讯员究竟对于案情有什么认识，掌握了哪些具体材料，还会给自己提些什么问题，自己应该如何回答才能"过关"，并取得信任。审讯中使用的"形成错觉，改变认识"的心理计谋，正是根据犯罪嫌疑人一方的上述心理活动的特点而提出的。

使用这个计谋时，审讯员利用审问有意给犯罪嫌疑人提供某种信息，使他产生错误的推理判断，改变原来的认识，打消侥幸心理，老实交代问题。一般而言，审讯时犯罪嫌疑人为减轻罪责总是回避某种结果的发生，想得到某种信息。审讯人员可以利用被告人的这种心理状态，促其形成错觉。形成错觉的途径有：第一，以虚求实。审讯人员根据对案情的了解和对犯罪嫌疑人心理状态的分析，可以设想，某些证据虽未掌握，但是事实存在的可能性很大。基于这种分析，审讯中以某种方式巧妙地使用被告人误以为审讯员已经掌握了这类证据，从而不得不如实供述，以争取主动。第二，模棱两可。根据犯罪嫌疑人特殊的心理状态，可以传递给他某种信息。这种信息模棱两可，既可以这样理解，又可以那样理解，从而让被告人产生种种错误判断。

（四）诱发激动，削弱自控

有的人认为，在审讯中，要使嫌疑犯激动，而且激动得越快越好。审讯的最后阶段是一场智慧与冷静的较量，彼此都想压倒对方，审讯者若不能一开始就压倒对手，则将失去原有的有利条件。如能使对手失去克制力，成功就近在咫尺了。这种观点，实际上是指在审讯中引起犯罪嫌疑人激动（如发怒、过度兴奋等），从而使其自控能力下降从而说出罪行。例如，在审讯中，审讯员为对付一些沉默不语、顽固狡猾的犯罪嫌疑人、可用语言激怒他，让他处于激情状态，说出他在安静时不会说的情况。审讯员可从中了解有关案情的蛛丝马迹，也可以突然出示证据，使其认为同伙已经出卖了他，攻守同盟已经破裂，在盛怒之下揭发同伙。使用这个心理计谋，应当是在法律允许的范围内进行，审讯员也要注意职业道德。例如，不可以用人格侮辱的办法引起犯罪嫌疑人发怒。另外，对这种心理计谋的使用对象也要事先有所分析。例如，对于平时性格很暴躁的人，如果轻率地使用激怒他的办法，倒可能发生顶牛现象，使审讯陷于僵局。

（五）引而不发，造成紧张

应当说，凡接受审讯的犯罪嫌疑人心情都是紧张的。这里所说的"引而不发，造成紧张"，是指造成比通常审讯中程度更为强烈的紧张。造成紧张的方法是"引而不发",即在预审中不直接抛出证据但又暗示犯罪嫌疑人确实掌握了证据。一般地说,犯罪嫌疑人刚被捕,尽管犯罪事实已基本清楚,拘捕也确有一定根据,但证据尚未达到完全确实充分的程度。犯罪嫌疑人可能还有其他罪行没有被发现,而他又不肯轻易交代。此时。可以用"引而不发"的方式向被告人提出一些既不肯定又不否定的中性问题。拉开弓不放箭、点而不破,使犯罪嫌疑人形成审讯员掌握了自己的罪行证据的印象。这样,被告人势必处于更为紧张的情绪状态、心理压力很大,感到如不彻底交代,审讯便不会停止,认为不是审讯员不掌握证据,而是要给他坦白从宽的机会,自己应尽快交代,争取主动。在使用这个计谋时,虽然只提出问题而没有讲出具体内容,但问题应是能建立于确实证据基础上的,都是被告人想隐瞒的问题。

（六）转移注意,声东击西

在审讯中,有的犯罪嫌疑人防御严密,对主要罪行隐藏很深。但是,他们又想作一番自我表白,以便为自己开脱罪责,或是试图扭转审讯方向。自我表白的一种方式是交代一些次要问题,表示老实认罪。在这种情况下,审讯员宜表示信以为真,对次要问题发起进攻,追究细节,或从表面看来与主要罪行似乎无关的情节谈起,隐蔽主攻方向,使犯罪嫌疑人麻痹大意,自以为得计,觉察不出审讯员的真正意图,这叫作"声东"。当被告人的注意力已经转移,对主要罪行疏于防范的时候,立即扭转锋芒,直取其要害问题,使之猝不及防,这叫"击西"。

（七）利用矛盾,揭示真相

这里所说的利用矛盾,指的是利用两方面的矛盾:一是利用犯罪嫌疑人供述自身的矛盾,施加压力,促使其交代真实罪行;二是在共同犯罪案件中利用各罪犯之间的矛盾,分化瓦解,各个击破,揭示真情真相。犯罪嫌疑人常会因妄图掩盖罪行事实而在供述中露出种种矛盾。国外有的人根据自己的工作实践提出:"如果受审者是一个狡猾的敌人,就可以让他从头到尾反复重复自己的交代,一些细节也不能遗漏,不管他把自己的经历编造得多么完整。有时整日整日的重复会延续几个星期,这需要双方都有极大的耐心和良好的记忆力,只要是假的,迟早有一天在某一重大情节上会出现漏洞。"这里所说的,是指引起被告人供述出现矛盾的一种行之有效且有心理学理论为依据的具体做法。犯罪嫌疑人供述中的矛盾常表现为如下几种:口供前后不一致、口供与某些规章制度不一致、口供与风俗人情不相符、口供在逻辑上有矛盾等。在共同犯罪案件中，由于各个共同犯罪嫌疑人在团伙中地位不同，彼此间有利害冲突，钩心斗角，矛盾重重。他们尽管可能会为逃避罪责而订立攻守同盟，甚至也许会为了讲"义气"宁可自己担罪也不出卖同伙，但也总是有矛盾可以利用。同案犯之间常见的矛盾有：同案犯供词之间的矛盾，同案犯之间争权夺利、分赃不均、观点分歧等。审讯员只要认真分析他们各自的具体情况以及他们的供述，就有可能找到可供利用的矛盾。

思考题

1. 职务犯罪嫌疑人在审讯各阶段有什么心理特点？在实务中如何把握和利用这些特点取得审讯工作的突破？

2. 如何识别审讯中职务犯罪嫌疑人的各种心理状态？

3. 在审讯中如何处理审讯技巧与法律规范之间的关系？

4. 简述审讯中的心理计谋。

第九章

审判进程中的职务犯罪心理

第一节　职务犯罪被告人的审判心态

被告人是刑事审判过程中的主要当事人，是刑事审判的对象，与案件审判结果有最为直接的利害关系。因此，在被告的心目中，审判意味着决定自己命运和前途的关键阶段。由于被告在整个诉讼过程中的行为始终受着趋利避害的心理倾向的制约，这种心理在审判阶段又有明显的发展，他们往往制订新的防御计划，以力图逃避罪责，减轻刑罚，这是被告在审判阶段基本的心态。为了保证刑事审判工作的顺利进行，提高审判工作的质量和效率，职务犯罪心理学必须深入研究职务犯罪被告的心理及其规律性。

一、职务犯罪被告人在审判前的心态

（一）恐惧不安

职务犯罪被告人在移交法院接受审判前，一般都经过了羁押和预审，随着时间的推移，最初的恐惧心理有所减弱。但是，随着审判的临近，新的恐惧会日趋增长。引起恐惧的新的原因主要有两个：一个是在预审中，检察部门已经调查了他们的主要罪行，在审判中将决定对他们的法律制裁，想到审判后自己的处境，如经济上的损失、前途渺茫、亲友离散、牢狱生活甚至生命的剥夺，以及社会上人们的蔑视等，他们不能不产生恐惧。另一个是在预审阶段，只有少数保卫人员在场，有些话还容易张口，在公开审判时，将有更多的人在场，包括自己的亲友，自己的犯罪动机、犯罪行为将会公之于众，

这也不能不引起他们的恐惧。

（二）预测刑期

职务犯罪被告人在审判前急切地希望获得法律知识，以使用有关的法律条文来衡量自己的罪行，预测将要受到何种刑罚以及刑期的长短。他们十分关心其他犯罪人的情况，如某人的案情如何，判刑多少年等，以用来与自己对照。在一般情况下，被告对刑期的预测往往偏低，由于对法律条文了解不够，对其犯罪行为的社会危害缺乏深刻认识。因此，预测的刑期更是较短。

（三）策划防御

职务犯罪被告人把法庭视为主要的防御场所，所以开庭前他努力回忆、琢磨在预审过程中的一切细节，总结过去的经验和失误，重新布置防线，期望在法庭上能争取到更有利的结果。大多数职务犯罪被告人也希望找一个好的律师，因此委托家庭亲友挑选律师，以便在法庭上能为自己的罪行作有利的辩护。

（四）对法庭的敬畏和期望

多数职务犯罪被告人凭借过去了解和受预审的经验，认为法庭是执法、有权作出最后裁决的审判机关。因此，他们对法院怀有敬畏感；同时因为审判是最后决定自己命运的时刻，有的被告希望资历高、经验丰富的法官主审，以便做到罪罚相当。但是，有的被告则希望主审法官是个新手，以便自己蒙混过关。

二、职务犯罪被告人在审判中的心态

审判时法庭的庄严气氛，公诉人的起诉，证人出庭作证对质，旁听者（包括被告人的亲友、熟人）的自发反应，审判长主持下的法庭调查和法庭辩论，造成一个很严肃的审判态势。这种态势对被告人往往形成巨大的心理压力。此时被告人的心态有如下表现：

（一）注意力高度集中

由于审判对职务犯罪被告人来说是利害攸关的重要时刻，所以，一般都是全神贯注地听取各方面的意见和陈述，认真地进行思考和辨别，很少出现分心的现象。特别是在法庭调查和辩论阶段，被告更为全神贯注，字斟句酌。

（二）强烈的羞耻感

由于法庭在众人面前暴露了职务犯罪被告人的犯罪动机和犯罪行为，使被告人感到自己的人格受到了损害，于是产生了强烈的羞耻感。其表现是面红耳赤，低头不语，惴惴不安。其中尤以初犯为甚。在职务犯罪中，他们大多数人平时都是受人尊重和敬仰的领导干部，一直是人们效仿和称赞的对象，一旦他们当庭被揭露出罪行，都会感到十分羞愧，内心很难承受这种来自外界的和以前不同的天壤之别的看法和评价，因而羞耻感也格外强烈。

（三）忏悔心理

除了少数惯犯或罪大恶极的犯罪分子外，一般职务犯罪被告人在受害人出庭作证或者出示物证时，都会产生忏悔心理，感到对不起国家和社会。例如，有的被判处死刑的职务犯罪分子，在最后陈述中要求法庭转达他对国家、集体和自己家人的歉意，希望其他国家公职人员把他作为反面教材，引以为戒。有的职务犯罪被告人想到自己年轻的时候都是有理想、有抱负的人，都曾经为了远大的理想和崇高的目标而努力，今天的局面使他们产生了强烈的忏悔心理，尤其是对国家、对社会、对集体、对自己的家人都表示非常后悔。

（四）对抗心理

职务犯罪被告人出于对刑罚的畏惧，对面子的维护，对法庭掌握证据的充分性的怀疑等原因，总是要竭力地回避和抵赖自己的罪行，不到万不得已决不轻易承认。即使证据确凿而无法抵赖时，也要从犯罪的动机、情节、客观原因等方面为自己辩解，以求减轻刑罚。这是大多数被告人在审判中的一般心态。

（五）恐惧沮丧

在法庭的审判过程中，随着职务犯罪被告的犯罪事实被一一揭露和认定，直到最后宣判，被告的恐惧和沮丧心理会逐渐加剧。尤其对所犯罪行可能被处以重刑或极刑的犯罪人更是如此。其外部表现是语塞、战栗、颓废、站立不稳，甚至大小便失禁。

应该指出，被告在审判过程中的上述心态并不是孤立存在的，往往是结合在一起的。在一定的时间和情况下，其中某种心态会占据主导地位。另外，对于不同的犯罪人其心态也可能会有很大不同。

三、职务犯罪被告人在判决后的心态

由于职务犯罪被告人各自的情况不同，所以判决后的心理和外部表现也各不相同。如果判决与被告人原先预测的相接近或者低于预测的刑期，被告

人的情绪则比较稳定，认为不出所料，思想上早有准备。他们转而考虑如何度过牢狱生活，急切要求送出劳改。少数人抱着"反正上诉不加刑，不妨试试看"的态度，也会提出上诉。有的被告认为刑罚过重或者认为有些事实有出入，判决后会产生不满情绪，因而提出上诉，委托家人邀请律师继续为其"二审"辩护，希望上级法院能予以改判，减轻刑罚。原先存有侥幸心理并设立层层防线的被告，在法庭上被一一击败后，会表现出情绪沮丧，精神颓废。少数被判处重刑或极刑的犯罪人，判决后感情冲动，歇斯底里大发作，或者哭哭啼啼、装疯卖傻，或者好强逞能、大喊大叫。

四、职务犯罪被告人的自我防卫

在整个审判阶段，公诉人的指控、证人的证言，与被告人、辩护人的答辩，形成了进攻与防御的"心理战"。职务犯罪被告人的自我防卫，就是想方设法趋利避害，制定防御计划，企图逃避法律的惩罚。其自我防卫主要表现在：否认犯罪事实，推翻预审中的供词、虚构案情谎供，强调犯罪的主观因素等。

（一）否认

职务犯罪是危害社会的行为，为人民群众所愤恨，为国法所不容，而且刑罚的结果将使被告人的某些利益受到剥夺。因此，被告人极力否认其犯罪事实，是其自我防卫的第一道防线。否认犯罪事实是被告人中较为普遍的现象。此时的心理状态大体是：

1. 侥幸

自以为作案手高明，绝无破绽，司法机关不可能掌握或无法获取关键性的证据。有些共犯迷信"哥们义气"，订立攻守同盟，说什么"天不说，地不说，咱哥儿们不会说"。有的被告人以为有身居要职的亲朋家属的包庇，不承认也能过关。

2. 畏罪

以为供认必将受到惩罚，供认罪行越多惩罚越重，便坚决否认。

3. 对抗

有些被告人出于敌视情绪，以否认犯罪事实同司法机关对抗，发泄不满。

4. 回避

有些被告人故意供述与犯罪无关的事情，或采取避重就轻、似是而非的方式来回答审问，以转移审判人员的视线。

（二）翻供

随着改革开放的不断深入，市场经济的迅速发展，职务犯罪也呈现出上升的趋势，而且犯罪数额不断增大，犯罪者的职务由低向高演变，犯罪的隐蔽性越来越强，犯罪手段越来越狡猾，加上职务犯罪案件证据的相对单一性，案件当事人翻供、翻证的现象也格外突出，给司法部门的工作带来一定的难度。这里所说的翻供，是指职务犯罪被告人在庭审中完全或部分地否认自己在预审期间所做的有罪供述的现象。翻供不外乎四种情况：第一种情况是被告出于抗拒和畏罪心理而推翻原先的真实供述；第二种情况是被告根本无罪，预审中所做的有罪供述完全不符合事实，在庭审中予以全部否认；第三种情况是被告确实有罪，但在预审期间所做的供述并不完全真实，在庭审中予以部分否认；第四种情况是被告在法庭审判中完全或部分否认预审中所做的无罪辩护或罪轻的供述，而变为包揽罪责。应当指出的是，对以上四种情况的翻供心理不应混为一谈。后三种情况的翻供对于彻底搞清案情，未必是一种坏事，应予充分重视。被告确实有罪、预审中所做的有罪供述也完全符合事实，但是，被告在法庭审判中却坚决予以全部或部分否认，并且常常提出翻供的某些借口，为自己的翻供进行辩解。这种翻供的主要原因有：

1. 出于懊悔

供认罪行后又为后果担忧，感到当初不该供认而懊悔和后悔，便编造出虚假理由而翻供。

2. 出于试探

以翻供作为抗拒交代的手段，以守为攻，试探审判人员的意图，看法庭对其犯罪事实究竟掌握了多少，以伺机行事。

3. 出于抵赖

以"天知地知，你知我知，我翻过来不认账，谁也没有办法"为信条，即使罪证确凿，也认为"只要全部推翻原供，法院也奈何不得"。

4. 出于预谋

有的有罪的被告早有预谋，在预审时就做了真真假假的供述，麻痹预审人员。待到庭审中，就突然提出有力的翻供，并能提供一定的证据，妄图借此"反败为胜"。

5. 出于寄托

有的有罪被告在法庭上得到辩护人以及亲朋好友的支持，壮了胆子、大胆翻供；或在审判期间找到了机会，如利用同案犯在法庭上见面的机会以各种暗示施加影响，妄图转祸嫁罪于同案被告。

就当前职务犯罪案件翻供、翻证的特点来看，第一，参与翻供、翻证人员中，居于领导职位的比例较大，这些人平时前呼后拥，招摇过市，过习惯了安逸的生活，一旦沦为阶下囚，备感委屈，面子上接受不了。因此，这些人千方百计为自己的罪行开脱，翻供、翻证也自然被其认为是可以开脱罪行的救生圈。第二，翻供、翻证的环节日趋增多，以前翻供翻证多发生在案件侦查结束后，现在侦查过程和审判过程中都出现了相当部分的翻供翻证现象。第三，久拖不决的案件翻供翻证的比较多，这些案件一方面有充足的时间给职务犯罪被告人找对策、寻出路，另一方面，说情的、打招呼的人络绎不绝，也给这些人提供了翻供翻证的机会。

被告人时供时翻，这在职务犯罪案件中比较常见。究其原因，主要有以下两种：其一，职务犯罪被告人确实犯有罪行，但由于害怕受到处罚而时供时翻。被告人犯罪后，一般都会想方设法逃避惩罚，因此一开始大都不供认罪行；经过政策攻心和法制教育后，被告人知道不供认会受到加重处罚，因此才不得不供认罪行。供认以后有些人便后悔了，于是立即又推翻前供。如此反反复复，时而供认，时而翻供，始终下不了彻底供认的决心。其二，被告人确实没有犯罪，或是在一定程度上可能为他人顶罪，他们由于外部压力或认识错误而时供时翻，例如在侦查阶段由于受到他人的威胁或利诱，被告人不得已供认自己有"罪行"，但到了起诉或审判阶段被告人便推翻原来的供述，或被告人错误地认为，只有供认"罪行"才是坦白交待，才能得到从宽处理，于是供认自己所谓的"罪行"，但后来了解到这样做要吃大亏，就翻供了。

职务犯罪被告人之所以翻供、翻证，受到"趋利避害"的心理影响，作为正常人，其行为哪些会对自己有利就朝向哪个行为。这些当事人害怕失去自由，他们不从自己的犯罪本身找原因，总是千方百计地否认自己的犯罪事实，希望得到一线生机。另外，侦查工作的不到位也给他们的翻供、翻证提供了漏洞。一方面有的办案人员侦查思维滞后，不能有效地堵塞被告人回避、隐瞒、诡辩犯罪事实的后路。有的案件一旦被告人对抗法律思想占了上风，侦查人员一时又没有堵死其出路，使得他们得到了机会。另一方面取证不全面，只重视有罪证据，忽视无罪证据；只重视证人证言，忽视其他证据，记录、案卷不全面等都容易为其翻供、翻证找到机会。再有，尽管党中央强调职务犯罪无禁区，无论涉及什么人都要一查到底，但是由于职务犯罪被告人身份的特殊性，他们往往集结一些人干预司法程序，破坏法律秩序，给自己找寻翻供、翻证的机会。

由此可见，职务犯罪被告人时供时翻的口供能否用作定案的根据，应当具体情况具体分析，既不能一概认定也不能一概否定。对于前一种情况下时供时翻的口供，不能强求一定要达到供、证完全一致的要求，应将有罪供述与翻供辩解以及其他证据相对照，通过分析比较判明真假，只要其他证据能够形成证明体系或供认口供具体、明确、合乎情理，无刑讯逼供的情况，而翻供辩解前后矛盾、含混不清或抽象笼统，说不清具体原因，就可以推翻被告人翻供的理由，确定有罪供述的证明力。对于后一种情况下的口供，一要审查有罪供述时的客观环境和条件，看供述是被告人主动交待的，还是在高压之下被迫供认的。如果确实存在逼供、诱供的情况，而其有罪供述又得不到其他证据的印证，则极可能是假供。只要存在上述问题，虽然被告人曾做过有罪供述，但其翻供显属正常。即使被告人最终仍供述有罪，也不能以此作为定案证据。二是同时审查有罪供述和翻供辩解，既要看有罪供述内容是否明确、具体和肯定，又要看翻供辩解是否合乎情理，有无其他证据印证。如果供述内容前后矛盾，或笼统、含糊，所述犯罪过程不清晰、不合理，而证明有罪的其他证据疑点较多，或者有罪证据形成不了证明体系，其有罪供述就可能是由于认识错误而作出的假供，不具有证明效力。

另外，要运用强大的心理攻势摧毁被告人翻供、翻证的心理基础。应当根据当事人已经供认不讳后证实的犯罪事实中的某一个问题，指出其犯罪事实的客观性和真实性，讲清楚客观事实的不可改变性，使其认识到歪曲事实的翻供、翻证是站不住脚的。同时要明确地指出只要客观证据确实充分，没有被告人的口供也能定罪判刑，使其认识到翻供、翻证是不能得逞的。要指出翻供是抗拒法律的行为，是从重处罚的情节，翻证而作伪证是犯罪行为，应该受到法律的制裁，只有坦白或如实作证才是唯一出路。这样，通过认真地分析案件当事人的心理活动，运用强大的法律武器以推翻其翻供、翻证的心理基础。

（三）谎供

谎供是指职务犯罪被告人用谎言或虚构案情进行的供述，这是被告人自我防卫心理的一种形式。被告人之所以编造谎言，原因很多，归根结底就是为了自我防卫，企图逃脱处罚。其谎供的心理基础大体有：

1. 显示其无罪

借助谎言为自己开脱罪责，供述虚构情节，以证明其没有犯罪，以图逃避法律的制裁。

2. 为保全既得利益

为了确保其既得利益，借助谎言进行狡辩。特别是职务犯罪的被告人，不愿交出赃款赃物，编造什么"被盗""被骗"的虚假情节，以转移审判目标。

3. 认为说假话就能蒙混过关

受"不说假话办不成大事"的毒害很深，养成说假话的恶习，以以假乱真的手段作案和骗术进行自我防卫，逃避罪责。

4. 编造谎言，投其所好

幻想利用谎言欺骗审判人员，以博取"交代得好"的印象，骗取从宽处理。

5. 节外生枝，借以拖延时间

为了隐瞒真实的严重罪行，采取声东击西的方式，虚构和夸大有罪供述，借以拖延审结时间。

第二节　职务犯罪与作证动机

从职务犯罪的证据角度考虑，分为被告人口供、证人证言、被害人陈述等。职务犯罪案件的被告人口供非常重要，从中可以找到赃物赃款，了解犯罪细节。然而职务犯罪案件一般比较隐蔽，很少有第三人在场。即使职务犯罪分子作案时有合法身份做掩护，但事前事后总会被亲属、同事有所察觉，由于他们与被告人有利害关系，大都不愿意向司法机关提供真实情况，因而很大程度上，职务犯罪中的证人具有间接性的特点。一般来说，以下五种人愿意提供案件线索：一是对办案人员非常信任者，如被告人的亲朋好友、同学老乡等；二是思想觉悟高，对职务犯罪现象敢于揭露者；三是与被举报人

（犯罪嫌疑人）有仇怨，想报复、泄愤者，如被解聘的临时工、被开除或受过其他处分的单位职工等；四是出于政治斗争、派系斗争需要者，如领导班子内部不团结的成员；五是没有后顾之忧的调出人员或离退休人员等。

由于证人的特定身份决定了出庭作证的人是形形色色、千差万别的。每个证人作证的动机也是不相同的。证人之中有应当事人的要求被传唤到庭的；有主动向公安、检察、法院反映所了解的案情，表示愿意作证的；有因公安、检察部门和法院为调查证据而予以询问的；也有为达到个人目的而作证的。所有这些，表现了不同的作证动机。证人的作证动机对证言的真实可靠性影响极大。即使证人具有健全的感知能力并正确无误地感知了案情，又具有良好的记忆能力并牢靠地记忆案情，并具有最佳的陈述能力，如果作证动机不正，也不可能提供真实可靠的证言，因而证人作证的动机与证言的内容和证言的可靠性有很大的关系。

一、证人动机的概述

（一）证人动机的概述

引起和推动人们去进行某种活动，以满足一定需要的内心起因，就是这种活动的动机。证人作证的行为是由作证的动机所驱使、推动的。研究证人心理中的动机包括证人作证的动机、拒绝作证的动机以及作伪证的动机。证人动机在证人证言中具有重要的作用，只有当这种内心起因即作证动机产生、存在和起作用时，证人才可能进一步形成作证的决意，从而向公安、检察部门和法院工作人员陈述自己所感知、记忆的事实。

作证动机这一概念包含以下四种意义：①作证动机是证人作证行为的直接的内心原因；②作证动机为证人的作证行为提出目标，以满足一定的需要；③作证动机为证人的作证行为提供力量以达到心理平衡；④作证动机使证人明确其作证行为的意义。由此可见，证人的作证动机在证人参加诉讼活动中起着以下三种作用：一是形成证人作证的决意，表现为证人决心向公安、司法机关陈述自己所感知、记忆的案件情况；二是能对证人的作证行为起推动作用，表现为其作证行为的发动、加强、维持，直至中止；三是使证人作证行为具有明确的目标选择性作用。表现为证人的作证行为总是指向某一目的而忽视其他方面。例如，有的证人作伪证行为的目的很明确，就是包庇犯罪嫌疑人、被告人的犯罪行为，而忽视被害方的合法权益，无视法律的严肃性。

（二）证人动机的形成过程

作证虽然有主动性和被动性之分，但一般都要有一个形成的过程。

1. 证人动机形成和外化的因素

（1）个体内部需要的上升。需要的强度在某种水平以上才能成为动机并引起人的活动。一般的需求，只使个体产生不安感，内心刺激微弱，还不足以在意识中明显地体现出来。随着刺激量增大，个体很快就明确地知道是什么事物使本人感到不安和紧张，意识到可以通过某种手段能够满足需要。人的心理表现，已经进入了某种欲望的阶段。例如，一个在犯罪现场的目击者，曾经目睹了某一位自己熟悉的同事有职务犯罪的行为，回到家以后，没有立即去报案。后来他听到人们议论这一案件，内心感到不安，这些内心的感觉在他的心里不断地起作用。随着案件调查的开展和人们的谈论，这些外界信息又反复刺激他，使他终于感到自己有义务向公安、司法机关陈述自己所感知到的情况。因此，他的作证行为的动机就是需要消除内心的不安与内疚感而引起的。

（2）具有相应的条件。人们有了某种欲望还不足以形成动机，还要有诱因条件，或称相应的刺激，才能成为实际活动的动机，并导致某种行为。人有了明确的需要和满足需要的手段，并不等于为满足需要而采取的行动。只有和需要相适应的客观对象出现时，动机才能外化为活动。有了作证的动机，还必须有案件侦查和审理的机关依照法定的程序对证人的证言进行收集，证人的作证动机才能外化为作证行为。

（三）证人动机的发展趋势

1. 逐渐增强的趋势

作证动机作为一种内心起因和推动力，有强弱之分。当证人处在不得已而同意作证的条件下，作证动机显得非常微弱。例如，作证动机产生的初期，既有出于公民的道德感和义务感，又有惧怕犯罪分子报复的私念，经过公安、司法人员的反复教育、鼓励，才使证人动机不断增强，坚定了作证的信心。

2. 自觉强化的趋势

有明显的法制观念的证人，一开始就有积极的作证动机。不过，许多证人的作证动机都经历过一个逐渐增强的过程。一旦达到自觉的趋势，证人的动机便得到强化。只有达到强化的阶段，证人才表现出对作证的极大热情，积极采取作证行动。所以，证人作证动机自觉强化的趋势，是作证动机达到成熟的重要标志。

当然，上述两种趋势不是绝对的，不能截然分开看待。二者往往是相互联系，相互渗透。至于拒绝作证和作伪征的人，他们的动机也具有同样的特点，只是性质不同。

（四）证人动机的作用

根据心理学的理论，动机对人的行动有三种作用：引发某一行动的始动作用；引导行动向一定目标进行的指向职能；维持行动即对行动强化、调整的职能。在作证过程中，证人动机的作用因证人的具体情况不同而有不同的表现形式。

1. 唤起作证行为的始动作用

证人的作证行为总是由动机引起的，它对证人的行为起着始动作用。然而这种始动作用又有一定的条件，必须有相应的目的，并为达到这个目的去行动。证人出庭作证的目的，就其社会作用来讲，就是为了协助公安、司法机关弄清特定的案情，惩罚犯罪或保障无罪的人不受法律追究。

2. 维持作证行为趋向一定目标的指向职能

作证的动机具有使作证行为加以稳固和完整的作用。它使证人的一切行为，主要是证人证言的陈述趋向于一定的目标。这种有特定目标的动机，为证人提供证言起到重要的促进作用，是保持证言的完整性不可少的因素之一。

3. 使作证行为进一步强化的职能

证人证言往往要在法庭陈述。在陈述中，证人受到法庭的庄严气氛、审判人员严肃的态度等情境的直接影响，作证的动机对作证行为起到强化的作用。这种强化作用使证人意识到他的言行举止是和法律的严肃性、权威性联系在一起的，是和公民的人身权利、民主权利休戚相关的，他必须如实地、客观地、全面地把自己感知、记忆的情况向法庭陈述。

（五）证人动机的分类

证人的动机是极其复杂的。不同的证人有不同的动机，甚至有的时候同一个证人有好几种作证动机。以下从不同的角度对动机进行简要的分类。

1. 根据证人动机的法律性质分类

按证人动机的法律性质，可分为合法的动机和非法的动机。证人为了协助公安、司法机关办理案件，提供自己所知道的案件事实，如实做出陈述，这种作证动机是合法的。故意作伪证的动机，则是非法的。

2. 根据证人动机的作用分类

在诉讼过程中，证人动机的作用可分为有利于被告的动机和不利于被告的动机。证人的动机是主观的意向活动，证言是否有利于被告，往往同证人的动机存在着最为直接的因果联系。如果证人的动机是为了惩罚被告人，那么，他就提出不利于被告人的证据，证实被告人所实施的犯罪事实，从而使被告人承担应负的法律责任。如果证人的动机是为了替被告人减轻罪责，或是为共犯开脱罪责，他所陈述的内容则是有利于被告的。

3. 按照证人动机的表现方式分类

证人作证动机的表现形式可能有三种情况：主动式、被动式和拒绝作证，还有一种是作伪证。伪证有相当一部分是主动式的，也有的是在公安、司法机关询问过程中作伪证的。

最后必须指出的是，证人作证动机是非常复杂的，并且各种动机还往往相互渗透。如有利于被告人的动机，往往是非法的伪证动机；合法的动机也可能有利于被告人，也可能不利于被告人。因被告人不一定就是犯罪分子，这一点是人人都知道的。因此，不能绝对认为有利于被告的动机就是非法动机，而不利于被告的动机就是合法动机。

二、主动式作证和被动式作证

(一) 主动式作证的动机

主动式作证的动机，是指证人内心所具有的促使其从事作证行为的积极性的动机。它可以分为主动——积极作证的动机和主动——消极作证的动机。前者的作证动机是正确的，可促使证人作实事求是的陈述；后者的作证动机则怀有个人目的，可促使证人主动提供伪证。因而前者大多是为人正直，敢于同犯罪行为作斗争，是非分明，原则性强的证人。后者是怀有个人目的而假装积极的证人。主动式作证的动机有情感方向的正义感、正确的法律意识、友情需要、攻击报复，以及出于私利、名利、欲望的需要和自我显示等。

其中，有的证人出于对职务犯罪嫌疑人、被告人的愤恨，对贪污腐败行为的憎恶，对案件事实情节被歪曲颠倒的气愤，为了伸张正义，揭露犯罪嫌疑人、被告人而主动作证；有的证人具有明确的法律意识，认识到作证是公民的义务以及证言在诉讼活动过程中的重要意义，因此，不畏任何权势、压力，不畏金钱的诱惑，敢于同不法人员作斗争，甚至大义灭亲；也有的证人与职务犯罪嫌疑人、被告人有深厚情谊，便主动出面作有利于犯罪嫌疑人、被告人的陈述，出于这种动机的作证，往往带有个人感情色彩，陈述时可能有夸大之词；有的证人与职务犯罪嫌疑人、被告人积有恩怨，出于报复性目的而主动作证，作不利于犯罪嫌疑人、被告人的陈述，这种证言，对案件事实和情节多有夸张或虚构，以达到落井下石、报仇泄恨之目的；有的人出于私利，如为了获得奖金、受到表扬等而主动作证，这种证人多故意夸大案件事实和情节，或无中生有。一般来说，证人的作证行为可能受两种以上的动机的支配。但其中总有一种动机起主导作用。例如，某证人主动作证行为，可能是友情、私利、报复三种动机共同起作用，但其中私利动机起到了主导作用。

（二）被动式作证的动机

被动式作证的动机比较复杂，案件的知情人本不想作证，只是由于外界某种因素的变化，或是由于侦查、审判人员的教育，或是由于不作证可能对自己不利等，使证人不得不作证。被动式作证的动机大体有以下表现：持中和态度、碍于情面和事不关己等。有的证人既不想包庇或得罪犯罪嫌疑人、被告人，也不想为伸张正义而得罪被害人，持不偏不倚的中和态度，因此，本不想出面作证，只是由于案件引起社会的强烈不满和极大关注，感到内心不安，慢慢萌发自责感，这时，如侦查、司法人员询问到他，便不得已出面作证；有的证人与犯罪嫌疑人、被告人之间都无利害关系，但对犯罪嫌疑人、被告人是否有罪，是否追究刑事责任持漠不关心的态度，只是由于侦查、司法人员的说服教育，提高了认识，才同意作证。对于被动式作证的证人，关键是促使其合法作证动机的加强，被动式作证动机虽然不是积极的态度，但毕竟还有愿意作证的内因，同拒绝作证的性质不一样，这是需要分清的。

三、拒证

拒证是指证人和当事人对有关案件事实拒绝作证和举证。拒证与举证、作证是截然相反的行为概念，其动机也大相径庭。拒证的原因很多，如认为事不关己，逃避作证义务，或认为作证会对自己产生不利的效果，所以漠视案件事实，或为达到维护某一当事人的利益，有证不作、不举。拒证是一种消极的不作为的诉讼行为，影响诉讼活动规范化和审判质量的提高。尽管法律规定了涉案证人和当事人有义务、有责任向法庭作证或提供证据，但仍有部分证人或当事人对该义务和责任的履行和承担不积极。

在侦查取证和法庭审判过程中，证人拒绝作证的现象是常见的，无论是刑事案件还是民事案件，都有这种情况。尤其是有些证人不愿在公开审判的场所出庭作口头陈述。导致证人拒绝作证的动机，可能与两方面的因素有关：一是证人自身的因素，二是外界的因素（包括案件当事人的影响和侦查、审判人员的工作态度、方法等）。

证人有作证的义务，这是法律规定的。有的证人不愿向侦查、司法机关陈述自己所了解的情况；有的回避侦查司法人员的询问；有的拒绝到庭或到庭不提供证言。其根本原因就是证人的行为受不愿作证的内在力量的支配。这种支配着证人拒绝作证的内心起因，就是证人拒绝作证的动机。拒绝作证的大多数原因是出于可能提供不利于被告人的情况引起的，当然有少数情况是不利于受害人的。拒绝作证的动机主要表现有：

1. 安全防御

有的证人感到自己的陈述可能有利于被害人，怕引起被告人及其亲友的报复；有的认为自己的陈述可能有利于被告人，怕引起被害人及其亲友的憎恨；也有的怕被不明真相的社会舆论指责为包庇坏人，为犯罪分子开脱罪责等。

2. 事不关己

有的人对法律无知，不知道提供证言是法律规定的义务，有的人虽然知道法律有规定，但认为不作证并不犯法，于是就"多一事不如少一事"，拒绝作证。他们虽然知道法律规定公民有作证义务，但自以为不作证不犯法，缺乏作证的义务感而拒绝作证。

3. 包庇

证人如果是犯罪嫌疑人、被告人的亲属、好友，因为与犯罪嫌疑人、被告人有直接的利害关系，或出于感情用事，为了庇护犯罪嫌疑人、被告人而拒绝作证。有的犯罪嫌疑人、被告人的同事，既害怕因伪证而被追究法律责任，又害怕自己提供的证言对犯罪的同事不利，使其受到刑罚惩罚或加重惩罚。为回避这种心理冲突，常假装糊涂，一问三不知而拒绝作证。而与案件有一定关系的人，怕弄清案件事实和真相后暴露自己，出于保护自己而拒绝作证。

4. 感恩之心

有的证人受过犯罪嫌疑人、被告人的恩惠，怕自己作证后使其受到惩罚或加重惩罚，担心别人会谴责自己"知恩不报是小人"，有昧良心，为了报恩而拒绝作证。例如，某县人民检察院在审理该县外贸局长李某贪污受贿案过程中，为取得证据，共调查过638人，其中有143人第一次调查不出证，占22.4%。分析这些不作证者的动机，除与李某的亲友关系，出于庇护动机外，多由于得过他的好处和提拔重用，为表示报恩而拒绝作证。

5. 恻隐之心

有的犯罪嫌疑人、被告人平时表现不错，群众关系又好，犯罪是出于一念之差，证人不忍心看到犯罪嫌疑人、被告人受到刑罚惩罚而拒绝作证。有的犯罪嫌疑人、被告人家中上有年老多病的父母，下有年幼无知的儿女，证人不加分析地同情犯罪嫌疑人、被告人，害怕由于自己的作证使犯罪嫌疑人、被告人受到严厉惩罚，使其家庭遭到不幸而拒绝作证。

6. 虚荣心

有的证人受不正确的价值观支配，认为作证可能有失身份，有损威信，故拒绝作证。

7. 羞耻感

如果被告人是隐私方面的犯罪，而证人又与被告或受害人有关，便感到出面作证非常难堪，出于羞耻感，而拒绝作证。

8. 胆怯

有的证人因生性胆小怕事，怕在大庭广众场合露面，因而拒绝出庭作证。

9. 报复

如果证人与被害人有怨仇，因不愿提供有关被告犯罪事实的证词而拒绝作证。有的可能因被告人同自己有私怨，想让其蒙受不白之冤，受到刑罚好幸灾乐祸，从而拒绝作证。

10. 利益之心

证人由于贪图私利，接受了犯罪嫌疑人、被告人及其亲友的财物的收买，就可能以不作证作为交易。有的证人看到犯罪嫌疑人、被告人或其亲属是于己有用的人，为献媚讨好而拒绝作证。有的证人为了日后向犯罪嫌疑人、被告人及其亲属勒索，明知犯罪事实和情节也不作证。

从职务犯罪案件的证人特点来看。证人的特点首先是"知情"，职务犯罪案件的知情人一般都是与案件有联系的关系人。假如利用假发票进行贪污，则提供假发票的人就成了这个案件的证人；购买物资拿"回扣"，则给"回扣"的人便成了拿"回扣"的证人。此外，在职务犯罪的案件中，有的证人就是该案件的行贿人，或者是介绍受贿人。由于职务犯罪案件的特点，其他自然人成为该案件的证人的可能性较小。证人与犯罪嫌疑人的关系也发生了根本性的变化，有的建立了共同利益上的相互维护关系，有的还具有两重性，既是证人，又可能是犯罪嫌疑人，他们常常用拒绝作证的方式保护犯罪嫌疑人，实际是为了达到保护自己的目的。

有的案件涉及的人数不只是一个、两个，而是多人的串案、窝案。有的在此案件中是证人，而在彼案件中就是犯罪嫌疑人，形成了证人——犯罪嫌疑人——证人环环相连的串案、窝案。除此之外，职务犯罪的案件与其他的刑事案件相比，有其自身的特点，这类犯罪嫌疑人为了避免暴露而缩小知情的范围，多数只有犯罪嫌疑人自己知情，因而能直接证明犯罪人犯罪的知情人范围比较小，在很多的时候还需要间接证人证明，实际上，这是属于派生出来的证人、证言。除了上述证人特点之外，间接证人也有自身的特点，这些证人的心态各异，当司法机关办案人员向其取证时，他们所持的态度一般不采取直接拒绝作证的方法来与办案人员抗衡，而是采取间接的回避方法，不是以"时间长了，记不清楚了，材料找不到了"，就是说自己没有时间，没有空回答问题等，以消极的方法来拒绝作证。

证人拒绝举证，既有法制观念不强的原因，也有工作人员工作方式、艺术的问题。拒绝举证是有证不举，或知道证据线索而不告知法庭，但拒绝举证并不等于甘愿认输。有些证人并不希望法院的裁判结果有失公允，对于拒绝作证的证人，要分析其拒绝作证的动机究竟是什么，找出症结，有的放矢地采取对策，以消除拒证动机，激发同意作证、积极主动作证的动机。例如，要采取心理对策，因人而异、因场合而异、因案情而异，充分说明证人的权利和义务，使其增强法制观念；侦查、检察、审判人员在接触证人时，要考虑到自身的心理因素可能对证人作证的动机所带来的影响，并自觉地进行有效的心理调节，达到侦查、检察、审判人员心理与证人心理相容。在社会主义法制不断健全和完善的今天，在我国，除对少数拒不作证的证人加强思想教育以外，采取一定的强制措施是必要的，这样可以保证司法审判工作的顺利进行，维护法律的严肃性。

四、伪证

证人作证，大致有四种情况：主动作证、同意作证、拒绝作证和故意作伪证。虽然伪证也可能是一种主动性的行为方式，但它的动机、目的都和前三种作证的情况完全不同。伪证行为是所有不良诉讼行为中最具危害性的行为。故意提供虚伪证言的行为，就是伪证行为。错证是证人在作证过程中所陈述的情况与事实有出入、不相符。从客观上说，伪证和错证都是提供了不正确的、错误的证言，可能导致公安、司法机关做出错误的处理意见和判决，从而造成对公民人身权利的侵犯，影响公安、司法机关的正常工作，并有损其声誉和形象，但是伪证和错证在性质上是根本不同的。

区分伪证和错证，关键要看是否有故意提供虚假证言的动机，行为人是否具有达到某种个人目的的需要和欲求。伪证行为的主要特征是行为人主观上必须有明确的陷害他人或包庇犯罪的目的，因而故意提供虚假陈述；错证行为的主要特征是行为人主观上并没有陷害他人的意图，但是提供的证言却与事实不符。

在法律后果上，伪证严重干扰公安、司法工作的顺利进行，并造成不良的影响和后果。因此，我国《刑法》第305条规定，证人对与案件有重要的关系的情节故意作虚假证明，意图陷害他人的或隐匿罪证的，处三年以下有期徒刑或者拘役；情节严重的，处三年以上七年以下有期徒刑。从性质上看，伪证是一种犯罪行为。伪证行为发生的原因中也包含了犯罪的心理因素。在犯罪心理支配下实施的犯罪行为，必然要受到法律的处罚。而证人由于不了解情况，或了解的不准确，或记忆不清，或因陈述时措辞不准，从而作了错证，不具有犯罪的心理因素。因此，我国刑法对错证不认为是犯罪。这样做的目的，就是为了鼓励公民树立法制观念，履行法律上的义务，积极同犯罪行为和违法行为作斗争，以协助公安、司法机关查清案件事实，揭露、打击犯罪，保障无罪的人不受追究，促进社会主义法制的健全和巩固。

从证人动机的作用来看，伪证也可分为两大类，即有利于被告的伪证和不利于被告的伪证。在一般情况下，作伪证的心理因素是：

1. 伪证心理中的利益驱动

证人作伪证和当事人、代理人出具伪证，大多数情况是出于获取实惠和保护不合法利益的动机和目的。证人在明知案情如此或并不知案情的情况下，由于经不起当事人、代理人的金钱和其他利益诱惑，丧失良知和维护公正的责任感，向法庭作不实之证，干扰诉讼活动的正常进行。当事人自己出具伪证大多是出于对自己权利和利益的保证。作伪证的人，有相当一部分人漠视公安、司法机关办理案件中提供虚伪的证言是一种违法甚至是犯罪行为。在"权与法""情与法"的面前显得对法律无知，宁愿说假话欺骗国家工作人员也不让自己人受处罚。伪证行为本身就是一种故意的、性质严重的欺骗。其主要表现为：受封建"义气"的影响，为那些有劣迹的"哥们"两肋插刀；同犯罪分子沾亲带故，或有某种牵连，有意拥护、包庇，受金钱、色相等引诱，积极为犯罪分子开脱罪责；有意陷害他人，以达到个人的不法目的等。

2. 伪证者的亵渎法律心理

一些当事人和证人实施伪证行为，并不具有明显的利欲和其他动机，只是想扰乱正常的诉讼秩序，或者与利欲并存，其目的在于亵渎、戏弄法律，使法律运行丧失应有的严肃性。作伪证的人必然对有关的案件持有某种态度，或是对被告人厌恶、憎恨，或是对被害人幸灾乐祸，或是对被告人同情等。这些都是证人的情绪或情感。作伪证的人在作证过程中，往往会表现出这些态度，使证言带有明显的倾向性。因此，这些情感对伪证具有引发作用或催化剂作用。

3. 伪证者的助恶动机

伪证者明知孰是孰非，但颠倒黑白，支持违法犯罪。证人的助恶动机和其与当事人之间存在某种特殊关系（如金钱收买、亲属）有关，助恶的伪证者，心理上常常受制于一方当事人的地位、名誉和权力，主动或被迫地实施伪证行为，常常有迫不得已的心理反应。

对于伪证的识别，是公安、司法人员依照法定程序收集证据、审查判断证据和使用证据工作中的一项重要内容，也是证人心理学研究的内容之一。瑞士心理学家荣格（C. G. Jung）曾经研究过证人作证问题。他发现，作伪证的人在答复问题时，往往言语结巴，支吾其词；忠实作证的证人，大多理直气壮，言语流畅，无所讳饰。据此，荣格提出进行联想反应时间的测验，用以了解证人是否作伪证。此外，现代测谎技术对于识别伪证也起到了一定的作用。

但是，识别伪证的方法，虽然可以使用某些技术手段，但在实际工作中，主要还是要依靠侦查、审判人员在具有丰富的知识和经验的基础上，采取各种有效的对策，对证人证言进行心理分析，识别其真伪。这就要求侦查和审判人员首先要善于发现矛盾，如证人之间不同证言的矛盾；证言与其他证据的矛盾；证人证言同被害人的陈述、被告人的供述的矛盾；同一证人就同一案件先后提供的证言的矛盾；同一次陈述中前后出现的矛盾等。找出矛盾是识别伪证的一种手段。其次要了解证人的基本情况，从证人的情况中发现端倪，分析证人作证的方式，是主动的还是被动的；审查证人证言的来源，是道听途说还是主观想象；审查证人提供的证明材料、识别物证等。以上这些对于识别伪证都有一定的帮助。

思考题

1. 职务犯罪被告人在审判前一般有什么样的心态？
2. 职务犯罪被告人在审判中一般会采取什么样的防卫措施？
3. 证人动机是如何形成的？拒绝作证的动机主要有哪些表现？
4. 证人一般会在什么心理因素的驱动下作伪证？

第十章

职务犯罪心理预测与预防

　　我国在国家公职人员选拔与任用方面有着严格的管理制度。但是，严格的管理制度也不能杜绝职务犯罪现象的发生。因此，在完善公务员管理制度的同时，必须加强对职务犯罪的预测工作，对于潜在的职务犯罪高危人群加强监督和控制。这种监督与控制不应该表现为对国家公职人员工作的怀疑或不信任，而应该表现为加强公职人员廉政爱民的教育，帮助他们更好地为广大人民群众服务。本章将介绍职务犯罪预测与预防的方法论问题。

第一节　职务犯罪心理预测

　　犯罪心理预测就是经过深入调查，在科学、准确、全面地掌握过去和现在的有关犯罪资料，准确把握犯罪产生的客观因素及其变化规律的基础上，运用心理学的理论和方法，以及其他相关知识和方法，进行科学分析和技术处理，揭示犯罪原因、条件和相关因素之间的内在联系及其活动的规律性，并对犯罪心理和犯罪行为的未来发展趋势、犯罪种类、犯罪人员构成、犯罪类型分布、犯罪手段和方式，以及某些个体犯罪和重复犯罪的可能性等进行事先测定与推估的犯罪心理研究工作过程。犯罪预测的历史最早可以追溯到1928年。那时，美国学者伯吉斯（E. W. Buequess）就开始研究如何预测获得假释者再次犯罪的可能性，严格地讲，伯吉斯的研究属于再次犯罪预测。1950年，美国学者格吕克夫妇出版了《少年违法行为的解释》一书，标志着对早期违法犯罪行为预测的开始。从此，犯罪心理预测作为一个新兴的研究领域迅速地发展起来，人们逐渐认识到犯罪预测的可能性和必要性。在我国，关于职务犯罪心理预测的研究到目前为止还非常少，需要根据已有的研究加以改造和引申。[1]

一、职务犯罪预测的可能性与必要性

目前，我国的犯罪学界对职务犯罪预测的研究还比较少，这种状况一方面是由该研究领域的特殊性决定的，公职人员是我国国家机关的工作人员，拥有较高的社会地位，受广大人民群众的爱戴和监督，发生职务犯罪行为的公职人员只占其中少数；另一方面也是由于长期以来犯罪学界对职务犯罪预测的可能性和必要性认识不够，认为职务犯罪的预测与普通犯罪预测相比具有特殊性和复杂性。其实，这种观点是值得商榷的。

（一）职务犯罪心理预测的可能性

心理现象是人脑对客观世界的能动反映，是人类的主观活动。而犯罪心理则是犯罪主体对客观世界的主观反映，那么，职务犯罪心理则是国家公职人员的主观内隐活动。作为主观性的心理活动本身，犯罪心理是无法客观地直接观察的，但是，这并不等于说我们对公职人员的犯罪心理以及犯罪心理如何转化成犯罪行为不可能进行预测。公职人员的犯罪心理虽然和其他心理活动一样，具有不能从外部直接、客观观察的性质，但是也与其他心理活动一样，职务犯罪心理也是客观现实的一种主观反映，是具有犯罪心理的潜在犯罪主体所具有的一种心理活动，因此，职务犯罪心理有着客观性。

世界上任何客观存在着的现象，其发生和发展变化都有一定的规律性，职务犯罪心理和犯罪行为的发生和发展也有其规律性。有些规律现象表现得杂乱无章，实际上只是由于人类的认识水平的局限，还没有发现其中的规律而已。所以，从理论上说，人们对于职务犯罪心理、职务犯罪行为的发生、发展和变化规律最终一定可以研究清楚，并且加以把握。当我们发现了职务犯罪心理的变化规律，职务犯罪心理和犯罪行为的预防也就完全有可能了。当前，从实践的角度出发，从以下几个方面着手同样能够逐步做到预测公职人员的犯罪心理和犯罪行为。

首先，对影响职务犯罪心理形成的诸多因素进行系统分析。找出其中的规律，这样就为预测职务犯罪心理和犯罪行为提供了依据。心理学界曾经风

---

[1]　乐国安主编：《法律心理学》，华东师范大学出版社 2003 年版。

靡一时的行为主义学派认为：心理学是研究人行为的科学，研究目的在于最终实现预测和控制人类行为。在行为主义观点看来，人的行为完全取决于外部环境变量，因此，只要弄清楚环境因素，就能够达到预测和控制人类行为的目标。这种纯粹的"环境决定论"自然是有重大的缺陷，可是它所提出的从环境中寻找人类行为的原因对于我们预测职务犯罪心理和犯罪行为非常具有借鉴意义。

其次，任何心理活动和行为都是由当事人发出的，所以对于当事人来说，自己为什么会产生这种活动和行为是非常清楚的。现代认知心理学在研究人类的认识活动时，在一定程度上纠正了行为主义重视环境、重视行为表现，而轻视主体自我观察和自我报告的做法，认知心理学采用了一种所谓"出声地想"的研究方法，即让个体在执行一项认知活动时，要求他讲出自己的思维过程。研究者根据这个个体的外部行为表现口述内容，分析出他的思维规律。我们在研究职务犯罪心理学时，一般不太可能要求犯罪当事人一边实施犯罪行为，一边口述自己的思维过程，但是，却可以通过事后自我报告的方法要求职务犯罪人回忆自己在犯罪过程中的心理活动情况，从中找出规律来。从而有可能对职务犯罪心理活动的发生与发展做出科学的预测。

总之，如果能够弄清职务犯罪心理发生的原因，以及犯罪心理转化为犯罪行为的条件，那么，就可以根据现实的环境条件，利用这些研成果来对职务犯罪心理和犯罪行为进行预测。与此同时，我们应该看到，到目前为止，在职务犯罪预测领域内令人信服的研究成果还是一片空白，究其原因，首先是因为这一方面的理论研究非常缺乏，其次是因为在这一领域内一直没有基于科学研究的预测试验。所以，必须承认，目前要对职务犯罪进行科学的预测，确实存在着许多非常难以克服的困境，例如，缺乏具有指导性的理论和可靠的实证研究资料等。

（二）职务犯罪预测的必要性

近些年，尤其是十八大以来，我国加大了反腐败的力度，为减少和预防职务犯罪创造了日益有力的社会条件，但是，预测和预防职务犯罪的实际工作还有赖于制定科学的对策，并且不断地改进职务犯罪预测和预防的对策措施。如果没有关于职务犯罪的科学预测，要制定科学的职务犯罪预防对策就会因为缺少充分的科学依据而变得没有可能。只有搞好职务犯罪预测，减少犯罪预防，才能做到心中有数，有备无患，由消极被动变为积极主动。

职务犯罪预测对于开展职务犯罪预防工作尤为重要。只有当科学地预测职务犯罪发展趋势成为可能时，才能有针对性地采取有效的措施，力求清除导致职务犯罪的相关因素和原因，做到防患于未然。从这个意义上说，做好职务犯罪预测是做好职务犯罪预防的重要前提条件，没有关于职务犯罪的科学预测，就没有科学的职务犯罪预防。

近些年来。我国政府一直把预防职务犯罪作为一项重要工作来抓，每年最高人民检察院的工作报告都会披露上年度职务犯罪立案及侦查情况。2015年3月12日，最高人民检察院检察长曹建明在工作汇报中指出：2014年，全国各级检察机关坚持"老虎""苍蝇"一起打。查办贪污、贿赂、挪用公款100万元以上的案件3664件，同比上升42%。查办涉嫌犯罪的原县处级以上国家工作人员4040人，同比上升40.7%，其中原厅局级以上干部589人。以对人民、对法律高度负责的精神，依法办理周永康、徐才厚、蒋洁敏、李东生、李崇禧、金道铭、姚木根等28名原省部级以上干部涉嫌犯罪案件。针对惠民资金和涉农补贴申报审核、管理发放环节"雁过拔毛""跑冒滴漏"等问题，深入开展查办发生在群众身边、损害群众利益职务犯罪专项工作，查办社会保障、征地拆迁、扶贫救灾、教育就业、医疗卫生、"三农"等民生领域的职务犯罪9913人，查处了北戴河供水总公司总经理马超群等"小官巨贪"。[1]一方面表明了我国打击职务犯罪的决心和成效，另一方面也说明了职务犯罪的现状不容乐观，仅仅采取打击和惩罚的对策还不足以控制职务犯罪率逐年上升的趋势，需要我们对职务犯罪加以准确的预测，制定有力有效的职务犯罪预防对策措施。

二、职务犯罪预测的心理学依据

犯罪心理预测主要是依据犯罪心理形成和犯罪行为发生的原理和机制，选择若干相关因素进行预测。具体地说，预测依据体现在以下几方面：

（一）犯罪心理结构是在不良主体的内外因素相互作用下形成

如果能收集到具有哪些不良的主体因素和主体外因素，以及内外因素之间是否建立了某种联系，就可以测知该个体是否具有犯罪的可能性。主体因

---

[1]　2015 年最高人民检察院工作报告，http://lianghui. people. com. cn/2015npc/n/2015/0312/c394473 – 26681959. html，2015 年 3 月 12 日访问。

素和主体外因素中哪些因素与犯罪心理形成的相关度较高，是犯罪心理学工作者一直研究并已取得一些结论的主要课题。例如，主体内因素中，不良个性特征与职务犯罪的相关性较高，如具有自私自利、贪图享受、刚愎自用、唯我独尊、爱慕虚荣等特征的公职人员犯罪倾向性较大。主体外因素中，政治环境、经济环境、人际交往环境及家庭环境等环境中存在的不良因素，容易诱发个体形成犯罪。需要注意的问题是，单凭某种孤立的主体因素或主体外因素，并不能说明个体犯罪的可能性，必须考察它们之间是否建立了某种联系，即个体是否受到不良环境因素的影响，并反过来主动创造或寻找不良环境。

（二）形成职务犯罪心理结构的相关因素影响职务犯罪现象的发生

根据犯罪心理学的研究显示：犯罪心理结构的形成与众多因素相关，从大量的相关因素中找出最为重要的一些因素，测查这些因素的存在与否及其发挥作用的程度，有助于我们对职务犯罪现象进行预测。例如，整体社会道德面貌与职务犯罪现象的增减有关，若测查整体社会道德水平下降，则有可能助长职务犯罪的上升趋势；法治观念薄弱与犯罪心理结构的形成有关，可以根据社会整体法治观念状况对职务犯罪趋势做出预测；当国家反腐倡廉的力度持续加强，职务犯罪的增量就会有所下降，反之则有可能呈现上升趋势；当公职人员对自己的前途充满希望和信心时，他们不易形成犯罪心理结构，相反则容易形成犯罪心理结构。

（三）职务犯罪心理结构总有其外部表现

随着一名职务犯罪人员犯罪心理结构的萌芽、滋长和形成，往往可以看到某些外部表现和行为先兆。这些外部表现和行为先兆有时表现得比较明显，有时表现得不太明显，只有通过细致的观察和敏锐的知觉，才可以达到对职务犯罪行为进行心理预测和预防的目标。

当职务犯罪处于犯罪心理结构的萌芽时期，一般常见的个体外部行为表现主要有自私、任性、执拗、顽固、不诚实、不合作、对挫折和压抑的强烈反应、攻击性、不受约束、缺乏自制力、占有欲、支配欲和侵犯他人等。当进入犯罪心理结构的滋长时期，常见的个体表现有强烈的个人欲求、不尊重他人、不尊重集体、不遵守工作纪律、不服从上级的管理与教育、有不良交往行为、有轻微的违纪违法行为等。进入犯罪心理结构的形成期，个体的行为表现可能有两种主要的类型：一类是外显型，这类个体的生活恶习增加、有强烈的物质欲望、对工作纪律甚至法律持否定态度、与不法分子交往、有明显的违纪违法行为，他们不愿意接受别人的劝告与约束，在工作中为所欲为；另外一类是隐蔽型，这类个体行为诡秘、虚伪、反常，常常令人难以理解。职务犯罪的萌芽期表现有助于预测职务犯罪的早期阶段。职务犯罪心理在滋长期与形成期的表现对于大案、要案的心理预测非常重要，对于职务犯罪的大案、要案进行心理预测的规律性常常可以从此类案件的回溯研究中发现端倪。

原河北省国税局局长李真，作风一贯霸道，飞扬跋扈，有人这样评价他："李真真是个人物，以前是让谁上台谁就上台，现在是让谁下台谁就得下台。"李真的车从来不管红绿灯，永远是"勇往直前"，有个新警察刚上岗，不知闯红绿灯的是李真的车，命其停车后上前纠正违章。李真把车玻璃摇下来，吐了这个警察一脸唾沫，驾车扬长而去。他每天上下班，一部电梯不准别人用，只供自己专用。李真的狂妄自大和一意孤行可以说是有目共睹，也早有违纪行为存在，但却长期无人监管，也助长了李真犯罪心理结构的发展和形成，最后自绝其路。

（四）职务犯罪心理具有模仿性和受暗示性

行为的模仿性和受暗示性是犯罪行为的重要特征之一，对于职务犯罪来说也是如此。具有犯罪心理结构的一般国家公职人员的一般行为与犯罪行为都会表现出模仿性和受暗示性的特点。因此，某一时期或某一地区的职务犯罪行为时常会表现出相似性和模仿性的特征。尽管大众传媒的主流是好的，但也不乏存在一些消极因素，如超现实的个人享受，鼓吹个人主义和个人利益至上等观点，不仅刺激着一些人的物质欲望，并且也给社会价值观念带来消极的影响，甚至可能会造成犯罪技巧的传习，且导致犯罪心理结构因模仿性与受暗示性作用而更加容易形成，从而导致职务犯罪现象增加也是有可能的。

三、职务犯罪心理预测的资料基础

要对职务犯罪心理和犯罪行为做出预测，必须具有一定的方法和手段。如前所述，一个公务员在头脑中是否已经形成了犯罪动机，或者是否决定把犯罪动机转化为犯罪行为，一般来说是非常难以直接了解的。但是，我们可以使用"汇集实证法"去推测个体的心理活动。在物理学中，研究者虽然不能直接了解太阳的温度或直接观察分子、原子或电子的活动状况，但是，通过对有关现象的观察可以推论出太阳的表面温度和内部温度是多少、也可以推论出物质的分子、原子和电子的活动情况。同样，个体的犯罪心理活动尽管不能直接观察到，但是，它会表现为可以观察到的外在现象，可以通过观察外显现象的变化，推论出其内隐的活动，并总结出一些科学的规律来。这种方法就是所谓的汇集实证法。

（一）了解被预测者对客观世界及自身的认识

如果某个体具备了犯罪动机，那么，必须是以特定的世界观和自我概念为基础的。为了预测特定公职人员个体是否具有犯罪动机，应当首先了解他在世界观和自我概念方面的认识内容。例如，那些认为"金钱万能"的人，一旦遇到某些对自己有利的客观条件，就有可能发展成为贪污犯或受贿犯。那些认为"人生在世就是要追求吃喝玩乐"的人，很有可能产生违纪违法地追求纸醉金迷的生活动机，当合法的收入又满足不了其生活欲望时，就有可能利用职权实施犯罪；那些认为"义气高于法律"的人，在某些场合会显示自己的"义气"，进而可能有实施徇私枉法的犯罪行为；那些认为"别人总是与自己过不去"的人，很有可能在时机具备的条件下实施报复犯罪或者诽谤他人。总之，如果了解到一个人对客观事物（包括他人）及对自己的认识情况，对预测他是否有犯罪动机，以及在今后是否会表现出犯罪行为提供了极为有用的资料。

（二）了解被预测者的个性心理特征

个体业已形成的个性心理特征对于他以后的心理活动和行动有着明显的调节作用。在预测一个人是否有犯罪动机，或者是否会实施犯罪行为时，不仅要了解他的认知活动、对客观事物的态度和行为方面的某些变化，而且要了解他的个性心理特征。个体为什么会出现犯罪心理动机，以及犯罪动机出现之后是否会转化为犯罪行为，是一个非常复杂的问题。只从一个或几个方面难以得出令人满意的结论。有的公职人员尽管有可能产生关于犯罪行为的认知，但是未必会产生犯罪动机；即使是产生了犯罪动机，也未必会转化成犯罪行为。那么，为什么在犯罪动机形成之后有些人会实施犯罪行为，而有些人不会呢？原因不止一个，其中个体的个性心理特征的调节作用不应被忽视。心理学研究表明：人与人之间存在气质的差异。气质是表现在个体的情绪与行为发生的速度、强度、稳定性和灵活性等方面的心理特征。例如，属于胆汁质的人情绪发生迅速而强烈，外部情感表现明显，动作敏捷而灵活。

这类个体一旦产生犯罪动机之后常常会立即付诸行动；属于抑郁质的人情绪产生缓慢却强烈，外部情感表现不明显，行动迟缓且不灵活，这类个体产生犯罪动机之后，不一定立即付诸行动，常常把激烈的感情冲动隐藏在内心深处，经过较多的思想斗争才能决定是否采取行动。

（三）了解被预测者的既往生活经历

个体生活环境通过人的实践活动进而影响人的心理活动。预测个体是否具有犯罪动机或者是否会进行犯罪还必须对他的过去生活经历有所了解。例如，他过去的学习环境及其表现、工作环境及其表现、家庭教养情况、与亲戚朋友之间的来往情况，以及他在过去有无犯过错误或受处罚的经历等。

（四）了解被预测者所处的环境

如果通过调查发现少数公职人员对许多问题的认知具有反社会性和违法性，或者说他们已经具备了一定程度的犯罪动机，那么，当预测他们是否会实施犯罪行为时，需要了解的一个极为重要的方面就是他当前所处的环境特点。如果一个人本想利用职权谋取私利，正好单位的整体风气不好，于是同流合污就是很自然的事情了。以上所述种种，实际上是根据产生犯罪心理以及犯罪心理转化为犯罪行为的条件分析预测犯罪心理和犯罪行为所需要了解的资料。

四、职务犯罪心理预测的具体方法

（一）观察法

对预测对象的观察应该在自然条件下进行，有利于发现被观察者不加掩饰的心理痕迹，否则，我们难以观察到真实而自然的材料。观察的范围应当包括日常活动规律、兴趣、爱好、服饰、饮食、学习和工作态度、人际交往、处理事务方式以及情感、情绪表现等。这种观察应该在与被观察者接触中随时进行。在掌握一定的心理资料后，再较系统地分析被观察者的意识倾向，社会交往结构和需要结构，从中发现可能犯罪的征兆。对于一切可能犯罪的征兆，还应该进行重点观察，以便弄清反常真相的原因，防止被假象所迷惑，被偶然情况所误导。

（二）调查法

有关被预测个体的许多资料无法通过观察法获得，往往需要把观察法与调查法结合使用。调查法主要包括访谈法、活动产品分析法、问卷法等。

1. 访谈法

访谈法包括与被预测者直接交谈、与知情者交谈两种方式。直接交谈中，谈心者必须有正确的态度，既要诚恳，使对方感到善意，又要自然，使谈话气氛活跃。谈心者可以从对方感兴趣的话题入手，引起对方谈话的欲望，从而可以广泛地进行思想交流。在谈话时，要多用启发式，少空洞说教。如果预测对象已经形成犯罪心理，谈话很难深入进行，因为谈话对象已具有掩饰其真实想法的意识，以防犯罪意识被他人窥破。因此，在谈话中，回避深谈，甚至表现出厌烦对立情绪，也是一种可能的犯罪前征兆，这也为预测者提供了重要迹象。与知情者交谈是指和那些熟悉、了解被预测者的人交流，比如被预测者的家庭成员、同学或同事等，从而间接地获得有关被预测者的表现材料，而且可能会发现直接访谈无法获得的资料，这些资料对于预测职务犯罪行为来说非常重要。

2. 活动产品分析法

这种方法是从被预测者活动的产品中，即在主观转化为客观的实物里面去寻找其心理痕迹。所谓活动产品，包括被预测者的工作日志、工作记录、日记、著作以及 QQ 空间、微博、微信等。这些活动产品常常能够体现出活动主体的个性特点以及实际活动时的心理状态。另外，在分析活动产品时，还必须参照被预测者过去的产品及其个性心理，因为只有了解被测试者过去的情况，才能发现当前产品的变化情况；只有了解其个性特点，才能准确判断产品中的差异是否能够表明心理变化的本质问题。从活动产品中可以分析出个体的两方面的心理活动痕迹：①兴趣指向。能够反映出被预测者的兴趣指向的活动产品主要有常浏览的网站、音像制品、报纸杂志、文艺作品等。②情绪状态。QQ 空间、微博、微信和职业活动最能表现一个人的情绪状态。例如，一个平日里工作非常认真的公务员忽然间工作散漫起来，工作记录混乱，这就是分析他心理的非常好的线索之一。再比如有些公务员在 QQ 空间或微信里表露出对工作、对上级、对同事、对政策的不满，甚至表现出与犯罪行为有关的功机，那么，通过分析他的记述可以预测他的内心世界。

3. 问卷法

问卷法与访谈法有着相似之处。不过，问卷法采用书面的形式提出一系列问题，要求被预测者做出封闭性或开放性的反馈，例如，"你喜欢一个人工作吗？""你是否想到过买彩票中大奖？""你常常感到缺钱花吗？"诸如此类的问题，要求被预测者做出肯定、否定或无法判断的答复。在使用问卷法进行公务员犯罪预测时，应当尽量使被预测者对问卷内容作出真实的反应。这要求问卷的设计内在效度高而外在效度低，例如"你是否会利用职权谋取私利？""你是否会利用财务制度的漏洞进行贪污？"这类问题过于敏感而显得不明智，因为很少人会对这类问题作出肯定性的回答，有关敏感性的问题应该带有迂回性，不是直接体现被预测者的心理状态，而是通过分析所谈问题的答案，间接反映出其心理活动。此外，以问卷答案作为预测的唯一根据也有不妥，问卷法获得的资料应该与其他资料结合起来做出预测。

南京在全国率先推出《公职人员职业风险心理评估手册》

2013 年 12 月 27 日，鼓楼区检察院推出《公职人员职业风险心理评估手册》，通过让公职人员回答 34 道测试题的方式，测出离职务犯罪的"距离"。据了解，这一做法在全国尚属首次。

据介绍，2008 年时，南京大学犯罪预防与控制研究所就与鼓楼区纪委、鼓楼区检察院联合组成课题组，面对面访谈 47 名职务犯罪人员，持续开展职务犯罪心理预防调查。为深入剖析职务犯罪心理发生、发展、演变规律，2011 年，又对近 200 名职务犯罪罪犯进行了问卷调查，对职务犯罪心理构成特征、演变过程、外化模式、演变规律进行了深入研究，形成国内首份职务犯罪的心理调查报告。

鼓楼区检察院工作人员介绍，调查显示，几乎所有职务犯罪罪犯都曾接受过形式不同的反腐败教育，但他们普遍认为目前的反腐教育流于形式，单方面地指责罪犯素质差，很少具体分析导致他们犯罪的具体原因，或只是泛泛而谈如何预防职务犯罪，缺乏指导受贿后如何中止的方法。为此，对公职人员，特别是领导干部进行必要的心理辅导，让他们更好地了解职业的风险、心理的健康，掌握调节心理的正当途径和方法，对于防止他们心理问题恶化、行为出轨甚至违法犯罪都有着积极的作用。

这本《公职人员职业风险心理评估手册》上的 34 道测试题就是根据这份调查报告而推出的，从动力因素、调节因素、特征因素、心态因素、潜意识等 5 个方面自测腐败心理倾向，进行风险评估。只要公职人员答完这 34 道题并算出得分，就可知道自己的腐败心理指数。主导此次调查的南京大学教授狄小华解释说："某一因素风险的高低直接说明这一因素在多大程度上接近职务犯罪心理的构成。如动力因素的评估如果是高风险，就表明它已经接近甚至达到职务犯罪心理结构中动力因素所需要的水平，但还不能说已经具备了职务犯罪所必需的心理条件。只有当调节因素、特征因素和心态因素都处于高风险时，才能说明已经实施过犯罪或犯罪正在逼近。"

鼓楼区预防职务犯罪指导委员会副主任、鼓楼区检察院检察长杨建萍表示，手册推出之前已在部分单位开展测试，获得较高的评价。下一步，将根据实际反映继续改进设计，为职务犯罪预防提供更加有效的"读心术"。

公职人员职业风险心理评估手册

※职务犯罪心理的动力因素评估

①你认同"人无外财不富"吗？

②你认同"有权不用，过期作废"吗？

③你认同"不腐败就会被边缘化"吗？

④你对金钱和珠宝字画等财物的渴望？

⑤你对当官或者升官的渴望？

⑥你对婚外情或者婚外性生活的渴望？

⑦你对党和政府有效遏制腐败的信心？

⑧你对自己履行公职的责任感？

弱（1分）一般（2分）较强（3分）很强（4分）特别强（5分）

1. 你认同以下说法吗？

①领导权威体现在说了算。

②官员应当按其职位享受相应特权。

③对单位做过贡献就应当享受待遇。

2. 你经常面临以下诱惑吗？

①吹捧、拍马屁，很少听到批评甚至提醒。

②请客送礼或者其他形式的免费高档服务。

③被安排接受各种形式的异性服务。

3. 你认同下列描述吗？

①单位或者一些事上我说了算。

②我很享受三公消费。

③我很习惯免费消费和他人送礼物。

4. 你认同以下对你收礼情况的描述吗?

①只收数额或者价值不超过 5000 元的金钱或者礼物。

②每收别人礼物都会进行激烈的思想斗争。

③很少关注他人送什么和礼物的价值或数额。

5. 你认同以下说法吗?

①礼尚往来只要数额不超过 5000 不是受贿。

②只要没造成单位损失收礼不构成犯罪。

③法不责众大家捞好处自己捞些不会出问题。

※职务犯罪心理的特征因素评估

①法不责众,周围人腐败没事自己也不会有事。

②过去收礼送礼都没事,现在收或者送也没事。

③抓到的毕竟少数,自己难得收礼不会有事。

④是多年的老关系送的礼,他可能不会出卖自己。

⑤我被领导所倚重,自己有问题领导会保的。

⑥在司法机关有铁的关系,即使有问题也不怕。

⑦都是以合法的形式拿的别人的好处肯定没事。

⑧即使被查只要自己硬扛着也不会有什么事的。

测试结果

很不认同（1 分）中立（2 分）认同（3 分）很认同（4 分）非常认同
（5 分）

低风险：每一问题的得分都低于 3 分。

中风险：有一个问题或多个问题,或每一个问题的得分介于 3 ~ 4 分。

高风险：有一个问题的得分是 5 分就意味着面临高风险,考虑到说服自己犯罪的借口具有随机性,因此脑子里犯罪借口越多,那么参与犯罪动机斗争的可能性就越大,由此,犯罪风险还随着得 5 分数量而提高。

※ 职务犯罪心理的心态因素评估

①自己的晋升取决于领导是否赏识。

②自己在单位受到了不公正的待遇。

③周围人都富了自己却还条件一般。

④努力工作多年没有功劳也有苦劳。

⑤升职没有希望来点实惠才是真的。

⑥关系不和谐回到家也找不到感觉。

⑦领导赏识同事羡慕正春风得意时。

⑧爱人或者子女常抱怨条件不如人家。

测试结果

很不认同（1分）中立（2分）认同（3分）很认同（4分）非常认同（5分）

低风险：每一题得分都低于3分。

中风险：只要有一题得分为3或4分，则处于中等风险。

高风险：二题以上得分为4分，或至少一题得分为5分。

※职务犯罪的"潜意识"因素评估

①收受礼物我只关注谁送的而不关注送了什么。

②我与因业务而结识的朋友关系已经你我不分。

③我与因业务结识的朋友的礼尚往来不再避嫌。

④接受别人贿赂时已经没有收与不收的思想斗争。

⑤已经形成将贿赂的财物转化为合法收入的渠道。

测试结果

很不认同（1分）中立（2分）认同（3分）很认同（4分）非常认同（5分）

低风险：每一题的得分都为2分以下（包括2分）。

中风险：至少一题得分为3分。

高风险：至少一题得分在4分以上，得高分题越多犯罪恶性越大。

（案例来源：《南京日报》，2013年12月30日）

第二节 职务犯罪心理预防

犯罪心理预防包括犯罪心理结构形成的预防和犯罪行为发生的预防。前者是在研究犯罪心理结构形成、发展和变化规律的基础上，为家庭、学校和社会提供犯罪心理预防的建议，以便更好地培养和保护社会成员，特别是青少年的健康成长，防止他们形成犯罪心理，发挥社会治安综合治理的最大效能，从这个角度上进行的心理预防也称为一般预防。廉洁教育进课堂和社会廉洁风尚的宣传与教育就属于一般性的职务犯罪心理预防。犯罪行为发生的预防是在研究犯罪行为发生规律的基础上，为国家职能部门、企事业单位、社会团体、人民调解组织、公安、检察、法院、监狱、劳教等部门提供预防突发性犯罪行为的发生、揭露犯罪以及改造罪犯的建议，从这个角度进行的心理预防也称为特殊预防。

一、一般心理预防的内容和原则

（一）一般心理预防的内容

1. 排除和减少主体外环境中的消极因素

美国犯罪心理学家萨瑟兰的不同接触理论和班杜拉的社会学习理论，都强调个体形成犯罪心理是与不良的环境接触因素有关，是学习他人的犯罪经验的结果；我国南宋理学家朱熹所说的"近朱者赤，近墨者黑"，也表达了同样的犯罪心理学思想。这些都说明，个体生活在其中的环境及其社会交往对个体（尤其是青少年）品德的形成至关重要。因此，要加强社会主义核心价值观建设，净化社会环境，弘扬正气、抵制歪风，形成崇尚廉洁的文化自觉，以防止腐败风气的蔓延和职务犯罪动机的萌生。

2. 防止犯罪心理结构的形成

生活在同一微观环境中的个体，有的能洁身自好，自觉抵制各种不良习气的影响；有的却反其道而行之，与不良环境同流合污，使原本已不纯净的环境更加污浊，形成一种恶性循环。这种差别产生的原因，在于个体原有的心理是否健康，是否具备良性的心理选择机制。因此，应当引导个体形成正确的人生观、世界观，养成良好的行为习惯，保持积极的情绪、情感活动，防止个体形成不良的需要结构。因为具有不良需要结构的个体，在一定诱因的刺激下，较易产生犯罪动机，导致犯罪心理的形成。

（二）一般心理预防的原则

1. 主体外因素的预防

从主体外因素看，影响和诱发犯罪动机形成的主要是不良的社会环境，特别是小社会环境，包括家庭的不良影响、单位的不良风气以及不良的人际交往等因素。这些不良因素通过各种渠道，通过文化生活的侵蚀来毒化个体的心灵。因此，有必要进行主体外因素的预防，排除和减少外在环境中的消极因素。具体预防措施如下：

（1）政府应当在发展经济、提高综合国力和人民生活水平的前提下，保证各项政策的稳定性，坚定不移地进行反腐倡廉工作，使人民群众生活在安定的政治环境和充满生机活力的经济环境之中，防止人们形成信仰型犯罪心理、物欲型犯罪心理。习近平总书记多次强调"自然生态要山清水秀，政治生态也要山清水秀"，社会风尚更要风清气正。

（2）净化文化环境，加强廉政文化建设。"廉政文化以崇尚廉洁、鄙弃贪腐为价值取向，融价值理念、行为规范和社会风尚为一体，反映人们对廉洁政治和廉洁社会的总体认识、基本理念和精神追求，是社会主义先进文化的重要组成部分。"[1]营造良好的社会文化氛围，有利于全社会形成积极健康的社会风尚，防止产生犯罪心理。

（3）加强法治建设和执法人员的队伍建设。全面落实依法治国基本方略，坚持法律面前人人平等。对职务犯罪人的刑罚应当公正、适当、及时，不宜畸轻畸重。

（4）家庭作为社会的细胞，家庭对个人人生观、世界观的形成具有重要影响，家庭成员的相互影响和帮助，对于领导干部预防和抵制腐败具有不可替代的作用，家庭不仅是防腐拒变的一道重要防线，更是预防职务犯罪的重要阵地。

（5）学校作为文化教育、思想教育的场所，应当采取各种措施完善教育内容，避免过度重视应试教育而忽视素质教育等现象的出现。现代学生在校时间越来越长，家庭活动和交流的时间在逐步减少，因此，更应重视学校在培养行为中的重要地位。受挫和失落感是异常行为的原因。很多理论家都认为，如果一个人经过合法的努力而毫无成功的希望，那他就会滑向邪道，以取得成功和支持。

2. 主体因素的预防

个体的心理活动内容，就大多数人来说，既包含积极的因素，也包含某

---

〔1〕 中央纪委、中央宣传部、监察部、文化部、广电总局、新闻出版总署：《关于加强廉政文化建设的意见》。

些消极的因素：一般来说，积极因素占主导地位。如果消极因素占主导地位，并且形成相对稳定而有机的结合，在一定条件下，就有可能演化为犯罪心理。因此，一般预防中的主体因素预防，就是要注意加强对个体的社会化过程的监督，使其具有良好品德和文化素养，增强其自身的心理"免疫力"，能够有效地防御不良因素的侵蚀。主体因素预防的主要原则如下：

（1）早期预防原则。在个体未成年阶段，就应当对其实施全面的社会化教育，培养未成年人形成正确的道德观、价值观，掌握正确的认知方式、思维方式以及一定的知识经验和劳动技能，养成劳动习惯，培养自食其力的能力和按劳分配的理念，防止个体的社会化过程出现缺陷。

（2）心理健康原则。家庭作为未成年人活动的主要场所，不仅担负使孩子的身体健康成长的责任，而且还应当担负使孩子的心理健康成长的重任。个体心理健康与否，对其能否自觉抵制不良环境的侵蚀有着重要作用。因此，注意心理卫生，保持心理健康发展是犯罪心理预防的原则之一。

如何维护和保持心理健康，以及出现心理失衡时怎样恢复心理平衡，是个体进行犯罪心理自我预防的一个重要方面。主要措施如下：[1]①树立正确的世界观、人生观；②不对自己过分苛求，把奋斗目标确定在自己能力所及的范围内；③对他人期望不要过高，以免产生失望感；④学会情绪的自我调控，排除愤怒情绪；⑤多找朋友倾诉或进行心理咨询，以疏导积郁的情绪；⑥自我娱乐，防止心情压抑；⑦不盲目地处处与人竞争，以避免过度紧张；⑧积极参加社会活动，扩大人际交往。

（3）防微杜渐原则。"勿以恶小而为之"，是告诫人们应当时刻反省自己的言行，如果发现自己有一些私心杂念和不良行为，要及时更改，挖掘思想根源，不因为"恶小"就对其轻视，因为"小恶"的积累就可以变为"大恶"。防微杜渐原则，有两层含义：①个体要进行犯罪心理的自我防御，就应当避免做那些极微小的损人利己之事，树立正确的义利观，发现不良或违规行为，就应当警惕，防止积小过为大过。诚实做人，诚信做事，勤俭敬业；②家庭、社会应当切实关心个体的成长，发现错误及时指出并给予帮助，并进行正确的引导，各级政府和企事业单位也应关心职工的工作和生活状况，对内部职工和其他领导成员的不正之风问题，贪污、挪用或盗窃小额公款或

---

[1]　罗大华主编：《犯罪心理学》，中国政法大学出版社 2014 年版，第 499～500 页。

者其他公私财物问题，应及时加以处理，不能放任不管。有不少国家公职人员的贪污腐化就是从一张购物卡、一包土特产开始的。

（4）启发自觉原则。即应当使个体自觉认识到进行犯罪心理的自我预防的重要性，并积极地用社会规范来约束自己的言行。外因总是通过内因才能发挥作用，无论家庭、学校、社会创建多么优良的生存环境，对个体进行多么细致的说服教育，都必须能够反映到个体的头脑之中，并通过个体的认知选择和加工，才能发挥心理预防的功能。因此，个体必须认识到自觉遵守各种规章制度尤其是党纪国法的重要性，党员干部更要自觉提高党性修养，自觉遵守中央八项规定精神的要求，坚决抵制"四风"。

（5）持之以恒原则。这个原则包含两层含义：①进行自我防御的个体始终保持高度的警觉性，防止自己产生不良的心理品质，不能时紧时松，短时的放松即有可能让有毒病菌乘虚而入。如某甲身为国家公务员，一向严于律己，拒收任何形式的贿赂。一次某乙有求于某甲，如按原则办事，某甲将无法满足某乙的要求，于是乙以三寸不烂之舌，劝说甲收下小笔贿赂，甲也因为这笔贿赂而使生活过得宽松少许。此后，某甲认识到为别人大开方便之门的好处，受贿行为一发不可收拾。②家长和教师对未成年人的思想道德教育和行为引导应当常抓不懈。因为未成年人尚未形成固定的世界观，易接受新事物，而且对事物的辨别力较低，良莠不分，因此家长和教师应当始终如一地关心和教育他们。防止因一时的疏忽而酿成终身悔恨的结果。

（6）导之以行原则。即引导社会成员把对道德和法治的认知、情感变为行动，在实践活动和交往中，不断消除不良的行为习惯，养成和巩固良好的行为习惯，培养和锻炼坚强的意志力。只有当良好的品质转变成经常自觉的良好的行为习惯时，犯罪心理的预防才能真正得以实现。如果只是心中所想，不能落实到行动，那么，对社会规范的遵守也只能是一句空话。

二、职务犯罪心理预防的原理

（一）职务犯罪心理预防的核心目标是培养公民的健全人格

职务犯罪心理预防的核心目标是使全体公民，尤其是公务员群体养成健全的人格。只有实现了全体公民的素质提高与人格完善，才能形成有利于国家公职人员人格完善和修养提升的大环境，形成有利、有效的监督机制。总之，全体公民的人格健全是职务犯罪心理预防的宏观条件，而国家公职人员群体的人格健全则是职务犯罪心理预防的直接条件。关于如何理解"健全人格"的概念，不同学者有着不同的理解。弗洛伊德认为，人格是本我、自我和超我三者的和谐统一状态；荣格认为，人格是发掘和展现精神世界中被压抑的"无意识阴影"的过程，因此，人格是自我展现的过程；存在主义学者把人格理解为能够表现出"存在的勇气"的状态。在这里，我们把人格理解为人类的内在的充实状态，即人格系统中的各个成分，包括爱的情感、道德情操、世界观以及性格、气质、能力等个性特征，获得充分而协调的发展。

具有良好的自我认知、社会适应能力和自我控制能力，是人格获得健全发展的标志之一。健全人格总是表现为能够冷静地面对和应付外界环境的压力和诱惑，能够建立起良好的社会交往关系，并且能够使自己的价值得到实现，使自己的创造力得到发挥。换言之，他们总是能够以积极的姿态、合乎规范的行为方式来获得自我的实现，对于健全人格概念持有不同理解的不同学者在这一点上不约而同地取得了共识。例如，人本主义学者马斯洛指出："自我实现的人的特点之一，是对自然和社会环境的相对独立性……这种独立性表现出面对严重的打击、刺激、挫折、剥夺等恶劣环境而显示出相对镇静的态度。即使某些情况可能导致其他人自杀，但是这一类型的人却能保持相当的宁静与幸福感。因此，他们又被称之为自我控制型的人。"这一观点对于职务犯罪心理预防具有重要的指导意义，对于国家公职人员的素质与人格培养来说，我们就是要培养这种自我控制和自我实现型的人格，使他们面临诱惑、面临某些不利的社会因素时保持冷静和清醒的作风，对待大是大非的问题做出正确的选择。

（二）职务犯罪心理预防是自我控制与外在控制的结合

职务犯罪心理预防并不赞赏那种"物质般强加在个体身上"的纯粹的外在控制。而是特别强调人的自我控制与外在社会控制之间的相对均衡。人格的形成与改变取决于外部环境的塑造和个体的自我修养这两个方面的作用。

首先，职务犯罪心理预防承认人的内在自我控制的重要性，并且认为增强个体的自我控制能力是最终目标。自我控制能力作为精神性存在的人类个体所特有的一种能力，它是由人的道德感、社会责任感、良心、羞耻心等所组成的个体的自我调节和行为缓冲机制，它使人在复杂的情境中或发生不良行为的临界点能够表现出充分的理智和冷静，可以避免人们发生过激行为或者不理智行为。应当看到，有些国家公职人员的自我控制能力相当强，在不利的情境下也能较好地驾驭自我，自觉抵制不良思想的侵蚀，不选择违纪违法的方式解决自己面临的问题；但是，有的人自我控制能力相对较差，他们比较容易受到社会上不良思想的影响，遇到一些微小的刺激后，心态会发生较大的波动，甚至可能会铤而走险，做出不利于国家和社会的事来。

其次，职务犯罪心理预防在上述前提下特别强调个体的内在自我控制与外在社会控制之间要保持相对平稳，二者的适度是维持这种平衡的基本条件。那种把职务犯罪心理预防仅仅理解为作用于个体的单纯外在社会控制，而忽视了个体的主体作用的行为主义观点是不科学的，其逻辑后果是个体自由与尊严的剥夺，这种纯粹的外在控制造就的不是合格的国家公职人员，而是不作为的工作人员；反之，如果把职务犯罪预防理解为单纯的心理预防，并且进而把心理预防等同于个人自我控制的观点是错误的。事实上，职务犯罪心理预防的关键在于实现个体与社会的相互协调、内在的自我控制与外在的社会控制的相对平衡，关键在于个人与社会、与管理制度之间良性的均衡互动。因此，培养心理健康、人格完善的国家公职人员是实现上述协调与均衡的关键所在。而这一点恰恰是职务犯罪心理预防所要完成的任务。

（三）职务犯罪心理预防是国家公职人员持续社会化的过程

职务犯罪心理预防是一个长期的过程，是指国家公职人员个体的社会化过程，其中包括他们的自我修养过程，而不是指某几种心理学技术或心理措施的简单集合。可以说，全体公民的社会化和继续社会化过程的顺利完成，就是最好的职务犯罪心理预防措施，因为健全的人格、良好的自我控制能力和社会适应能力都是在这个过程中获得的。这个过程开始于个体的早年时期，并且贯穿于人生的整个历程。这个过程不是社会或者个体的单方面活动，而是社会与个体的双向互动过程。由此可见，为保证国家公职人员个体的社会化和继续社会化的顺利进行，加强社会教育和自我教育十分必要。

（四）职务犯罪心理预防是一种积极预防

职务犯罪心理预防是一种积极预防，其主要对象应该是全体在职和接受训练的公职人员，而不仅仅是已经成为罪犯的职务犯罪人。不可否认，那些已经犯罪或曾经犯罪的职务犯罪人身上存在着更多的心理问题和个性缺陷，更需要采取一系列的手段予以改造和矫治。但是，把大量精力和时间花在预防普通公职人员职务犯罪上来，防患于未然，更具有价值，也会取得更大的收益。根据成本——效益原则的防病优于治病的原理，必须把主要的精力和更多的物力投入到普通的公职人员身上，加强这个队伍的建设，惩前毖后，治病救人。

三、职务犯罪预防的心理依据

从人的心理活动来说，主体意识支配个体的行动。但是，人的意识不是天生就有的，而是主体在社会化过程中逐步形成的具有人格特征的经验体系。如果主体在社会化的过程中存在缺陷，就会导致意识的极端偏颇，构成职务犯罪的心理基础。意识极端偏颇的个体只顾自己、不管别人，一旦遇到适宜的犯罪机会，就有可能做出违反法律和危害社会的活动来。人的意识既然是在社会实践中形成，当然可以在社会实践活动中予以完善，其中的关键在于做好职务犯罪的心理预测。通过职务犯罪心理预测，可以发现那些具有犯罪倾向和犯罪意识的公职人员，及时开展思想教育和心理疏导工作，就能见微知著，防患于未然。

（一）刺激——反应的规律

心理学关于刺激——反应的理论认为：外在的刺激会在主体的大脑皮层形成一个兴奋中心。由于主体在其所处的直接环境中往往接受着多种刺激，不仅有正确的人生观、道德观、价值观的教育，也有腐朽思想和不正确的观点的腐蚀。这两种不同的刺激如果同时作用于一个人，主体的大脑皮层就会形成两个兴奋中心，如果积极性中心大于消极性中心，那么，积极中心就会导致对消极性中心的抑制。反之，消极性中心大于积极性中心，那么消极性中心的扩展就会导致对积极性中心的抑制。如果前一种情况出现，主体会做出积极性反应；如果后一种情况出现，主体则会做出消极性反应。因此，只要人们对主体加大积极性刺激的数量和强度，就可以使主体做出积极性反应，接受社会给予的正面教育。在此基础上如果继续加强积极性刺激，就有可能巩固积极反应的成果，逐渐形成一种良好的心理定势。对于职务犯罪预防来说也是如此，只有不断地加强对公职人员的积极性刺激，或者在他们面临消极刺激时做出具有积极性的引导，才有助于公职人员形成良好的心理定势。

（二）意识心理的可塑性

意识的形成过程充分证明了意识心理活动的可塑性。对于消极意识只要采取适当的方法也是可以改造过来的。意识的核心是主体的人生观。主体从自己的人生观出发去审视世界，不同的人生观有不同的审视标准，对于那些符合自己人生观的外界信息就吸收，不符合自己人生观的信息就排除。这种审视世界的标准，如果在自己后来的社会实践中被证明不恰当，主体也会从中接受教训并加以修正，这就是意识的自我调节。

人们可以利用意识的这种反馈作用帮助存在消极意识的个体。对于职务犯罪的预防来说也是如此，公职人员的培养和教育机构应当提高公职人员辨别是非的能力，学会正确区分善与恶、美与丑、真与假的界限。总之，要加强公职人员对自身意识的调节作用。这种调节作用只要被个体接受，就会转化为自我调节而起作用。意识的可塑性要求对于意识问题必须加以辨证施治。对于意识的极端倾向，需要善于进行批判性的教育，以强化其头脑中的积极性中心。教育者要善于分析个体行为表现的性质，指出其发展下去的危险性，警告其防微杜渐，警告其悬崖勒马，努力提高少数已经滋生了犯罪心理的公职人员的思想觉悟，增强他们的自我调节能力。

（三）需要心理的可调性

需要是人们进行各种行为活动的原动力。人们为了满足需要而进行各种各样的活动，而少数意识极端偏颇的公职人员个体可能会为了满足畸形的需要而选择犯罪的行为方式。每个人都同时拥有多种需要，公职人员也不例外，他们有生理的需要、物质生活的需要、尊重的需要、自我实现的需要等，各种需要都有不同的水平，各种需要在整体需要结构中的比重也有不同，但是，其中必有一种优势需要，这种优势需要在推动他们的活动方面起着主导作用。

由于优势需要的发展，容易形成不同的动力定型。例如，欲求型的个体容易因为过度追求物质或性欲的需要满足而犯罪；发泄型的个体容易由于激情和迁怒引起犯罪；表现型的个体容易因为挑衅、嫉妒而犯罪；寄托型的个体容易进行迷信活动犯罪。因此，要想调整好工作心态，关键在于正确对待优势需要，使用合法的方式来满足需要。例如，对于那些在物质财富方面具有较强欲求的人来说，应当引导他们建立正确的金钱观和价值观，或者帮助他们解决增收与开支之间的关系；对于那些追求异性刺激的人来说，应当帮助他们建立正确的恋爱婚姻观，引导他们进行正当的恋爱活动；对于那些争强好胜的人来说，可以引导他们把精力放在工作上或体现在工作业绩方面。

对于公职人员进行有关需要的教育是十分必要的，要使少数存在着畸形需要的公职人员明白：个人的需要只有同社会需要相一致、相互促进才能得到满足；个体的当前需要只有同长远需要相一致，当前需要和长远需要才能有所保障。否则，只顾及个人的当前需要而忽视了长远需要、忽视了社会需要就会失去自己的前途，也无法满足今后的长远需要。

因此，对公职人员加强教育，对有犯罪先兆的少数人员加强引导，满足他们的合理需要，教育方法得当，他们自然会增强自制力，自觉调节自己的需要结构，避免走上犯罪的道路。

（四）情感心理的可导性

个体的情感心理具有两极性的表现，一极是积极情感，一极是消极情感。两者互相联结，互相依存，互相转化。在一般人的生活中，往往出于某种刺激，引起消极情感的爆发，最终导致不择手段地干出危害社会的行为来，这就是激情犯罪。激情犯罪往往不是因为犯罪人的品质有多恶劣，大多出于一时的冲动，而犯罪人自身又非常缺乏自我控制能力，最终导致消极情感的集中爆发，具有很大的偶然性。例如，对上级的批评不服气，或者对同事的疏远感到不满，对某人不礼貌的行为感到反感，对下级不顺从的行为感到愤慨等。

激情犯罪有两种表现形态，一种是突发式发作，就是当个体被触怒以后，立即采取杀人、伤害、诽谤和破坏等行为；一种是积蓄式发作，这种类型发作方式有一个情感的酝酿过程。前一种表现形态经常与主体的气质有关，对于这种个体要在平时进行冷静处事的教育，以防止遇事不冷静而做出违法犯罪的行为来；后一种表现形态在情感的酝酿过程中，主体大多表现出许多反常现象，例如饮食失常、彻夜不眠、扬言报复、为犯罪创造便利条件等。这些征兆都可以被有关机构事先察觉。对于后一类个体来说，可以根据他们心理反常的征兆进行疏导工作。在进行疏导和教育时，疏导人员应当是当事人信得过的人员，或者是他们心目中具有权威的人。疏导人员应该从关心他们出发，引导他们进行情感发泄，让他们内心压抑的愤怒和消极情感充分的表现、发泄出来，以减轻他们的心理压力。其次，在疏导的基础上，让他们冷静下来。然后慢慢地进行思想政治教育，使之意识到只有正确地处理矛盾，才能使问题得到彻底的解决，从而避免发生违法犯罪行为。

段义和——制造震惊全国的炸死情妇案

段义和，曾任的最高职务为济南市人大常委会主任。被告人段义和于1993 年至 1995 年在山东省聊城地区挂职地委副书记期间，与宾馆女服务员柳海平相识。1997 年段义和利用职权将柳海平安排到济南市工作，并与其长期保持不正当两性关系。期间，柳海平不断向段义和提出种种要求，段义和逐渐对其厌烦而又难以摆脱。

2007 年 2 月以后，段义和与侄女婿被告人陈志多次密谋，企图以制造交通事故、伪装抢劫等方式，致柳海平伤残，使其失去纠缠能力，最终商定采用爆炸方法。为此，段义和向陈志提供了柳海平的工作单位、住宅地址、个人照片、房门钥匙、汽车遥控器等物品。陈志找到被告人陈常兵，告知其犯罪意图，陈常兵同意帮助实施。

2007 年 3、4 月，陈常兵向陈志提出可以使用遥控爆炸的方法，并商定由陈志负责准备炸药、雷管，陈常兵负责制作遥控爆炸装置。陈志将此方法告诉段义和，段义和同意并亲自向他人索要炸药未成。2007 年 4、5 月，陈志向廉德金（另案处理）索要了 5 枚雷管和约 2 公斤硝铵炸药，陈常兵用汽车旧防盗器制作了遥控装置。两人进行了两次试验，均引爆成功。

此后，陈志、陈常兵共同制作了作案用的遥控爆炸装置。在段义和的催促下，2007 年 7 月 9 日 17 时许，陈志与陈常兵二人携带爆炸装置到济南市国土资源局附近柳海平的停车处，由陈志用遥控器打开柳海平的车门，将爆炸装置塞入驾驶员座位下。后二人驾车跟踪下班回家的柳海平。17 时 30 分许，当柳海平驾车行至济南市市中区建设路 52 号附近时，陈志用遥控器引爆炸药，致柳海平当场被炸死，同时，致两名过路的群众受伤，柳海平所驾车辆与一辆行驶至此处的出租车毁损。

作案后，陈常兵开车与陈志逃离现场。陈志将遥控器和手机砸毁并沿途丢弃，回到家后其打电话告诉段义和"事已办好"。

被告人段义和犯爆炸罪、受贿罪、巨额财产来源不明罪，并以爆炸罪被判处死刑，剥夺政治权利终身。

（案例来源："人民网"，2015 年 5 月 5 日）

第三节 职务犯罪心理预防的策略

心理学告诉我们，人的心理现象虽然很复杂，但并不是杂乱无章的，各种心理现象之间存在着一定的联系，成为一个有结构的整体。各种心理现象以一定的方式联结起来，就形成了心理结构。因为心理现象都是关于对世界和自身的认识，因此，心理结构既产生于人的既往生活经验，又对人的未来生活的方向、范围、内容、形式和具体感受产生直接的影响。健康的心理结构对事物的发展起着积极的推动作用，扭曲的心理结构对事物的发展起着消极的阻碍作用。对于党政干部来说，良好而健康的心理结构对自身的成长进步起着积极的推动作用，使人意气风发，开拓进取，健康向上；不良而扭曲的心理结构，对自身的成长进步起着消极的颓废作用，使人丢掉党性，泯灭良心，腐败堕落。

因此，我们必须立足于心理源头，以"人性本利"及"失去监督的权力必然趋向腐败"的真理性认识为参照，紧紧抓住职务犯罪心理和职务犯罪机遇这两个核心，创新教育、制度、监督和惩治机制，筑牢职务犯罪的心理防线，实现预防和减少职务犯罪的理想境界和最高目标。[1]

一、深化教育，重点治心

坚持从个体心理结构出发，创新心理教育制度，通过建立心理教育和道德约束体系，重在坚定理想信念，着力解决好世界观、人生观和价值观问题，提高公职人员的心理防治能力和心理素质，在内心对贪污腐败产生厌恶感，并主动抵制和反对职务犯罪。

（一）搞好心理分析预测，预防和抑制职务犯罪心理结构的生成和演变

职务犯罪心理是各种不良因素在个体心理上的综合反映，虽然看不见、摸不到，却可以通过个体的语言、表情、举止和行动等外在行为归因和追溯。一般情况下，外在行为总是从内在行为转化而来。因此，职务犯罪心理结构的发育和生长是有端倪、有规律、可预测的。一是宏观预测析诱因。根据一个时期社会政治、经济和文化生活的大环境、大气候，以及公职人员队伍的整体状况，分析这个时期内诱发职务犯罪的主要心理因素，从总体上把握职务犯罪的发展趋势。二是微观预测查苗头。对一个时期内已经发生的职务犯罪现象进行综合分析，测定短期内具体的犯罪类型，犯罪对象心理结构的形成特点，把握职务犯罪现象的变化规律，从中发现苗头和隐患。三是超期预

---

〔1〕 周玉清、李学良、赵隔华：《公务员腐败心理警示与防范》，经济科学出版社2012年版，第16～24页。

测抓源头。针对心理结构需要经历萌芽期、滋长期和成熟期这样三个发展阶段，立足于早期预防，及时发现职务犯罪心理结构的各种成分或因素，并有效地予以抑制和消除，破除或阻止职务犯罪心理结构的形成，力求早发现、早预防、早见效。四是信息反馈定对策，作为纪检、检察等反腐败的职能部门，要经常收集政治、经济、文化和生活等领域的各种信息，研究和预测公职人员心理健康状态，并进行实际观察、检验、处置，剖析职务犯罪心理结构内容，弄清原因，研究制定具体破除职务犯罪心理结构的有效方案，逐步实现从单项治理向预防性治理发展，从临时性应急措施向规范性制度建设发展。

（二）强化心理疏导，提高抵御风险的心理防治能力

预防实践充分证明，只有当个体从心理上不想腐败，才是内在动力，才能从根本上减少和遏制腐败现象的产生。一是坚持以治心为本，提高心理防治能力。必须把心理教育疏导纳入到政治教育体系之中，融入反腐倡廉建设之中，渗透到道德行为规范之中，并与思想教育、法纪教育、警示教育等相结合，着力解决好权力观、地位观、利益观问题，不断提高公职人员的心理防治能力，包括心理观察分析能力、心理沟通交流能力、心理和思维衔接能力等。二是理论联系实际，确立正确心理需要。心理教育疏导必须紧密联系世情、国情、党情和个人思想实际，在增强接受教育疏导的自觉性以及教育疏导活动的前瞻性、内容的针对性和形式的多样性上下功夫。特别是教育和引导国家公职人员尤其是党政干部树立正确的需要观，从调整不正当的需要结构着手，保护健康的心理需要，抑制脱离客观现实条件的无止境发展的物质欲望，防止因为个体不良需要的畸形发展而导致心理失衡。三是注意防止教育死角，增强心理教育实效。在教育实践中，有三种人容易成为教育死角，第一种是各级各部门少数领导干部特别是主要领导干部，因忙于各种事物而顾不上参加教育；第二种是经常在外流动的党政干部，自己不主动参加教育，组织上也未能及时补课；第三种是部分在领导身边的党政干部，因工作头绪多、种类杂，经常失去教育时机。心理教育疏导要特别重视这三种人，切实防止出现死角现象，确保心理教育的时间、内容、人员和效果落到实处。

（三）努力改造世界观，培养坚定的理想信念

理想和信念是党政干部的立身之本，是思想和行动的总开关。只要这个总开关不出问题，无论置身于什么样的环境，无论面对什么诱惑和考验，都

能够做到信念坚定，头脑清醒，心理平衡，身正行端，最大限度地抵御和减轻不良社会诱因的心理刺激。因此，必须把加强世界观的改造和建设作为战略性的任务，下功夫解决好与新形势、新任务不相适应的突出问题，特别是养成健康而过硬的心理素质，提高认识和把握自我的能力和意识，对于解决好当官做人，执政用权等重大问题，更显得尤为重要。一是落实科学发展观的要求，强化"权为民所用，情为民所系，利为民所谋"的公仆意识。二是认清权力与责任的关系，强化"权力就是责任和义务"的责任意识。三是当官先学法、履职会用法，强化"依法用权，民主用权"的法治意识。四是划清公与私的界限，强化"秉公办事、廉政勤政"的执政意识。五是坚持践行"四自"要求，树立"珍惜自己的政治生命和名节"的自律意识。党政干部只有以马列主义、毛泽东思想和邓小平理论为指导，忠实践行"三个代表"重要思想和科学发展观，对照"三严三实"进一步加强世界观改造和党性修养，培养和练就健康的、过硬的心理素质，永葆政治上的坚定性和道德上的纯洁性，才能不被形形色色的歪理邪说所迷惑，才能在人生的旅途中把握准方向、站稳脚跟、恪守清廉。

二、强化监督，重在治权

突出对领导权力的心理控制，创新权力监控制度，通过建立和完善监督、管理、控制机制，制定并落实权力运行的法律法规和廉政监督条例，强化对权力运行过程的有效监督和对个体的严格管控，有效防止权力失控、思想失察、行为失范，从客观环境上减少和清除职务犯罪的可能。

（一）完善权力规范机制，减少职务犯罪心理生成的条件

科学而合理地规范权力，是强化权力监督，防止权力异化，有效预防职务犯罪的前提和基础。一是建立和完善公共权力制衡机制。通过体制改革和职能转变，逐步实现党内决策权、执行权、检察权的相对独立和制衡，国家立法权、司法权、行政权的相对独立和制衡，经济领域中党的决策权、政府管理权、企业经营权的相对独立和分离。政府职能要向服务型、指导型转变，缩小政府管理范围，精简机构，最大限度地减少行政审批事项。二是优化和规范财政管理运行机制。通过深化财政制度改革，提高预算编制和执行的透明度，强化预算约束；改革财政资金拨付方式，增强财政收支透明度；建立统一的财政管理机制和相应的会计核算中心，杜绝"小金库"等突出问题。

三是改革和完善党政干部选拔任用机制，从严考察任用干部，建立和完善充分体现功绩原则的职务晋升制度保障性奖励制度。

（二）完善权力监督机制，消除职务犯罪心理积累的机遇

通过构建内容科学、程序严密、配套完善、有效管用的反腐倡廉制度体系，对权力运行过程实施严格而有效的监督制约，从而使监控机制更加健全，监控内容更加规范，监控要求更加具体，阻断和消除职务犯罪心理赖以产生和发展的客观机遇和必要条件。针对"监督难"的问题，要努力做到"三个结合"。一是坚持自上而下监督和自下而上监督相结合，加大监督力度，防止不经民主讨论，"一把手"说了算，把个人凌驾于组织之上而为职务犯罪的产生提供条件。二是坚持事前监督和事后处理相结合。通过建立健全用制度管权、按制度办事、靠制度管人的机制，把监督贯穿到权力运行的全过程，落实到任前、任中、任后，延伸到事前、事中、事后。三是坚持党内监督与党外监督相结合，努力做到领导干部的权力运行到哪里，党组织的监督就跟进到哪里，让监督始终与权力同行。

（三）完善责任追究机制，阻止职务犯罪心理结合的可能

近年来，党中央和国务院先后制定和颁发了一系列有关党风廉政建设的法规文件，各级党委和政府也出台了具体落实措施和细则，关键是要落实。在落实监督责任追究上，要把握好"四个环节"。一是责任落实环节，二是协调配合环节，三是检查考核环节，四是责任追究环节。要把问责置于高位，关口前移，强化职能。对于疏于监督管理，违反各项规定，触犯法律的各项行为，要依法依纪追究当事人的直接责任，又要严肃追究相关党委、部门和领导者的领导责任。

三、法纪结合，重在惩治

注重社会效益，创新腐败行为的惩治制度，通过建立具有强大约束力的法纪惩治机制，充分发挥党纪国法的震慑威力和警示作用，惩治违法行为，加大腐败成本，营造宽严相济的法治环境，从而使那些具有职务犯罪意念者望而生畏，从心理动机上不敢违法乱纪。

（一）建立和完善法纪惩治机制，充分发挥严厉打击的威慑作用

目前，我国仍处于社会主义初级阶段，市场经济体系尚未完全确定，与此相适应的政治体制、法律体系还需要不断地完善，相应的道德价值观念尚

未形成，党内和社会上腐败现象仍然继续存在。在这种特定的历史条件下，只有以严厉的态度惩治腐败行为，打击职务犯罪，才能产生强大的威慑作用，遏制职务犯罪心理的滋生。十八大报告中指出："要始终保持惩治腐败高压态势，坚决查处大案要案，着力解决发生在群众身边的腐败问题，不管涉及什么人，不论权力大小、职位高低，只要触犯党纪国法，都要严惩不贷。"因此，职能部门要加大查处腐败案件，尤其是职务犯罪案件的力度，严肃查办发生在公职人员身上的贪污贿赂、失职渎职案件，始终保持惩治腐败的高压态势，构成职务犯罪的，由检察机关按照法律程序，立案侦查、提起公诉和审判，依法予以惩处，最大限度地减少职务犯罪动机的产生，充分发挥严厉打击的威慑作用，有效地阻止职务犯罪心理结构的形成与外化。

（二）建立和完善案件警戒机制，充分发挥警示教育的震慑作用

注重社会效益，扩大惩处的政治、经济和法律效果，不断强化治本功能。一是推行阳光机制，使职务犯罪人无处藏身。"阳光是最好的防腐剂，路灯是最好的警察"，通过建立和完善法纪公开机制，对于现行的法律法规、规章制度和党纪政纪等，都要通过报纸、电视、网络等传媒公开；对于各类职务犯罪案件亦应公开审判、公开披露，加大大众媒体曝光力度，增强警示效果。二是加大职务犯罪成本，使职务犯罪得不偿失。加大腐败的法律成本，对腐败的公职人员，轻者按相关违纪条例处分，重者按刑入罪。加大腐败的政治成本，一旦涉嫌腐败犯罪就意味着政治前途的断送，身份地位的丧失。三是注重案后治理，使职务犯罪行为无机可乘，坚持查办案件与预防治本并进，加大案后治理力度，通过查办案件，认真查找制度、机制、管理等方面存在的漏洞和薄弱环节，提出从源头上预防和治理职务犯罪的具体措施，指导帮助发案单位进行教育整改，做到查处一批大案，整治一个系统，完善一套制度，教育一批干部，不给职务犯罪心理滋生蔓延与行为外化的空间环境和客观机遇。

四、以薪养廉，重在制衡

坚持物质利益原则，创新以薪养廉制度，通过建立适合我国国情的收入分配制度，健全社会保障机制和救济、福利机制，并逐步实现社会政治清明，官场弊绝风清，保证国家公职人员在位时有优厚的物质待遇，退休后有可靠的经济保障，内心无后顾之忧。当今世界上一些经济发达国家都把提高和保

障公职人员的物质待遇，作为预防和减少腐败的有效措施之一。创新以薪养廉制度，必须坚持物质利益原则，最大限度地满足公职人员正当的物质利益需要。要把思想教育工作和解决实际问题有机结合起来，针对公职人员面临的实际情况和后顾之忧，从政策制度上解决他们的进退去留问题以及福利待遇问题，使这方面的政策制度既符合社会主义初级阶段的现实，又符合市场经济条件下干部人事制度改革的要求，保证干部留者安心，退者满意，无后顾之忧。创新以薪养廉制度的前提是精简机构、精干队伍、提高效率，从而提高掌权者的人均社会贡献率和与之相对应的报酬。完善社会分配制度，适当增加党政干部的收入，加大廉政成本，使党政干部在合法的条件下获取相应的较高收入而弱化腐败心理；健全社会保障机制和救济、福利机构，使党政干部在岗时有优厚的物质待遇，退休后有优厚的经济保障。

当然，实行以薪养廉还有许多限制条件，特别是现阶段我们的国情不允许、客观条件也不具备。一是我国处在社会主义初级阶段，经济发展水平还比较低，物质财富还不丰富，尚不具备以薪养廉的物质基础。二是社会确实存在着分配不公、贫富悬殊的现实，仅靠提高党政干部的物质待遇来养廉不切实际。况且公职人员中的党政干部本来就是社会的精英群体，政治地位高，经济待遇好，历来备受社会公众的羡慕和向往，倘若再以高薪来养廉，也容易引起社会的不满。三是党政干部作为人民的公仆，需要物质利益，但不能靠物质刺激的办法来养廉，还应当有政治觉悟和奉献精神，否则，我们党的全心全意为人民服务的根本宗旨和践行"三个代表"重要思想就是一句空话。四是分析职务犯罪腐败案例，几乎没有一例是为了满足家庭生活物质需要而腐败作恶的，大都是因为贪婪而腐败作恶，是为了追求奢侈享乐、养情妇、赌博等而犯罪，任凭再高的薪金也难以满足贪婪的欲望和奢侈的挥霍。

但是，创新以薪养廉制度作为一种理论探讨，因其具有积极的、正面的、建设性的引导理念，可以说是具有超前防范的经济意义和应用价值。对于以薪养廉的思考和实践，应该下更大的工夫、投入更多的精力，积极探索既符合我国国情又立足于我国经济建设实际的以薪养廉制度。当前，必须充分考虑以下四个相对平衡的问题。一是公职人员的贡献与其所取得的报酬相对平衡。要坚持按劳取酬的原则，按贡献大小取得相应报酬，防止劳动付出与实际报酬不平衡；二是公职人员薪金水平与社会平均水平相对平衡，公职人员的薪水水平不能过高于社会平均水平，更不能成为高薪阶层；三是公职人员薪金提升幅度与社会经济发展总体水平相对平衡。薪金提升幅度必须以经济发展为前提和基础，切不可不顾经济发展水平而一味地追求高薪来养廉；四是党政干部心理期望值与广大民众心理承受力相对平衡。公职人员对薪金水平的要求，必须考虑人民群众的承受能力，决不能因为公职人员与社会阶层的收入差距过大而引发社会公众的不满情绪。倘若脱离基本国情和现实条件，忽视各种平衡问题，奢谈以薪养廉，甚至主张"高薪养廉"，不但在理论上是不切实际的空想，在实践中也是根本行不通的。

思考题

1. 简述职务犯罪预测的可能性与必要性。
2. 简述职务犯罪预测的心理科学依据。
3. 简述职务犯罪预测的具体方法。
4. 简述一般犯罪心理预防的原则。
5. 如何理解职务犯罪心理预防的策略？

第十一章

职务犯罪的心理矫治

随着社会发展的需要，学术理论的大融合已是一种趋势，心理学应用在法律领域也是非常普遍。它不仅应用于犯罪侦查和法庭诉讼等程序之中，还广泛地应用于监狱机构的改造工作之中。人们普遍认为，犯罪行为对社会具有危害，所以，社会与国家必须采取一些积极有效的措施来控制并改造罪犯。本章将主要论述监狱机构应如何针对职务犯罪人的心理特点，对他们施以心理干预和矫治。

本章论述的罪犯心理矫治的理论和方法，一是借鉴了国外的相关研究，这是因为在犯罪心理学的研究领域中，国内外存在许多共同性的东西，我们可以大胆地借鉴国外的学说与方法，以此来推动并完善我国的罪犯矫治的研究和实践。二是结合近年来国内心理矫治的最新成果，从中西文化的差异、国内外法律规定的差异和罪犯特征的差别角度出发，着眼国人心理特点，论述在中国文化背景和改革开放快速发展中我国职务人员犯罪及其改造的心理矫治。

第一节 职务罪犯心理矫治概述

职务罪犯的心理矫治过程包括对职务犯罪人进行心理诊断评估，制定心理矫治的计划，采用适当的心理干预技术，开展心理咨询、矫正、治疗等心理矫治，帮助职务罪犯适应监狱生活，并且做好迎接出狱后生活再适应的准备。

一、职务罪犯心理矫治的相关概念

目前，我们所谈及的罪犯心理矫治理论主要来源于英美等发达国家。国外的罪犯心理矫治理论与我国自己的罪犯改造理论存在着较大的差异，即使在英文文献中，也有几个与罪犯改造活动相关，并且含义接近的改造术语，它们往往交替使用，其概念的内涵和外延都比较模糊，现加以简单介绍。

（一）矫正

矫正（reformation），行为矫正，又称行为治疗，可以理解为心理治疗的一种。这种治疗方法所依据的"学习理论"认为，人的越轨行为和不良行为习惯的形成，包括某些所谓"症状"表现，都是在不良的环境中耳濡目染，或者是通过向不良榜样学习模仿而得来的错误行为。"既然一些病态表现和不良行为习惯是'学习'得来的，那么通过改变环境和条件，进行新的行为训练，也是能够减轻或消除一些症状，改变原有的不良行为习惯，形成某种新的，合乎社会要求的行为习惯的。"[1]

（二）改造

改造（rehabilitation）学说产生于19世纪末，它是早期矫正观念与实证科学相结合的产物。改造观念深受精神分析和精神动力等学说的影响。改造学说的核心概念是：犯罪行为是个人缺陷或者适应不良的产物，因此，如果想要改造罪犯，不能把目光仅仅停留在罪犯的犯罪行为上，更应该关注的是罪犯的自身。可以说，改造学说是心理学与罪犯矫正学说相结合的产物。产生伊始，改造学说就带有心理学的色彩，它非常强调对罪犯认知缺陷的心理学矫正。

（三）治疗

所谓治疗（treatment）实际上有两种含义：一方面它可以指矫正治疗，即以改造犯罪人为目标。在监狱中，矫正治疗包括对罪犯的诊断、分类、各种治疗活动、惩罚和改造预测。在这个含义上治疗可以和改造交替使用；另一方面，治疗也可以指对那些患有严重精神疾病的罪犯进行心理治疗。罪犯享有心理健康治疗权，因此，监狱必须向有严重精神疾病的罪犯提供这样的治疗。

---

〔1〕 何为民：《犯罪改造心理学》，法律出版社2002年版，第136页。

（四）干预

所谓干预（intervention）是指改造系统转变罪犯的各种活动，它可能会涉及专业人员提供的有计划的直接咨询，也有可能会涉及对罪犯进行其他形式的帮助活动。例如戒毒治疗，以及向假释犯提供经济援助或者临时性的工作。监狱系统的干预行为既包括向罪犯提供微观的服务，也包括向罪犯提供宏观的服务。

可以说，罪犯心理矫治活动包括很多方面的内容，我们可以将之为分为四类：第一类是罪犯心理咨询；第二类是罪犯心理治疗；第三类是罪犯行为矫治；第四类是罪犯的社会性治疗，其中包括各种娱乐活动和一般性的集体治疗。此外，为了充分开展上述活动而进行的罪犯心理评估和诊断活动也是罪犯心理矫治的一个组成部分。就发达国家的情况来看，罪犯心理矫治有如下重要特征：①虽然罪犯心理矫治计划都是针对罪犯而设定的，但是，罪犯心理矫治计划不仅在监狱机构内实施，在某些情况下，大量的罪犯心理矫治活动是在社区内开展的；②罪犯心理矫治的目标在于促进罪犯发生积极的变化，通过罪犯心理矫治活动使罪犯能够产生符合社会需要和法律、法规要求的、同时有利于罪犯身心健康的变化；③罪犯心理矫治是一系列相关活动的总和，凡是能够对罪犯产生积极影响、促进罪犯发生积极变化的活动均可以称之为罪犯心理矫治活动。

二、职务罪犯心理矫治的目标

国外对罪犯进行心理矫治的实践已经有半个多世纪的历史了，近二十年以来，我国的犯罪心理学者也逐渐开始重视罪犯心理矫治方向的研究。"监狱的作用不仅在于惩罚罪犯，更在于改造罪犯。从心理学的角度而言，改造罪犯实质上就是要矫治罪犯的各种心理障碍。"[1]根据现有文献和有关学者的论述，可以发现罪犯心理矫治的目标主要有以下几个方面：

（一）使罪犯适应监狱的生活环境

罪犯入狱之后，在接受监狱机构的心理改造之前，他们面临的第一个问题就是如何适应监狱内的生活环境。所以，对于罪犯心理矫治人员来说，首要的工作目标就是帮助罪犯适应监狱内的生活环境。大多数职务犯罪人都是

---

[1] 罗大华、何为民主编：《犯罪心理学》，中国政法大学出版社2012年版，第530页。

第一次入狱，他们对监狱内的生活方式非常陌生，加之以往的生活方式与这里迥然不同，所以，容易产生种种适应不良行为，他们可能会发生各种严重的心理问题和情绪问题。罪犯心理矫治活动应当帮助罪犯解决类似的心理问题，以缓解他们在情绪方面的应激反应。

（二）消除罪犯的个人缺陷

监狱机构向罪犯提供心理学服务的一个重要目标，就是消除罪犯的个人缺陷。有些改造学者认为，正是这种个人缺陷妨碍了个体对社会的顺应，是导致职务犯罪的重要因素。不过罪犯的个人缺陷可能存在很大的差异，消除罪犯个人缺陷的心理矫治活动可以通过多方面的工作进行。

第一，增强罪犯对自我的了解。所谓自我，是指个人对自己身心状况、人际关系的认知、情感以及由此而产生的意向。简单地说，自我就是有关自己的各种思想倾向和行为倾向。罪犯通过监狱机构开展的心理矫治活动应该能够增强对自己心理及行为的了解，认识到自身心理和行为的社会性质及其产生原因，并且学习使用正确的态度来对待它们。

第二，改变罪犯的错误认知。监狱机构通过心理矫治活动，可以帮助罪犯改变他们在以往生活经历中形成的错误的认知结构，提高他们对周围发生问题的认知能力，不但使罪犯形成对自己、对他人、对社会的正确认知和观念，而且还要使罪犯在此后的生活中能够正确地处理身边发生的各种现象和遇到的各种问题，不再因为这种错误的认知而发生犯罪行为。

第三，疏导罪犯的消极情绪。监狱机构通过各项心理矫治活动对罪犯进行适当的疏导，可以帮助罪犯消除疑虑、紧张、焦虑、抑郁、悲观和绝望等情绪。通过教育罪犯如何疏导消极情绪、恢复情绪平衡，并且在这个过程中帮助罪犯形成良好的情绪反应模式，促使罪犯学会行之有效的情绪调节方法，可以使他们保持长期、稳定和积极的情绪状态。

第四，矫治罪犯的不良生活习惯。罪犯在以往生活过程中形成的不良生活习惯不仅是他们从事犯罪活动的重要因素，同时也是妨碍他们顺利地适应监狱生活和出狱后所面临的社会生活的消极因素。因此，监狱必须在心理矫治的活动中充分重视罪犯不良生活习惯的矫治工作，尽可能地消除他们各种行为问题，培养他们良好的行为模式和行为习惯，这样才能增加罪犯对各种不利情境的行为适应能力。

第五，提高罪犯的自控能力。在职务犯罪行为中，也存在一部分属于冲动性的犯罪行为，尤其是暴力犯罪行为大都是犯罪人在强烈的内心冲动下产生的。这类犯罪行为的发生，与犯罪人强烈的情绪和行为有关冲动。由此，在监狱机构实施罪犯心理矫治的活动中，要充分发展罪犯的自我控制能力。使他们能够在面临强烈的精神刺激时，不至于发生情绪性冲动，减少产生强烈的应激反应和激情状态的可能性，避免发生激情犯罪行为。

第六，改善罪犯的人际关系技能。不良风气中的人际关系和人际关系冲突造成了大量的职务犯罪现象，矫治机构帮助罪犯改善他们的人际关系，教他们学会建立和维持良好人际关系的方式，使之尽量避免在以后的生活中遭受到新的人际关系方面的挫折，也就成了罪犯心理矫治工作的重要内容之一。

三、职务罪犯心理矫治人员

职务罪犯心理矫治是一项专业性很强的工作，从业人员应当具备一些必要的条件和素质。目前，从国外的情况来看，罪犯心理矫治的从业人员构成比较复杂，既有监狱机构的专职人员。也有兼职人员，后者基本是通过订立劳动合同的方式为监狱内的罪犯提供心理学服务的人员。他们大多是社会上有关机构中的专业人士。下面将能够为罪犯心理矫治提供各种服务的人员略加介绍。

（一）心理学家

罪犯心理的矫治活动主要是由监狱系统内的心理学家完成的，这些心理学家通常被称为"矫治心理学家"或"监狱心理学家"等。心理学家进入矫治领域大约在 20 世纪初。1918 年，一些心理学家为美国新泽西州监狱实施了第一个罪犯分类计划。从那以后，心理学家就成了在监狱系统中实施罪犯分类的主要力量之一，同样的任务也可以由社会学家来完成。不过，当前许多国家的监狱系统中，大多使用由心理学家开发的智力测验、人格测验和职业能力倾向测验等标准工具作为罪犯分类的依据。在犯罪原因研究和罪犯矫治研究等领域中，心理学家的数量远远超过了其他专业人员的数量，其中一个重要的原因在于心理学家通常使用比较明确的测验工具和问答作为罪犯分类的依据。

心理学家在监狱承担的主要任务是：①对罪犯进行心理测验。他们通过各种测验工作可以了解罪犯的智力、人格内倾能力和社会适应能力等，以便帮助监狱工作人员更加准确地了解罪犯的个人情况；②参与罪犯分类活动。

心理学家通过对罪犯进行心理测验、行为观察、个别面谈等方式而参与罪犯分类工作；③参与监狱工作人员对罪犯矫治计划的制定。心理学家根据心理测验和通过自身观察所了解到的罪犯情况，应用心理学的理论提出矫治罪犯的建议和措施，供监狱工作人员参考；④参与罪犯矫治计划的实施。这是心理学家在矫正机构和监狱内的主要工作之一。罪犯矫治计划制定之后，有许多工作需要心理学家来完成，包括对罪犯提供心理咨询，心理矫治和行为矫正等。他们还应该密切关注罪犯矫治过程中所发生的变化，并提出调整矫治计划等方面的建议；⑤监狱工作人员的选拔与培训。心理学家可以根据自己的专业知识来参与监狱工作人员的选拔与培训。此外心理学家还可以承担其他一些工作任务，例如，评估罪犯的情绪状态、就罪犯假释等问题提出专业意见、就监狱管理方面的心理学问题提出改造的建议、探索新的罪犯矫治方法，以及协调监狱内专业矫治人员与监狱官员之间的关系等。

（二）精神病学家

尽管精神病学家（psychiatrist）很早就开始参与有关罪犯矫治方面的工作，但是，监狱官员与监狱工作人员对精神病学家在监狱内的工作比较排斥。即使在近二十年以来，监狱机构仍然比较欢迎心理学家为他们提供专业支持，但不愿意接受精神病学家在监狱内工作。精神病学家不如心理学家在监狱机构内那样受欢迎。还有一些国家建立了特殊的小型矫正机构，对监狱里患有轻度精神障碍的罪犯进行短期的治疗。因此，想要最大限度地发挥监狱内精神病学家的作用，就应该按照医院的模式对监狱进行适当的改造，只有在这样的监狱环境内，精神病学家才能真正有效地开展诊断和治疗工作。

（三）社会学家

社会学家进入监狱系统参与罪犯矫治的时间相对晚一些，不过，社会学家可能在监狱机构内指导很多类型的研究工作，他们可以确定监狱亚文化的类型并提出发展意见，他们可以鉴别监狱工作人员的素质和作用并提出改进意见等。有些时候，监狱内社会学家所从事的工作与心理学家有关，两者可以配合工作。一般情况下，社会学家在监狱系统内的主要工作任务是：①参与罪犯分类工作，社会学家通过调查那些影响罪犯发生犯罪行为的社会因素，以及与罪犯有关的其他社会情况，可以为罪犯分类提供有益的意见；②向罪犯提供社会生活的指导和咨询；③帮助罪犯与社会进行联系及沟通，同时他们还可以参与一些社会矫正工作；④可以协助监狱工作人员进行监狱管理；

另外，一些设有社会学系的大学可以向监狱工作人员提供高等教育的机会。

（四）社会工作者

社会工作者是对罪犯进行个别化帮助和指导的专业人员。社会工作者不仅在监狱中发挥着重要的作用，他们还可以在裁决前对犯罪嫌疑人的有关情况进行调查，为法官对罪犯进行判决提供必要的背景资料；社会工作者还可以在罪犯的假释期间对他们进行必要的辅导和监督工作。随着监狱系统对罪犯改造工作的强调，社会工作者越来越发挥了重要的作用，他们的主要任务有：①在罪犯刚刚入狱时，对他们进行入监教育，向他们讲明有关监狱生活的规则和纪律，解答罪犯关于监狱生活所提出的问题，帮助罪犯尽快适应监狱生活；②社会工作者可以在罪犯分类的过程中，了解罪犯分类小组所提供的有关罪犯的基本情况，就罪犯的监舍安排提出合理化建议；③参与罪犯矫治活动，参与罪犯矫治计划的制定和实施，向罪犯提供某些咨询，参与罪犯矫治过程中的危机干预工作，参与罪犯行为的矫正和罪犯小组咨询工作；④社会工作者还可以参与其他一些工作，例如，帮助罪犯协调他们与家庭之间的关系，协调罪犯申请接受教育、医疗、减刑和假释等工作，帮助罪犯进行释放前的训练和准备工作。

四、罪犯心理矫治的一般程序

从国外的一些资料看来，开展罪犯心理矫治工作应该遵循一些固定的程序。

（一）建立良好的矫治关系

在开展罪犯心理矫治工作之前，矫治人员首先应该与罪犯建立起融洽和信任的关系。罪犯只有相信矫治人员，相信他们能够为自己保守隐私和秘密，相信他们所做的工作对自己能够产生好处的时候，罪犯才愿意把真实的想法告诉矫治人员，否则的话，矫治活动就无法开展。因此，矫治人员应该熟练地掌握和使用必要专业技能，持有热情、诚恳、耐心和细致的态度，保持良好的工作作风和职业道德等。

（二）进行准确的评估诊断

矫治人员应该准确地了解罪犯的各种情况，深入理解每名罪犯需要解决的问题，只有这样，才能切实地开展有针对性的矫正工作。对于罪犯心理矫治人员来说，对职务犯罪人进行准确的评估诊断应该使用专门的方法和工具，尤其要在罪犯入监时对其进行特定的心理学检查，除了在入监时对他们进行心理学检查之外，还要根据特定的需要开展心理学访谈或利用其他工具进行评估，以便准确地了解犯罪人的情况，对他们做出正确的诊断。

（三）选择适当的治疗方法

在对罪犯进行准确诊断的基础上，矫治人员应当选择适合罪犯个人情况的心理矫治方法开展改造工作。在选择适当的治疗方法方面，国外十分注意所谓的"治疗匹配"。治疗匹配其实就是根据罪犯的具体情况选择使用恰当的治疗方法。通过对比各种治疗方法的效果可以发现，每种治疗方法都是有效的，但是，没有一种治疗方法是普遍适用的。因此，监狱机构越来越认识到应当对每个罪犯配置他所需要的矫治方法和矫治人员，这就是所谓的治疗匹配原则。一般说来，治疗匹配原则至少要考虑到三个因素：第一是矫治方法的特点，第二是罪犯的个人特点，第三是矫治工作人员的特点。

（四）制定科学的矫治计划

通过对罪犯进行一系列的评估，罪犯心理矫治人员应该为每个罪犯制定一份书面的矫治计划，典型的矫治计划应当包括6个方面的内容：①罪犯的背景资料和历史资料；②罪犯的犯罪历史和犯罪活动的动态变化；③对罪犯当前犯罪心理的描述；④对罪犯分类，评估信息和心理健康历史的记录；⑤矫治的目标；⑥针对罪犯的特点提出将要采取的矫治方法。一般说来，根据罪犯的不同特点可以采取三种层次的矫治方法：首先是心理咨询，其次是心理治疗，最后是行为矫正。

（五）实施确定的矫治活动

前四项工作都是第五项工作的准备活动。制定了科学的矫治计划之后，罪犯心理矫治人员就要按照罪犯的特点、矫治目标和矫治方法开展工作了。在实施罪犯矫治计划的过程中，罪犯心理矫治人员需要根据矫治方法的要求开展大量的工作，还要注意一些其他方面的问题：①罪犯的阻抗问题，即罪犯在接受矫治过程中自然而然的反抗心理，矫治人员应首先消除或减弱罪犯的阻抗心理；②在矫治过程中注意保护罪犯合理的权利，尤其是知情权；③建立良好的矫治关系；④处理好矫治人员与监狱管理人员之间的关系，在相互配合下开展工作；⑤在矫治的过程中应当密切关注矫治计划的效果，根据情况及时调整矫治计划和矫治方法。

（六）追踪调查罪犯矫治的效果

罪犯接受了一段时间的心理矫治，解决了他们需要解决的主要问题之后，矫治计划就结束了。但矫治人员应该密切追踪前期矫治计划的效果，发现有可能遗留的问题，总结成功的经验，为以后进一步地提高矫治活动水平奠定基础。而且这种追踪调查还能够发挥一定的监督作用，他们在追踪的过程中可以督促罪犯继续完成遗留的改造任务，从而达到巩固矫治效果的目标。

第二节　职务罪犯的心理诊断

在对实施职务罪犯进行心理矫治之前，需要对犯罪人进行心理诊断，评估其心理状况，准确地了解罪犯的各种情况，深入理解每名罪犯需要解决的问题，为有针对性地开展心理矫治工作做好准备。

一、职务罪犯心理诊断的概念

职务犯罪心理诊断，是指运用多种方法查明犯罪人心理特征、行为倾向及其与犯罪的关系，从而为犯罪适用法律、矫正治疗提供依据的活动。职务犯罪心理诊断是对其进行心理矫治的前提。“诊断”一词来源于医学，即查明疾病原因与状态，从而确定治疗方向、方法的活动。职务犯罪心理诊断的对象包括法院判决有罪的犯罪人、犯罪嫌疑人和具有职务犯罪倾向的潜在犯罪人。

二、职务犯罪心理诊断的功能

犯罪心理诊断的功能，是指它对刑事司法工作所起到的作用，具体来说，主要具有下列功能或作用：

（一）评价功能

即对职务犯罪人的犯罪心理状况作出评价，为有关机构处置犯罪人提供参考。如查明犯罪人的犯罪动机、犯罪时的主观心理态度对准确的适用法律有着十分重要的作用，也可以为社会工作者、纪检部门、公安机关、审判机关、监狱管理机关的治理犯罪活动提供依据。

（二）分类功能

即通过在入监时进行心理诊断，为合理的分类职务犯罪人提供依据。如通过对罪犯的人格特征、身心状况、经历、受教育程度的考察，从而对罪犯进行分类管理、教育。

（三）预测功能

即在释放前对职务犯罪人进行心理诊断，对是否假释及预测释放后再犯的可能性提供依据。犯罪心理预测需要从犯罪人、犯罪人父母及有关的其他人中获取准确资料，并且使用一套适当的方法，只有这样，才能保证诊断结果的可靠性。

三、职务罪犯心理诊断的种类

根据职务犯罪心理诊断的时间和对象的不同情况，可以将犯罪心理诊断分为以下三种：

（一）早期诊断

即对于侦查阶段的职务犯罪嫌疑人进行的心理诊断，这种诊断可以了解其犯罪心理状况，并有针对性开展侦查和控制工作。

（二）审判时诊断

即在审判过程中对刑事被告人进行的心理诊断，这种诊断可以增加对被告人心理态度和人格特征的了解，为法院判决（是否定罪、刑罚种类及刑罚轻重等）提供参考。

（三）监所诊断

即在刑罚执行阶段进行的心理诊断，这种诊断可以为有效矫正和合理处置犯罪人提供依据。监所诊断可以在不同的时间实施，分别具有不同的作用和意义。在职务罪犯入监之初进行的心理诊断，主要是为制定矫治方案做准备，也可为分类管理、教育罪犯等提供参考依据；在服刑过程中进行心理诊断，一方面可以检查前一阶段矫治工作的成效，确定未来治疗的改进方向，另一方面还可以准确、及时把握罪犯心理动向，使整个管理、教育工作始终能针对罪犯的心理特点；在罪犯出监时的诊断，一方面可以评估整个矫治工作，为以后的矫治工作积累经验，另一方面也可以为监狱部门配合社会各部门做好预防出狱人员重新犯罪提供帮助。

四、职务犯罪心理诊断的内容

职务犯罪心理诊断的内容主要包括以下两个方面：

（一）职务犯罪心理现状

即了解犯罪人犯罪心理的具体情况，如犯罪心理的具体表现（犯罪时的认知特点、意志特征、态度、动机等），有无情绪障碍、畸形或人格障碍等，是否养成不良行为习惯及其程度深浅（或犯罪是否已成习性），入监后在不同的服刑阶段的心理状态、犯罪心理变化等。

（二）职务犯罪的原因

即从职务犯罪人的个人情况、家庭情况、受教育状况、工作表现、社会交往等方面着手，寻找其犯罪的原因。这些原因主要包括以下两个方面：

1. 内在的心理因素

从内在来看，是否存在精神病因素对犯罪行为的发生有着重要的作用；其次，行为人"欲求不满"的程度、自我观念等对于犯罪具有不可忽视的影响；第三，行为人的挫折感、孤独感、自卑感、压抑感或意志薄弱、冲动、自我显示、轻率、反社会的态度等分别会对一定种类犯罪的发生产生影响。

2. 外在环境因素

环境不但是影响犯罪行为形成的重要因素，个体的人格也是在一定的环境中形成的。犯罪与不良行为的发生往往与贫困、家庭缺陷、不良群体、反社会的亚文化、犯罪行为的高发区等环境因素密切相关。从犯罪行为来看，通常是与认知的冲突、受他人的引诱、对他人犯罪的模仿所导致，这些都可以归属于环境因素的影响。

五、职务犯罪心理诊断的技术和方法

职务犯罪心理诊断是一项复杂、细致的工作，可以根据案件的不同、犯罪人的不同、诊断内容及场所的不同等，采用不同的方法。一般而言，职务犯罪心理诊断方法主要有下列几种：

（一）生活经历调查

即通过询问犯罪人，询问犯罪人父母以及有关人员，如向其亲属、友人、教师或监护人了解，查阅记载犯罪人过去生活情况的各种文字材料，如日记、书信、档案等，了解犯罪人生活经历的方法。通过生活经历调查，可以了解犯罪人的六种情况：

1. 发育状况

发育状况包括遗传因素、出生前后母体的情况、启蒙情况、早年发育状况、疾病、外伤等。

2. 家庭及近邻状况

家庭及近邻状况包括家庭气氛、父母养育方法、家庭社会经济地位、父母关系、父母对本人的期望、居住情况、配偶子女情况、邻里社会心理环境、家庭与邻居的关系、居住区域等。

3. 学业与职业情况

学业与职业情况包括各个学业阶段的学习成绩、学科兴趣、师生关系、品行表现，交友情况、社团活动以及就业过程、工作成绩，责任感、同事关系、职业动机与成就状况等。

4. 交友关系

交友关系包括结交朋友的过程、朋友的类型（职业、文化程度、年龄、性格、家庭、道德品行等）、绝交的情况等。

5. 兴趣爱好

兴趣爱好包括过去与目前的兴趣与娱乐等情况。

6. 违法犯罪情况

违法犯罪情况包括一般违法行为、免于刑事追究的轻微犯罪行为及受刑罚处罚的行为。

（二）面谈

即当面与职务犯罪人交谈，从犯罪者本人那里直接听取关于职务犯罪事实、生活经历的陈述，了解其过去的情况、现在的感受与未来的设想的方法。交谈之前应当做好准备，应该选择安静的环境进行，注意消除其疑惧心理，使谈话真实。在面谈中注意了解犯罪人的各种经历和体验、人生观、世界观等思想观念，感情特征及有无情感障碍，生活与工作态度、对人的态度等（同时注意其有无不满、攻击、拒绝等）。在谈话前最好预先拟好谈话的问题，若事先曾进行过现场调查或心理测验，还可以针对先前的调查或测验结果提出一些补充性的问题。在谈话过程中，应注意用不同的方式考察其回答问题的真实程度。

（三）行为观察

即通过观察职务犯罪人所表现出的行为来了解有关情况的方法。行为观察可以在各种场合的自然状态下进行，例如，观察犯罪人在吃饭、运动、学习、工作、娱乐、交往等情境下的行为表现，也可以人为地设置某种情景加以观察。行为观察通常要观察三个方面的内容：

1. 能力特征

即职务犯罪人的智力、技能、工作能力、学习能力等情况。

2. 意志特征

即职务犯罪人的自觉性、控制力、忍耐性等。

3. 人际关系状况

即职务犯罪人与同伴、其他家庭成员、领导者等的关系。行为观察能否取得成功，关键是使被观察者处于自然状态，使其觉察不到有人在观察。若能运用录音机、录像机进行记录，效果更好。

（四）心理测验

即利用各种心理测验量表来测量职务犯罪人的智力、人格、态度、兴趣以及心理特征的方法。通过测试，可以客观了解犯罪人心理与行为方面的质与量的特征。心理测验方法可以分为四类：

1. 智力测验

犯罪行为与智力因素密切相关，因此，智力测验是心理诊断的一个项目。最常用的优比奈－西蒙智力量表、韦克斯勒量表等。

2. 人格测试

人格测试又分为自陈测验、作业评定测验、情境测验、投射测验等类型，每种类型都有若干种具体方法。常用的人格测验方法有明尼苏达多项人格测验、卡特尔16种人格因素测验、艾森克人格测验、荣格文字联想测验、罗夏墨迹测验、主题统计测验等。

3. 态度测验

个人的态度通常决定其行为，从某种程度上说，态度就是人对自己、他人、事情稳定的行为倾向，也是行为活动的准备状态。关于态度测验，通常的工具有瑟斯顿的态度量表、李克特量表、鲍家杜斯社会距离量表等。

4. 性向测验

又称为能力倾向测验，如机械能力倾向测验、空间能力倾向测验等。虽然性向测验主要用于职业指导方面，但在一些机械操作、交通运输等领域中发生的违法犯罪案件中，这种测验对鉴定行为人的控制能力有特殊的说明作用。

（五）职务犯罪行为分析

职务犯罪行为分析即通过对职务犯罪行为发生的原因、情景、犯罪前后的表现等的分析，了解犯罪人的人格等方面的特征。

上述方法可以单独应用，也可以相互结合使用，这要根据诊断对象的特点和诊断目的等因素确定。在诊断的最后阶段，要根据所获取的资料，总结出诊断结果，包括对犯罪人的心理与行为特征的定性分析和定量描述，然后制定出有针对性的矫治方案，或提出综合性的处理对策，供司法人员在决策时参考。职务犯罪心理诊断是犯罪处遇科学化的重要步骤，许多发达国家都有一套犯罪心理诊断制度，有的还用法律条文规定了诊断项目和结论使用等内容。

第三节　职务罪犯心理咨询

职务罪犯心理咨询是最常用、也是最基本的罪犯心理矫治活动，本节将结合国内外实践和研究成果介绍针对职务犯罪人在监狱中实施心理咨询的种类。

一、职务罪犯心理咨询概述

职务罪犯心理咨询（psychological counseling），是指通过谈话或讨论等形式向罪犯提供针对特定问题的解释、指导等援助活动。罪犯心理咨询是由心理学家发展起来的，而罪犯心理治疗和行为矫正主要是由精神病学家或精神病医生发展起来的。就工作对象而言，罪犯心理咨询针对的是心理正常的人，而心理治疗和行为矫正主要针对有心理障碍或者精神障碍的病人。就工作内容来看，罪犯心理咨询主要是支持性、教育性和指导性的活动，它所涉及的问题是双方明确意识到的问题，一般不会涉及无意识现象，而罪犯心理治疗旨在重建罪犯的人格，在治疗的过程中经常会触及病人的无意识心理现象。

一般说来，罪犯心理咨询使用的方法比较简单，通常包括讨论、分析、安慰和指导等方法，有效的心理咨询不需要太多的时候，往往几次就能解决问题，受雇于监狱的心理学家常常把罪犯心理咨询分为两类：一类是机构内咨询，即心理学家在监狱内向罪犯提供的咨询，其咨询内容比较广泛，可能包括罪犯心理危机干预、教育咨询、娱乐咨询、戒毒咨询、情绪问题咨询和监狱适应等问题的解决方法的咨询；另外一类是社区内咨询，即由心理学家在社区环境中向犯罪人提供咨询。社区咨询的对象主要是缓刑犯和假释犯，其咨询内容主要涉及药物依赖问题、医疗问题、心理健康问题、教育和职业发展问题、就业问题和家庭婚姻问题等。

二、监狱适应咨询

监狱适应咨询是指帮助罪犯顺利地适应监狱生活，使他们在监狱中调整其身心状态，维持罪犯身心健康的心理咨询。监狱适应咨询往往是预防性的，即在罪犯进入监狱之后就开始进行咨询活动，教育罪犯如何正确地看待监狱生活，让罪犯了解今后在监狱中有可能遇到的各种问题，以及如何应对问题、如何在服刑期间调整自己的情绪、如何保持正常的心理状态，以及如何避免心理危机的产生等。

三、人际关系问题咨询

在职务犯罪人服刑期间，他们的身份和处境会发生巨大的变化，他们从国家工作人员变成了罪犯，从丰富多彩的社会进入了行为受限制的监狱。经历了这种巨大的变化之后，罪犯很容易产生消极悲观的情绪。因此，他们往往会在人际关系方面遇到很多问题。罪犯的人际关系问题主要涉及罪犯之间、罪犯与监狱工作人员之间、罪犯与家庭之间、罪犯与以前的朋友之间、罪犯与司法人员之间以及罪犯与心理矫治人员之间的关系等，人际关系问题经常困扰着监狱里的罪犯，因此也成为罪犯心理咨询中最为常见的问题之一。

罪犯的人际关系咨询就是为了解决罪犯人际关系中存在的问题而进行的心理咨询。罪犯人际关系咨询的主要假设是罪犯的问题不是来自于他们自身，而是来自于罪犯与其生活中重要他人之间关系的不协调。罪犯通常缺乏良好的人际关系环境，如果罪犯能够发展出一种良好的、温暖的、真诚的、相互信任的支持性的人际关系，那么他们就可以解决日常生活中所遇到的人际关系问题了。

在罪犯人际关系咨询中，咨询员首先要让罪犯承认自己的现状和罪行，然后要努力为罪犯提供一种积极的、成人式的人际关系。咨询员需要与罪犯一起开展工作，发展罪犯与家庭、罪犯与朋友之间的积极的、成人式的人际关系，其主要方法是通过改变罪犯与其他重要人的沟通方式来建立新型的人际关系。在罪犯人际关系咨询中，咨询员应该为罪犯提供一种积极的角色榜样，重视罪犯的需要，帮助罪犯更好地进行沟通和交流，而不需要广泛地分析罪犯的所有问题。

四、婚姻家庭问题咨询

罪犯被判处了剥夺自由的刑罚，并且被关押在矫正机构中服刑之后，他们与原来家庭的关系就会发生很大的变化。例如，罪犯与家庭的联系受到阻碍或中断、夫妻性生活的中断、罪犯的犯罪行为对家庭的声誉造成不良的影响等。因此，许多拥有家庭的罪犯在服刑期间会产生大量的家庭婚姻问题，需要通过心理咨询寻求解决。罪犯在婚姻家庭问题方面所寻求解决的问题主要有：获得夫妻会见的机会、寻求维持和改善与家庭成员之间关系的方法、了解如何在会见子女特别是未成年子女时增加良好的气氛从而减轻监狱环境对子女的消极影响等。

温特劳布（J. F. Weintraub）认为：在整个刑事司法的过程中，已婚罪犯与家庭的关系有 4 个关键的危机点，即被逮捕和审讯、审判量刑、入监初期、释放前后。在每个危机点，罪犯都会遇到急迫的婚姻家庭问题，需要寻求咨询和帮助，因此，政府部门应当向他们提供相关的服务。

五、情绪控制问题咨询

在监狱中服刑的许多罪犯都有明显的情绪控制障碍，突出地表现为情绪极不稳定，情绪的自我控制能力比较差，以致会经常性地产生情绪失常现象。有些犯人受到了轻微的刺激后就会产生强烈的情绪反应，出现暴怒等情况。因此，指导罪犯控制消极的情绪，使他们学会控制消极情绪的方法，成了罪犯心理咨询的重要内容之一。

从欧美罪犯心理咨询的情况来看，在情绪控制咨询方面，最经常进行的工作是帮助罪犯掌握控制愤怒的技巧。许多监狱心理学家都探讨了如何帮助罪犯学会控制愤怒的问题。例如，辛西亚·麦独孤（C. Mcdoulgall）等人研究了罪犯对愤怒的认知控制问题，发展了一种旨在控制罪犯愤怒情绪的训练课程，其主要内容是：①通过写日记的方式记录自己对愤怒情绪的控制；②对罪犯进行有关愤怒的教育，让罪犯了解愤怒产生的原因；③教育罪犯在愤怒发生前、发生中和发生后进行自我行为语言表述；④教育罪犯学会用放松方法来消除身体的紧张。

六、良好的社会生活咨询

罪犯往往面临着许多的社会生活问题，这些社会生活问题不仅是他们从前犯罪的重要原因，也是妨碍他们顺利地适应释放以后的社会生活的重要因素。因此，罪犯心理咨询的一个重要方面，就是让罪犯学会接受社会的生活方式，并且能够按照这种生活方式过上良好的社会生活。因此，在监狱内有必要进行良好的社会生活咨询。

在美国联邦监狱系统中实行了一种自由生活计划（living free program）。这种计划的内容是通过罪犯自我评估过程来帮助他们，检查他们以往对生活的选择，帮助罪犯发展一项转变自己的计划，使他们能够更加诚实、更加自尊和尊重别人、更有耐性、更负责任。参与自由生活计划的罪犯要在7个方面付出努力：①重新考虑自己的生活方式，特别是罪犯行为的代价；②重新考虑犯罪生活方式和不良生活方式中体现的价值观；③理解支持这些价值观的个体思维模式；④理解改变价值观和习惯性行为模式所要经历的过程；⑤了解活动选择和交往选择如何影响积极的和消极的行为；⑥评价家庭和社区在自己生活中的作用；⑦根据上述认识发展一种改变生活方式的计划。在上述7个目标中，每种目标都可以通过2到3小时的集体咨询、集体活动或集体讨论等活动实现。

七、社会技能训练

社会技能训练（social skill training）也是罪犯心理咨询的重要内容之一。在一些国家中，人们普遍认为，犯罪行为的发生与犯罪人的社会技能欠缺有关。所谓社会技能，主要是指建立和维持良好人际关系的人际互动能力。具有较好的社会技能的人能够比较容易地与他人建立良好的人际关系，并加以维持；相反，社会技能较差的人难以和他人建立起良好的人际关系，也很难维持现有的人际关系。一些职务犯罪行为之所以会发生，是因为他们缺乏某些社会技能，所以不能恰当地解决人际冲突。

近年来，欧美监狱心理学比较重视罪犯社会技能训练的问题，社会技能训练在监狱和社会矫正环境中已经普遍地流行起来，并衍生出多种形式，例如结构化学习训练和角色扮演训练，它们都采用了如下一些技术：指导、模仿、角色扮演、反馈、社会强化以及人际交往技能训练。社会技能训练是建立在行为主义学习理论基础之上的咨询方法，最为常用的方式是角色扮演训练：首先，指导者按照事先的计划给受训者分派以不同的角色；其次，指导者向受训者说明各种角色的行为规范，然后设计某种虚拟的特殊情景，要求受训者以各自的角色加入到情景之中，他们在情景中的活动必须要符合他们所扮演角色的要求。通常指导者向他们分配的角色都是日常生活中比较常见的，例如同事之间、上下级之间、夫妻之间等。参与社会技能训练的罪犯被要求把他们所学到的行为方式和行为技能应用到日常生活中去。

八、学习咨询

学习咨询，是指为了帮助罪犯有效地学习文化和技术而开展的心理咨询。目前在一些国家的教育制度中，允许吸纳罪犯参加不同程度的文化课程学习，以及不同类型的职业技能的学习。在罪犯的学习过程中，他们可能会遇到一些与学习有关的心理问题，需要通过心理咨询加以解决。

从相关的文献来看，罪犯学习咨询所涉及的主要内容包括：学习课程的选择、学习技巧的掌握、学习时间的安排、价值观和道德观念的学习、如何做出良好的课堂表现、如何在学习过程中与他人友好相处、如何查阅资料、如何接受更高程度的教育等。由于职务犯罪人的年龄一般在 40 岁以上，所以提高他们的学习兴趣、提高他们的记忆力是对他们进行学习咨询的重要内容。

九、职业咨询

职业咨询是指为了帮助罪犯恰当地选择职业和顺利找到职业而进行的咨询。这种咨询可能在罪犯服刑期间学习职业技能时进行，也可能在罪犯的服刑生活即将结束、罪犯要为释放出狱后再就业做准备时进行。

在对罪犯进行职业选择方面的咨询时，可能需要对罪犯进行职业能力倾向方面的测验。在进行如何顺利找到工作方面的咨询时，不仅要向罪犯提供有关劳动力市场的信息，而且也要进行人际交往和其他社会技能方面的咨询，例如，如何参加面试和留下良好的第一印象的咨询。此外，职业咨询可能会涉及如何增强罪犯的劳动动机、如何组织职业技能培训计划等方面的内容。

第四节 职务犯罪心理治疗

罪犯心理治疗是一种比罪犯心理咨询更为复杂、更为系统的方法和治疗活动。在大多数情况下，罪犯心理治疗是一般的心理治疗方法在监狱领域内的进一步应用。当前的心理治疗方法比较繁杂，至少有400多种心理治疗技术得到了确认，但是，只有其中较少的一部分被应用到罪犯的矫治活动当中。同时在罪犯心理矫治的过程中，心理治疗专家也创造了若干心理学的矫治方法。

一、罪犯心理治疗概述

罪犯心理治疗是指利用心理学等学科的理论和技术消除罪犯的犯罪心理和不良行为习惯的治疗方法与治疗活动。现在，在矫正心理学界对心理治疗还有不同的理解：狭义的心理治疗是指以改变罪犯的认知问题为主要内容的心理学方法和活动；广义的心理治疗不仅包括狭义的心理治疗内容，还包括侧重于解决行为问题的行为治疗、侧重于人际互动的集体心理治疗和社会治疗。

国外矫正心理学家普遍认为罪犯心理治疗具有非常重要的作用，从事罪犯心理治疗的心理学家通常假设：心理疾病是大多数犯罪人发生犯罪行为的首要原因。因此，罪犯心理治疗已经成为治疗那些导致犯罪的内在情绪或心理问题的一种机制。尽管国内外还有很多人对此假设存在不同看法，但是，罪犯心理治疗已经得到普遍的推行。其治疗方式既包括个体治疗方式，又包括集体治疗方式。所谓个别心理治疗，是指治疗者与治疗对象之间一对一地进行心理治疗；所谓集体心理治疗，是指把病情类似问题的罪犯召集到一起进行的心理治疗。在矫正系统中，集体心理治疗就是把具有类似问题的罪犯召集到一起进行的心理治疗，在集体心理治疗的过程中，参与治疗的罪犯一起讨论他们共同面临的心理问题，并由专业心理治疗人员组织、指导罪犯进行互动活动，借此帮助参与治疗的罪犯改变生活方向。

矫正心理学家在监狱里进行个别心理治疗时，他们会有一些基本假设：或认为罪犯存在不符合逻辑或非理性的思维，或认为某些罪犯在与其他罪犯的相处过程中会进行自伤行为，或认为他们不能或不愿意面对与人疏远的严重后果等。这些假设反映了矫正心理学家所属治疗学派的基本思想。不过，更多的矫正心理学家重视罪犯集体心理治疗的作用。在监狱环境中，矫正心理学家对集体心理治疗方法使用较多，而且除了使用专门的集体心理治疗方法之外，他们有时候还把个别心理治疗的方法当作集体治疗方法来使用。

近几十年来，服务于监狱机构的矫正心理学家和社会工作者利用各种心理治疗技术治疗监狱内的各种类型的犯罪人，他们所采用的治疗技术既有个别治疗技术，也有集体治疗技术。但是无论采取什么样的治疗技术，心理治疗的目标都是鼓励罪犯谈论过去的冲突，解决过去的冲突。因为这些冲突曾经导致他们产生多种情绪问题，而这些情绪问题又引起了他们的攻击行为或反社会行为。在理想的罪犯心理治疗情况下，罪犯从个别治疗关系或集体治疗关系当中获得领悟，通过心理治疗帮助他们去解决那些驱使他们犯罪的冲突或无意识需要。所以，心理治疗的基本目标，就是让罪犯变得对自己的行为负责。

需要注意的是，无论是个别心理治疗还是集体心理治疗，在矫正系统内的应用都有较多的局限，主要表现为：①矫正系统内的心理治疗专家数量少，而需要接受心理治疗的罪犯数量多，所以，心理治疗工作难以充分地开展；②有些罪犯不愿意接受心理治疗，他们认为只有"有病"的人才需要接受治疗，而这些罪犯并不认为自己有什么问题；③矫正机构内的环境充满暴力、敌意和强制，使得罪犯心理治疗难以获得理想的心理治疗环境；④此外，罪犯心理治疗可以对罪犯的心理问题做出较好的诊断，但是，却往往忽视了那些助长罪犯非法行为的社会因素，并且对这些社会因素束手无策。

二、职务罪犯心理治疗的基本内容

根据职务犯罪心理的特点，其治疗的基本内容主要包括以下几个方面：

（一）增强职务犯罪人的思想认识水平

犯罪人在法律、道德认识上的错误或是非善恶的颠倒，往往是职务犯罪心理和行为形成的重要因素。因此，要努力提高他们的法律、道德认识能力，使他们对自己的心理及行为问题有一个初步的了解，充分认识到其行为的社会性质和产生的原因，并明确对待它们的正确方法。提高思想认识水平最重要的是进行法制教育，帮助他们认识法律在现实社会中存在的必要性和法律适用的严肃性，教育他们在处理个人与社会、与他人的关系时不得违反法律的规定，不得实施危害社会的行为。

（二）帮助犯罪人改变认知结构和思维模式

犯罪行为产生的一个重要原因，就是行为人不能正确对待和处理社会生活中出现的问题和矛盾，特别是当其在社会生活中出现挫折时，由于认知或思维上的片面性，易过分看重有些矛盾，因而采取错误的（违法）手段或行为方式来解决问题。因此，通过治疗活动，不但要使犯罪人重新建立起对自己、对他人、对社会的正确态度，提高犯罪人的认识能力，而且要培养犯罪人形成正确的思维模式，使犯罪人能够正确对待生活中遇到的各种问题。

（三）疏导犯罪人的消极情绪

犯罪心理学的研究表明，消极情绪的积累往往是导致违法犯罪的一个重要原因，当消极情绪积累到一定程度，超过了犯罪人的承受力时，就会在偶然事件的刺激下，以激情犯罪的形式表现出来。因此，努力消除犯罪人的疑虑、紧张、焦虑、绝望、不满、怨恨、痛苦、悲观等消极情绪，促使犯罪人恢复情绪平衡，形成良好的情绪反应方式，保持积极的情绪状态，是心理矫正的一个重要内容。

（四）培养犯罪人的自我控制能力

当个人的自我控制力低下时，虽然懂得法律规范，有一定的是非观念，但当正确的观念与强烈的个人欲望发生冲突时，也会表现出错误的行为。自我控制力低下的人往往易受冲动驱使，以致不能主动、有效地调节自己的心理行为，在面临剧烈的精神刺激时，容易产生冲动性或爆发性行为，只有不断提高自我控制力，才有可能在外界刺激或犯罪诱因面前能够有效地控制自己，不至于凭一时的冲动，置国家法律于不顾，去实施职务犯罪行为。

（五）纠正犯罪人的不良行为习惯

职务犯罪心理与行为的形成通常有一个过程，犯罪行为往往是由对待公共秩序、集体事业、人际关系、社会群体、家庭关系、生活方式等方面的不道德或轻微违法行为习惯发展、恶化的结果。因此，心理治疗的一项重要工作，就是纠正职务犯罪人存在的各种行为习惯，培养犯罪人形成良好的行为反应模式，增强犯罪人对各种情境的行为适应能力，帮助犯罪人改变其人际关系。

三、职务犯罪心理治疗的技术和方法

在对职务罪犯进行心理治疗之前，首先应注意消除他们的疑惧心理，帮助其建立治疗信任。为此，可以从关心犯罪人的生活、情绪等方面入手，慢慢地消除阻抗。在建立起基本信任后，治疗者就应对犯罪人进行鉴别诊断，了解犯罪人存在的心理、情绪及行为问题；同时还应了解犯罪人的犯罪原因、犯罪经历、文化水平、职业、兴趣、爱好等个人情况以及犯罪人的基本人口学信息。在此基础上，选择适当的治疗方法。心理治疗的方法很多，下面介绍几种：

（一）精神分析疗法

精神分析疗法（psychoanalysis），是指利用精神分析学说的理论和方法发现罪犯的潜意识，矫治他们犯罪心理的治疗方法。精神分析学说是奥地利精神病学家弗洛伊德所创立的一种特别重视潜意识心理现象的心理学学说，有时又称之为心理动力学学说。在犯罪心理的研究过程中，研究者发现一些犯罪行为是在潜意识心理的作用下产生的。因此，国外的犯罪心理学家们尝试应用精神学说来解释犯罪心理和犯罪行为，形成了精神分析的犯罪学理论。精神分析理论对犯罪行为持如下一些基本观点：①犯罪行为是神经官能症的一种形态；②犯罪人可以通过犯罪行为来减轻无意识欲望所产生的罪恶感和焦虑感；③犯罪行为可能是罪犯替代性地满足他们在家里得不到满足的需要和欲望的工具和手段；④犯罪行为经常是由创伤性事件所引起的痛苦记忆受到罪犯的压抑；⑤犯罪行为可能是置换性敌意的一种表现。以上这些观点可以看作是精神分析理论解释犯罪行为的基本框架，从而构成了精神分析方法矫治罪犯的理论基础。在精神分析理论看来，导致犯罪的原因在犯罪人儿童时期的生活环境中就已经产生了，当犯罪行为发生时，如上犯罪因素同时在犯罪人身上发生作用。

1. 精神分析对犯罪人的分类

加拿大心理学家安德鲁斯（Don A. Andrews）在总结前人论述的基础上，从精神分析的观点出发将犯罪人分为 5 种类型。他所做的 5 种类型的划分体现了精神分析学说对犯罪及犯罪人的一般认识，对我们使用精神分析学说治疗罪犯的犯罪心理具有重要的理论指导意义。

第一种类型是薄弱超我型。所谓薄弱超我型是指那些由于超我发展不充

分而发生犯罪行为的人。有的人在发生某些行为时，内心缺乏对这些行为的表述，他们不知道这些行为在传统社会中是会受到惩罚还是受到强化。因此，他们的行为只服从于即时的需要，只根据直接的外部情境需要采取行动，这样的犯罪人就是薄弱超我型犯罪人。他们的特点：①几乎完全不顾虑社会规则和程序；②具有反社会认知，简单地说是缺乏良心；③缺乏生活计划，缺乏自我理想；④超我一般在8岁左右形成，薄弱超我型在超我形成时期表现出持久的、普遍性的品性问题；⑤言行轻佻，在异性面前有表现癖；⑥没有解决早年的冲突和挫折，表现为与权威人物发生冲突；⑦基本上不与别人来往，反映出他们所存在的原发性隔离，缺乏爱并且具有严重的孤独感。薄弱超我型犯罪人的典型是精神病态者，或者具有反社会型变态人格者。

第二种类型是薄弱自我型。所谓薄弱自我型是指那些自我发展不足的犯罪人。自我发展不足意味着不成熟、社会技能发展不足、现实检验能力差和过度依赖。根据精神分析疗法的分析，这类犯罪人缺乏超我的控制，他们的行为主要受到本我和即时环境的制约。对于薄弱自我型犯罪人来说，犯罪行为可能会不断地陷入麻烦之中，因为他们经常会误解外部环境的要求，很容易大发脾气，也会盲目地追随领导人。

第三种类型是正常反社会犯罪人。所谓正常反社会犯罪人是指性心理发展正常的犯罪人。这类犯罪人的性心理发展正常，他们顺利地度过了性心理发展的各个阶段，在性心理发展过程中没有发生什么问题。从心理上看，他们是各项功能都正常的成年人。不过，这类犯罪人的自我理想与年龄发展不相称。他们可能会认同各种有过犯罪经验的权威。所以，他们的超我是亲犯罪的，在自我中也包含着熟练的犯罪技能，应该说，大多数的职务犯罪罪犯都属于正常反社会犯罪人。

第四种类型是神经质犯罪人。所谓神经质犯罪人是指由于神经质冲突而进行犯罪行为的人。在精神分析理论看来，有一类犯罪行为是神经质冲突的一种可能性结果，神经质犯罪人有可能在以往发生过犯罪行为或者认为自己曾经发生过犯罪行为，他们活跃的超我可能会因为以前的罪犯而追求受惩罚，无论犯罪人以前是否真的发生过犯罪行为。但是，一种罪恶感却经常萦绕在犯罪人的思想里，他们或者利用犯罪行为来吸引权威（比如父母）的关注，借此惩罚权威或自身，或者利用犯罪行为来应付特定的挫折、情绪紊乱或者是不正常的家庭关系。

其他类型的犯罪人被精神分析理论归为第五类，此类型主要来源于精神分析人格理论之外的一些思考。①精神病人和智力落后者更有可能违反法律，这可能是精神病和智力障碍的自然结果。可以想象，如果个体失去了与现实的接触，或者存在智力上的缺陷，以至于不能处理日常事务时，就有可能发生违反社会规范和道德法律的行为；②情境犯罪人（situational offender）是指那些在特殊情境的作用下进行犯罪行为的人。情境犯罪人对极端或孤立的情境做出反应，例如，偶然碰见自己信任的偶像不忠实行为的情境；③因为不公平感而持续进行犯罪的人，在精神分析理论看来也是憎恨自己父亲的人；④精神分析学家较早开始关注酒精和药物使用（或者滥用）对犯罪行为的影响，对于某些人来说，一些药物的使用可能会减弱他们的内在控制，进而强化他们的犯罪动机；⑤偶然犯罪人（accident offender）可能会因为特别不利的情境而偶然性地陷于犯罪行为之中。不过，根据精神分析学理论的观点，即使疏忽大意的犯罪也可能反映了无意识动机。在职务犯罪研究中不难发现，以上几种类型对于研究职务犯罪及犯罪心理矫治具有一定的指导意义。

2. 具体治疗方法

因为精神分析学说把犯罪归因于个体潜意识当中的犯罪心理作用，所以，他们认为有必要在进行罪犯心理矫治前，使用精神分析的方法发现、挖掘个体潜意识中的犯罪心理，进而使用精神分析的方法加以治疗。精神分析疗法对犯罪行为的研究主要集中在神经症性冲突方面，治疗的关键在于由治疗人员深入地调查被治疗对象的过去生活经历，治疗人员通过移情和解释等方法帮助被治疗人员获得顿悟和新的自我认识。在使用精神分析疗法治疗罪犯时，其治疗程序与普通精神分析疗法大体一致，可以分为4个步骤，也可以将之视为4种具体的方法。

（1）自由联想（free association）。自由联想是指在安静的治疗室里，让罪犯躺在舒适的沙发上，放松全身的肌肉，对自己的思维活动不加约束，边想边谈，将所想的一切内容都尽情地倾诉出来，治疗人员从中可以发现有可能导致犯罪行为的因素。治疗者应该设法打消罪犯的顾虑和担心，鼓励他们毫无保留地谈论所想到的一切问题。只有这样，才能发现罪犯的潜意识中的犯罪心理因素。

（2）释梦（dream analysis）。释梦是通过对罪犯梦境进行分析，发现他们潜意识中隐藏的可能导致犯罪行为的欲望。根据精神分析理论的观点，梦境中有许多内容都具有象征性的意义，治疗者应当通过对罪犯的梦境进行分析，发现罪犯梦境中的象征意义，了解它们是否与犯罪心理和犯罪行为有关。

（3）移情（transference）。移情即要求罪犯把治疗者当作他们儿童时期的情感发泄对象，将罪犯从前对别人的爱与憎等情感和情绪转移到治疗者身上，把他们过去与父母的病态关系转移到治疗者身上。治疗者可以通过罪犯在移情时所表现出来的情绪反应，了解罪犯在过去生活中与他人的关系，鼓励罪犯讲出过去生活中所遭受的挫折和痛苦，解除他们在心理上的负担。

（4）解释（interpretation）。解释是指治疗者根据在前三个阶段或者使用前二种方法获得的资料，对罪犯潜意识中的心理现象进行解释和说明，向他们指出其潜意识中的心理现象与犯罪行为的关系，找出罪犯进行犯罪行为的真正心理原因，从而达到提问罪犯的自我了解能力，明确犯罪行为的原因，消除犯罪心理，促使罪犯恢复正常的心理生活的目标。

精神分析疗法主要适用于那些不知道自己为什么发生犯罪行为，或者对自身的犯罪行为的真正原因有所怀疑的罪犯。那么精神分析疗法对于职务犯罪人的矫治有没有效果呢？舍恩菲尔德（C. Schoenfeld）曾经指出，精神分析疗法更加适用于智力正常、表达清晰的成年神经症犯罪人，因为这类犯罪人能够清楚地表达自己的无意识冲动，又不会在感知到自己的无意识冲突时轻易地体现在行为上，所以精神分析疗法不会加重他们的问题；相反，有些暴力犯罪人的表达能力差，在智力方面也可能存在问题，他们会下意识地用行动表现自己的欲望，精神分析疗法使之体验到更多的无意识冲突，可能会加重他们的问题。精神分析疗法需要耗费大量的时间，而且受过良好训练的精神分析学家非常少，所以，精神分析疗法一般只能在某些特殊的情况下起到辅助的作用。

（二）行为疗法

行为疗法是直接以人的失常行为为治疗对象，运用学习原理来改变罪犯的行为。其特点是忽视引起不良行为的心理因素，而强调对不良行为的矫正。行为疗法多依据的学习理论认为，许多不良行为乃是通过学习而形成的不良习惯或对平常情境的失常反应。通过学习的方法，主要是条件反射的方法，能减轻或消除一些不良症状或行为习惯，并形成某种新的、合乎要求的行为。

罪犯行为矫正技术中最为基本的就是正强化和负强化。尽管各种行为矫正的具体形式有所不同，但各种不同形式的行为矫正在很大程度上都会涉及正强化和负强化的使用。

1. 正强化（positive reinforcement）

所谓正强化，简单说就是奖励或奖赏，通过向矫正对象呈现一定的刺激物，增加某种行为反应出现频率的活动。这种能够增加某种行为反应出现频率的刺激物称之为"正强化物"。为了获得较好的正强化效果，一般应该注意下列因素：

（1）确定需要增强的行为。在进行正强化之前，首先应该确定罪犯行为矫正需要增强哪些行为，即哪些行为是罪犯行为矫正技术希望得到的。因此，只有明确哪些是需要增强的行为，才能开展有效的强化。

（2）选择正强化物。能够引起犯罪人愉快体验的正强化物有多种类型，需要根据犯罪人的情况，选择最适合他们的正强化物，才能使正强化物发挥最大的强化作用。所以，监狱机构在选择奖励和奖赏时，应该根据不同年龄、不同性别、不同兴趣罪犯的需要进行选择。正强化物大体上有如下5类：消费性强化物，包括各种食物、饮料等；活动性强化物，包括有机会看电视、看杂志或到户外活动等；操作性强化物，包括有机会操作喜欢的机器等；占有性强化物，包括拥有自己喜爱的某些物品和衣物等，有时暂时的拥有也具备强化作用；社会性强化物，包括得到赞扬、点头、微笑等。一般说来，矫正机构在选择正强化物时应该选择那些容易得到的事物，最好可以反复使用，省时省力。

（3）恰当进行正强化。正强化的使用也应当注意方法问题。通常在行为矫正之前，就要把行为矫正计划告诉矫正对象；在给予罪犯正强化时应该注意即时性，即当罪犯的行为出现令人满意的改变时立即实施正强化，会获得更好的效果；在给予罪犯正强化时应该对矫正对象的满意行为进行说明，在给予正强化物时，向治疗对象说明为什么要这样做，可以增强正强化的效果；此外，在实施正强化时要注意矫正对象是否会出现厌恶的问题，有时候反复使用同一种正强化物时会使其失去刺激性。

（4）注意使用脱离计划。为了使矫正对象在行为矫正过程结束后还能保持他们所学会的行为，就要恰当地使用脱离计划。具体要注意如下几个方面：首先，使用了12次强化物时，如果这种行为的出现率是令人满意的，就可以逐渐取消具体的强化物，而使用社会性强化物（例如表扬）来维持这种行为；其次，应该在出现令人满意行为的环境中寻找其他自然强化物，自然存在的强化物比人为强化物更能使良好行为保持下去；再次，在矫正活动结束之后，为了使罪犯行为能够保持下去，还应该注意对治疗对象的行为进行定期评估。

2. 负强化（negative reinforcement）

所谓负强化，简单地讲就是惩罚。在罪犯行为矫正中的负强化是指能够减少犯罪行为反应出现频率的一种矫正活动。在矫正活动中能够减少犯罪行为反应的出现频率的刺激物，称之为"负强化物"，因此，负强化物常常是惩罚或者是一些"令人厌恶的刺激"。为了有效地使用负强化，应该注意如下原则：

（1）恰当地选择需要惩罚的行为。凡是准备惩罚的行为，都应该是很具体的特定行为，而不应该是笼统的行为，如果选择了过于笼统的行为进行惩罚的话，例如越轨行为，罪犯很可能无法把惩罚与特定行为反应建立对应关系，难以取得较好的惩罚效果。

（2）创造增加良好行为反应出现的条件。当确定了需要惩罚行为的同时，还应该选择一种希望出现的替代性反应，使其与受到惩罚的行为相抗衡，并且使这种良好的行为得到正强化。如果可能的话，尽量选择一些在行为矫正结束之后，在自然环境中也会得到维持的良好行为反应。这一点还有赖于矫正者向矫正对象提供明确的指示，从而增加满意的替代性反应出现的可能性。

（3）尽量减少受惩罚行为产生的原因。一种犯罪行为或受惩罚的行为之所以会产生，必然有其一定的原因。在矫正行为的过程，应该注意避免增加这类行为反应的原因。在行为矫正初期，应当确定哪些因素有可能引起受惩罚行为，并尽量消除这类因素的影响，受惩罚行为的发生是罪犯在从前生活经验中受到某种强化的结果，因此，要矫正不满意行为还应该消除这种不合理的强化作用。

（4）恰当地选择有效的惩罚物。当矫正人员在选择惩罚物时，应当选择那些只有惩罚作用，而没有奖赏作用的惩罚物，而且这种惩罚应该可以及时应用，并且在被矫正行为每次出现后都能够及时地呈现。

（5）合理给予惩罚。合理的行为应该及时准确，当被矫正不良行为出现时，马上向矫正对象呈现惩罚物。在使用惩罚的过程中，矫正人员应当以冷静、求实的态度使用惩罚物，而且矫正人员应当在惩罚不良行为的同时大力强化替代性满意行为。在对被矫正对象进行惩罚时应该小心谨慎，不要把惩罚与正强化同时使用，以免被矫正对象建立错误的联结。有研究者认为，在使用惩罚的过程中应该严格地按照事先计划进行，并对执行结果加以详细的记录，确切地说明执行计划的条件，并将执行惩罚的情况加以记录。

3. 代币强化法（token economy）

代币强化法，通常是指利用分数、筹码、奖券等可以兑换实物或者减刑的代币或标记作为正强化物，培养罪犯形成良好的行为习惯的一种行为矫正方法。在罪犯矫正中使用的代币强化法是从一般的代币强化法发展而来的，是一般的代币强化法在罪犯改造领域内的应用。在使用代币强化法时，可以作为正强化物的东西有很多，包括筹码、分数、红星、小红旗、卡片和代用币等，因此，有的时候又称之为"筹码强化法"。

虽然代币强化法这个名称出现得较晚，但是，与之相似的做法早在19世纪时就已经开始使用了。1842年英国殖民地诺福克岛（澳大利亚悉尼附近）的监狱长亚历山大·麦克诺福就创立了"分数制"，基本具备了代币强化法的雏形。麦克诺福主张以劳动刑代替时间刑，同时以责任分数作为评定劳动情况等行为表现的方法，当罪犯的分数达到一定标准时，就可以获得释放。罪犯可能通过良好的行为获得分数，不仅可以换取自由，还可以换取商品和服务。

代币强化法的原理十分明确，罪犯如果希望得到各种物品或优惠权利，就必须使用分数来换取。而在获得分数、物品和优惠权利的过程中，逐渐习得了能够在更大的社会环境中应用的行为模式：人们必须用自己的行动去满足自己的需要，为了自己需要的东西而进行储蓄是非常重要的事；延迟满足往往是获得更大满足的最好方法。许多罪犯从未有机会学习这些价值观念。在使用行为矫正的过程中，通过细致地组织监狱的环境，可以使罪犯学会社会认可的行为方式。

4. 厌恶疗法（aversion therapy）

厌恶疗法又称之为厌恶条件反射法，或去条件反射法，是指使用厌恶性或惩罚性刺激，减少和消除行为习惯的行为矫正方法。罪犯行为矫正中的厌恶疗法是一般的厌恶疗法在监狱领域中的具体应用。厌恶疗法使用造成痛苦的刺激来代替不良行为可能产生的快感。每当矫正对象产生不良的欲望时，就呈现或使用产生痛苦的条件刺激，这种条件刺激所造成的痛苦体验可以抵消不良行为可能产生的快感，从而消除罪犯的不良行为习惯。

在监狱系统内，可以使用厌恶疗法来矫正的不良行为包括：药物瘾癖、酒精成瘾、攻击行为、不合作行为等。所使用的负强化物包括药物、电击、关禁闭等。在国外的监狱系统中，已经有人进行了使用厌恶疗法矫正罪犯不良行为习惯的实践。例如，在美国加利福尼亚州的瓦卡瑞利感化院中收押了许多重刑犯，监狱矫正人员对收押的罪犯使用了厌恶疗法进行矫治。其中有64%的罪犯接受了为期11个月的厌恶治疗。矫正人员所使用的厌恶刺激物主要是琥珀酰胆碱，矫正对象主要是那些由于极端攻击性行为或极端退缩行为而无法接受其他治疗的罪犯。矫正人员在治疗过程制定了一种惩罚方针，当罪犯出现不良行为时注射琥珀酰胆碱，该物质是一种能够使人产生快要溺死和窒息感觉的麻醉药物，使用这种药物的一种结果是能够让罪犯产生梦境，在梦境中他们会体验到令人恐怖的经历，醒来后令人惊悸得不能呼吸。在这项治疗中，惩罚的形式是多种多样的，有时候并不是真的对罪犯使用该药物，只是吓唬一下，有时候则不加警告就注射琥珀酰胆碱，同时还要训斥被注射的罪犯。矫正人员认为这种训斥可以加强不良行为与痛苦后果之间的联系。通过对治疗前、治疗后的不良行为率等指标的比较，厌恶疗法的矫正效果非常明显。

由于使用厌恶疗法的过程可能会给罪犯带来巨大的痛苦，因此，在实施治疗的过程中会产生许多相关的问题。例如，有些研究者认为这种矫正方法非常不人道，是在利用罪犯的痛苦达到某种目标；也有研究者认为，厌恶疗法只能抑制罪犯的不良行为，但是，不能培养罪犯良好的行为习惯；还有研究者认为，厌恶疗法在抑制罪犯的某些不良行为的过程中会给罪犯造成心理损害。因此，对厌恶疗法的使用需要非常慎重。

（三）认知—行为疗法（cognitive—behavior modification）

认知—行为疗法大体产生于20世纪70年代，它是认知疗法在克服了精神分析疗法和行为疗法缺陷的基础上发展起来的。认知疗法的早期创立者大多接受过专业的精神分析疗法和行为疗法训练，他们在临床实践中逐渐发现精神分析疗法和行为疗法的一些弊端，因此，摒弃这两种疗法而创立了认知疗法。由于认知疗法的创立者具有其他疗法的专业基础，所以，认知疗法从创立时起就更具综合性，其在强调认知作用的同时，也借鉴了行为疗法和精神分析疗法的一些重要内容。20世纪70年代末，唐纳德·米切鲍姆（D. Meichenbaum）在实验研究的过程中，对他以前所接受的行为治疗训练及其观点产生了疑问，于是在科学研究和临床实践的基础上发展出认知—行为矫正疗法。

认知—行为疗法包括多种具体的方法，下面主要介绍认知重建、社会技能训练、道德推理训练法、自我控制法和人际认知问题解决训练。这些方法的共同之处在于：普遍地遵循"认知影响行为"的观点，并且都利用行为和语言来改变认知。认知—行为疗法可能对认知存在三种不同模式的假设：内隐条件反射模式、信息加工模式和认知学习模式。在内隐条件反射模式中，认知被看作是内隐形式的外在表现，这种模式可以对自我控制的矫正程序提供解释；在信息加工模式中，认知被看成是个体对信息的加工和构造，认知更加明确地成为行为的重要媒介；认知学习模式是一种更为宏观的观点，它试图整合前两种模式，着重于研究人们如何通过认知过程形成经验。

1. 认知重建

认知重建的基本假设是：某种关键性的错误认知会产生不现实的需要，这种需要一旦产生后，只要处于未满足的状态，就会产生消极的情绪状态，而这种消极的情绪状态就是个体未来发生犯罪行为或者其他越轨行为的情感准备，认知重建就是要通过质疑、挑战或争论的方式，找出那些不合理的认知，并对这些不合理的认知提出质疑，最终建立新的正确的认知。认知重建主要借助于合理情绪疗法和认知疗法来完成。

目前在国外，合理情绪疗法已经开始应用于那些无法控制自身冲突的犯罪人身上。合理情绪疗法认为：犯罪人之所以不能控制自身的冲动是其不合理认知的结果，这种认知错误地把希望和需要等同起来，认为挫败是无法容忍的。因此，合理情绪疗法关键在于使用合理认知取代不合理认知。

认知疗法是由贝克（Aron Beck）创立的，认知疗法在某些方面与合理情绪疗法相同，但是，它更加个别化，并且强调治疗者要去发现每个人独有的存在功能障碍的认知。同时，认知疗法较少使用追问式的谈话方式。约奇逊和萨米诺（Yochelson & Samenow，1976）创立了思维错误矫正技术。他们创建了一套程序，来改变"导致犯罪的思维过程"：罪犯被要求每天写日记监控自己的思维，这是在治疗期间进行认知分析的资料基础，治疗者通过考察罪犯在思维中出现的歪曲和错误，帮助罪犯重新进行自我分析，并且还要发展出自我厌恶。约奇逊和萨米诺的方法深入而细致，涉及监禁期间的日常个别治疗，以及随后的小组治疗，还要在犯罪人被释放后持续至少一年时间。

2. 社会技能训练

"那些在社会技能方面有缺陷的人因为缺乏满足需要的正常手段和渠道，所以，更容易在日常行为上选择犯罪的方式"，这是认知疗法的基本假设。这一假设在犯罪人入狱评估的结果中可以得到证实：大多数犯罪人在社会技能方面有缺陷。因此，许多具体的认知—行为疗法都旨在改善犯罪人的社会技能。治疗者通常认为：改善犯人的社会技能的做法，可以帮助他们避免再次犯罪。在欧美一些发达国家，社会技能训练在监狱和社会矫正环境中已经普遍地流行起来，并且衍生出许多种具体的形式，例如，结构化学习训练和角色扮演训练。这些具体形式都使用了如下的技术：指导、模仿、角色扮演、反馈、社会强化、训练人际关系技能等。很明显，社会技能训练是建立在行为主义学习理论基础之上的治疗方法。

罗纳德·布莱克本（R. Blackburn，1993）认为，到目前为止，治疗者还没有达成有关社会技能训练的统一定义，也没有关于需要训练的必要成分的规定，所以，大多数的社会技能训练都是根据具体情况的变化而有所不同。有些治疗计划集中在特殊社会技能的训练上，例如，如何与特殊类型人员交流的技能；有些治疗计划则热衷于综合性社会技能的训练，内容包括微观的非语言交流技能，比如目光接触和姿势，也包括一些比较宏观的交往技能，比如发起并维持谈话的技能、与人协商的技能、与异性交往的技能等。

社会技能训练能够在多大程度上帮助犯罪人摆脱犯罪倾向，目前还不清楚，但是，社会行为的短期改变是能够实现的，虽然其持久性和泛化程度受到一定的限制。通过对矫正机构内年轻罪犯有控制的研究后，斯彭斯和马赛里亚（S. H. Spence & S. Marzillier，1981）发现，在接受社会技能训练之后，虽然少年犯罪人的某些技能没有多大的改变，例如注意反馈，但是，他们在微观技术方面则有了改进，例如，目光接触和语言使用。他们的研究还发现，受训者所学到的基本技能在追踪研究的 3 个月之中继续保持着，但到了第 6 个月却没有保持下来，因此认为社会技能训练对于少年犯罪人没有显著的治疗效果，接受训练者在其后较长时间里的自我报告中记录了较多的犯罪行为。戈尔茨坦等人（A. P. Goldsteinetal，1989）对社会技能训练的泛化程度做了研究，他们发现，在通常情况下，接受社会技能训练的人中只有 15% 到 20% 能够把所掌握的技能运用到训练之外。到现在为止，只有如上少数几项研究考察了社会技能训练的效果，所以，社会技能训练的长期效果还不是很清楚。

社会技能训练是监狱内常用的认知—行为疗法的一种，但是，如上所述，它的治疗效果和作用还不是非常清楚，我们不能对其抱有一种不现实的期望。对于社会技能训练来说，下一步的工作应该是深入地研究这种训练的细节，以保持社会技能训练的长期效果为目标。

3. 道德推理训练法

有些研究结果表明，很多犯罪人的认知问题与他们的道德推理缺陷有关。柯尔伯格（Kohberg，1981）指出，人类的道德水平发展可以分为三个水平六个阶段，分别是：前习俗水平，包报服从与避免惩罚阶段、相对功利阶段；习俗水平，包括寻求认可阶段、遵守法规阶段；后习俗道德水平，包括社会法制取向阶段、普遍伦理取向阶段。柯尔伯格认为，道德发展的各个阶段相继发展，一般不会发生跳跃。大多数少年犯罪人的道德水平处于前习俗水平，因此，为了使他们从前习俗水平加快发展，可以要求处于前习俗水平的罪犯经常作道德辩论，学习如何进行习俗水平的推理。

角色选择技能（role—taking skills）被认为是发展道德推论的一个必要条件。钱德勒（Chandler，1973）让少年犯罪人参加电视剧的制作，他希望通过这种方法来训练少年犯罪人的角色选择能力。钱德勒把参加电视剧的制作的少年犯罪人分为两组，实验组全部参与到剧中扮演一定的角色，安慰组只参与制作而不扮演角色，结果发现，实验组在训练之后的自我为中心的倾向明显地降低了，而安慰组则没有发生这种变化。在训练结束后 18 个月的追踪期间，实验组的犯罪率与其先前的犯罪记录相比，几乎减少了一半，而安慰组的犯罪率几乎没有什么变化。

4. 自我控制法

自我控制是一种训练对象管理自身行为的治疗方法，它也是在行为主义治疗理论的基础上产生的。新行为主义理论的代表人物斯金纳认为，条件反射可以分为两类，一类是巴甫洛夫的经典条件反射，即刺激—反应模式；另外一类是操作行为条件反射，即反应—刺激模式。所谓操作行为就是与环境相互作用而产生进一步刺激的行为。斯金纳认为操作行为条件反射与经典条件反射相比，对于人类行为的塑造作用来说更为重要，一旦操作行为起到了作用，那么，它将成为后继行为的原因。

自我控制法吸取了斯金纳上述的观点，强调奖励与惩罚对个人后继行为的作用。因此，在自我控制训练中，训练者或治疗者需要对受训者的符合社会规范的行为及时加以强化，对于受训者的不符合社会规范行为及时加以惩罚，自我控制法多用于保持心理健康的治疗，常用于控制让罪犯感到不快的活动，例如贪吃和吸烟等。在犯罪行为方面的应用目前只限于一些个案的报道。

自我指导性训练是自我控制训练法的一种具体方法，它源于苏联发展心理学家关于内部语言和自我谈话在控制外部行为的作用的研究。自我指导性训练假定：适应不良的感情和行为常常是思维模式功能失调的结果，该方法试图通过指导、争论的方式，帮助罪犯消除那些功能失调的思维模式，进而建立一种更具有适应性的思维模式。自我指导性训练的具体做法通常是由治疗人员先为治疗对象做示范：①在行为之前用语言描述行为动机和行为方式；②在行为发生时用语言指导行为。示范之后要求治疗对象复述，开始的时候一般使用外显方式，即使用出声的语言指示自己的行为，然后逐步发展成为内隐式的自我指导。

5. 人际认知问题解决训练（interpersonal cognitive problem—solving training）

人际认知问题解决训练也运用了技能训练的一些技术，例如指导、模仿和讨论等，其治疗目标在于帮助罪犯发展出可以概括的技能来。人际认知问题解决训练可以帮助受训者控制他们在社交方面的不良行为。并且可以增强他们在治疗结束后的社会适应能力。

海恩斯（A. Hains, 1987）实施了一项人际认知问题解决训练。有五所矫正机构内的5名少年犯罪人都被诊断为品德障碍，海恩斯通过指导、模仿以及重复等方法，训练他们解决一种虚拟存在的社会困境。这些少年犯罪人通过接受治疗，其社会交往技能都提到了一定的提高，其中有3人还能把他们学到的社交技能泛化到没有训练过的困境当中，并且在其后为期3周的追踪研究中一直保持下来，他们解决人际关系问题的能力得到了明显的改善。

（四）内省疗法

内省疗法，是让犯罪人处于与外界隔离的环境中"闭门思过"，反省自己的罪错，领悟自己犯罪的原因和改造的措施，从而达到心理转变的一种犯罪心理治疗方法。内省疗法的历史悠久，并深受宗教思想的影响。早期内省疗法的提倡者认为，一个人的悔悟改善，必须在严格的独居下，通过培养犯罪人的自制、沉默、诚实、稳健、谦让等习惯才能完成，因此，他们主张严格独居，把犯罪人从纷繁喧闹的社会中隔离，让犯罪人在绝对沉默、寂静的环境中，扪心自问，深刻反省、忏悔，使犯罪人在内省过程在自动悔悟，完成精神改善。当然，现代的内省疗法不一定将犯罪人置于单独的监房，只要他们处于与外部刺激相隔离的场所就可以进行。同时，有治疗者加以适当引导，给犯罪人提示反省的内容、线索，让犯罪人回忆自己一生中最难忘的人或场面，例如，父母、祖父母、兄弟姐妹、老师、爱人、孩子以及单位同事、案件等，让犯罪人回忆这些人对自己的培养、帮助与关心，回忆在自己心理上留下深刻印象的一些情境，回忆自己曾经有过的幸福、自由的生活等，从而使犯罪人抚今追昔、相互对比，认识到自己所犯的罪行，萌发改造向上的信心。回忆、反省既可以某一问题、人物为线索，也可以个人生活经历的先后为线索。在时间安排上可以每次 1 小时，一日数次，中间安排自由活动、锻炼身体的时间。

思考题

1. 简述职务犯罪心理矫治的目标。
2. 简述职务犯罪心理矫治的一般程序。
3. 职务犯罪心理咨询包括哪些内容？
4. 职务犯罪行为矫正的基本原理是什么？
5. 职务犯罪行为矫正的基本技术有哪些？

参考文献

［1］罗大华、何为民主编：《犯罪心理学》，中国政法大学出版社年 2016 版。

［2］熊云武编著：《犯罪心理学》，北京大学出版社 2012 年版。

［3］梅传强主编：《犯罪心理学》，中国法制出版社 2014 年版。

［4］朱营周主编：《新编犯罪心理学》，中国人民公安大学出版社 2006 年版。

［5］李玫瑾主编：《犯罪心理学》，中国人民公安大学出版社 2011 年版。

［6］邱国梁：《犯罪动机论》，法律出版社 1988 年版。

［7］彭聃龄主编：《普通心理学》，北京师范大学出版社 2001 年版。

［8］张明主编：《走向歧途的心灵：犯罪心理学》，科学出版社 2004 年版。

［9］乐国安、管健、王恩界编著：《公务员犯罪心理剖析》，南开大学出版社 2008 年版。

［10］裴杰主编：《职务犯罪心理分析与侦查对策》，河南人民出版社 2006 年版。

［11］周玉清、李学良、赵隔华：《公务员腐败心理警示与防范》，经济科学出版社 2012 年版。

［12］金强、王晨晖编著：《反腐警示录》，中国长安出版社 2013 年版。

［13］刘纪舟：《落马贪官的腐败心理》，中共中央党校出版社 2013 年版。

［14］苏满满：《腐败心理预防论》，中国方正出版社 2015 年版。

［15］中国纪检监察报社编：《忏悔录》，中国方正出版社 2011 年版。

［16］张亮：《正本清源——新反腐倡廉读本》，中西书局 2013 年版。

［17］卜宪群主编：《中国历史上的腐败与反腐败》，鹭江出版社 2014 年版。

［18］李玫瑾：《犯罪心理研究》，中国人民公安大学出版社 2010 年版。

［19］王长征：《一步之差——犯罪心理冷思考》，中国文史出版社 2014 年版。

［20］钱昌夫、彭新华：《反贪侦查细节的把握与运用》，中国检察出版社 2010 年版。

［21］倪集华：《反贪侦查谋略与技巧》，中国检察出版社 2010 年版。

［22］陈波：《反渎职侵权侦查实战要领》，中国检察出版社 2012 年版。

［23］贾洛川编：《心理效应与犯罪改造——罪犯改造须知的 100 个金科玉律》，中国法制出版社 2014 年版。

［24］乐国安主编：《健康心理学》，高等教育出版社 2011 年版。

［25］孟昭兰主编：《情绪心理学》，北京大学出版社 2005 年版。

［26］张伯源主编：《变态心理学》，北京大学出版社 2005 年版。

［27］林孟平：《辅导与心理治疗》，上海教育出版社 2005 年版。

［28］杨永庚主编：《纪检监察学概论》，西安交通大学出版社 2015 年版。

［29］范雪峰主编：《职务犯罪概论》，西安交通大学出版社 2015 年版。

［30］王舵主编：《监督学》，西安交通大学出版社 2015 年版。

［31］曹阳、王玉环编著：《职务与犯罪：职务犯罪的研究与预防》，大连出版社 2010 年版。

［32］马皑主编：《犯罪与司法心理学研究》，中国政法大学出版社 2006 年版。

［33］过勇、宋伟：《腐败测量》，清华大学出版社 2015 年版。

［34］高波：《走出腐败高发期：大国兴亡的三个样本》，新华出版社 2012 年版。

［35］张亮：《职务犯罪侦查实务教程》，上海交通大学出版社 2010 年版。

［36］邱学强等：《国家命运：反腐攻坚战》，中央编译出版社 2015 年版。

［37］李洪峰：《廉政论》，中国方正出版社 2009 年版。

［38］池强主编：《国家机关职务犯罪预防与警示》，法律出版社 2014 年版。

［39］董克仁编著：《职务犯罪预防与警示》，宁夏人民出版社 2011 年版。

［40］狄小华：《犯罪心理矫治导论》，群众出版社 2004 年版。

［41］马立骥、董长青、朱国强编著：《大墙内心理问题探秘——犯罪心理咨询与矫治案例》，人民卫生出版社 2011 年版。

［42］吴宗宪编著：《国外犯罪心理矫治》，中国轻工业出版社 2004 年版。

［43］［美］理查德·格里格、菲利普·津巴多：《心理学与生活》，王垒等译，人民邮电出版社 2003 年版。

［44］［美］布伦特·E. 特维：《犯罪心理画像——行为证据分析入门》，李玫瑾等译，中国人民公安大学出版社 2005 年版。

［45］［美］劳伦·B. 阿洛伊、约翰·H. 雷斯金德、玛格丽特·J. 玛诺斯：《变态心理学》，汤震宇、邱鹤飞、杨茜译，上海社会科学院出版 2005 年版。

［46］［美］艾尔·巴比：《社会研究方法》，邱泽奇译，华夏出版社 2005 年版。

［47］［美］亚伯拉罕·马斯洛：《动机与人格》，许金声等译，中国人民大学出版社 2007 年版。

［48］［奥］弗洛伊德：《释梦》，孙名之译，商务印书馆 1996 年版。

　　［49］［美］埃伦·弗兰克、杰西卡·C. 利文森：《人际关系疗法》，郭本禹、方红译，重庆大学出版社 2014 年版。

　　［50］［美］萨默斯·弗拉纳根：《心理咨询面谈技术》，陈祉妍、江兰、黄峥译，中国轻工业出版社 2014 年版。

后 记

　　本教材从职务犯罪心理学的教学需要出发，以注重理论、着重实际的思想为指导，吸收了职务犯罪心理学、犯罪心理学、职务犯罪预防、腐败心理学的相关理论成果，全面、系统地阐述了职务犯罪心理学的基本知识，其最终目的在于培养和提高学生应用职务犯罪心理学理论知识分析和解决实际问题的能力。

　　本教材的出版，由衷地感谢西安市纪委各位领导干部的指导，并为我们教材编写组提供在省市各级纪委实地调研、了解实务、提供第一手资料等多方帮助。由衷地感谢西安文理学院各位校领导，西安文理学院政治学院（西安廉政研究中心）的各位领导和同仁的大力支持和帮助。

　　在教材编写过程中，西安市中级人民法院高级法官胡军润、西安市人民检察院研究室姜杰，西安市质量技术监督局刘新成对于本书大纲的编写、教材的审核、更正、知识点增补付出了大量的心血，给予了鼎力支持和精心指导，在此致以最诚挚的谢意！

　　此外，感谢中国政法大学出版社的工作人员和李花卉编辑的辛勤劳动。

　　该教材的编写出版，在西安文理学院政治学院的具体领导组织下，最终由魏娟辉、贾锐精心研究、编写，历经一年多的努力，执笔完成了本书的写作任务。其中第二章、第十一章约5万字的内容由社会心理学博士、本教材的副主编贾锐完成，其余章节由主编魏娟辉完成。

由于水平有限，加之时间仓促，书中可能存在各种错误和问题，恳请各位同行、专家批评指正，以便及时修改补充。

魏娟辉

2016 年 8 月